高等院校"十四五"会计专业系列教材

财务共享实训

主　编　向　俊　毛恒博　许　丹
副主编　刘　珣　罗翠英　李　燕
参　编　袁　荃　许立志　梁　晶
　　　　姜雅丹　张利芬　徐宁蔚

微信扫码　查看更多资源

南京大学出版社

图书在版编目(CIP)数据

财务共享实训 / 向俊，毛恒博，许丹主编. — 南京：南京大学出版社，2024.7. — ISBN 978-7-305-26775-8

Ⅰ.F232

中国国家版本馆CIP数据核字第2024S3W028号

出版发行	南京大学出版社		
社　　址	南京市汉口路22号	邮　编	210093

书　　名　财务共享实训
　　　　　CAIWU GONGXIANG SHIXUN
主　　编　向　俊　毛恒博　许　丹
责任编辑　陈　嘉　　　　　　编辑热线　025-83592315
照　　排　南京开卷文化传媒有限公司
印　　刷　丹阳兴华印务有限公司
开　　本　787 mm×1092 mm　1/16开　印张 13.5　字数 328千
版　　次　2024年7月第1版　2024年7月第1次印刷
ISBN　978-7-305-26775-8
定　　价　42.00元

网　　址：http://www.njupco.com
官方微博：http://weibo.com/njupco
官方微信号：njupress
销售咨询热线：(025)83594756

＊版权所有，侵权必究
＊凡购买南大版图书，如有印装质量问题，请与所购
　图书销售部门联系调换

前　言

随着经济全球化的加快,企业规模不断扩大,分支机构增多,组织机构分散,业务量也在不断增加,管理成本和管理难度都在增加。信息技术的发展,数字经济时代的到来,促使企业财务管理工作往数智化方向转型,传统的财务管控方式已经不能适应时代的发展,财务共享是企业财务智能化转型的必经之路。财务共享服务能够有效整合企业内部财务资源,优化资源配置,显著降低企业的管理成本和运营成本,提高财务工作效率,还能够增强企业内部各部门之间的沟通和协作,提升数据准确性和决策支持能力。此外,财务共享服务还有助于降低财务风险,加强财务透明度,从而增强企业的竞争力和可持续发展能力。

整个会计行业的变革,也促使会计人才培养模式必须发生变革与转型。

本书的编写目标是培养新型的财务数智化人才,本书及时反映了新技术和新知识。本书旨在系统介绍财务共享的基本概念、原理、技术和应用,注重理论与实践相结合。本书分为三个部分:(1)财务共享概述篇(第一章)。这部分结合众多大型企业集团财务共享中心建设的实践经验,对财务共享中心建设过程中涉及的要素、建设方法进行阐述,让学生了解企业在信息化系统中建设财务共享的主要内容。(2)财务共享沙盘篇(第二章)。这部分以真实企业案例为背景,通过沙盘模拟和案例推演,期望通过财务共享沙盘教学使学员了解财务共享中心建设的思路与方法。(3)业务共享篇(第三章到第九章)。这部分选取企业实际财务共享业务处理中最常规、最基础的业务作为实训案例,让学生了解纳入财务共享后业务处理的操作流程及操作方法。

本书由向俊、毛恒博、许丹担任主编,负责大纲拟订、编写和总纂工作。本书具体编写分工如下:毛恒博(新道科技股份有限公司)提供实训案例资料,向俊(武汉学院)编写第一章,许丹(湖北工业大学工程技术学院)、罗翠英(武汉学院)编写第二章,刘珣(武汉生物工程学院)、李燕(武汉学院)编写第三章,袁荃(湖北工业大学工程技术学院)编写第四章,许立志(湖北工业大学工程技术学院)编写第五章,梁晶(湖北工业大学工程技术学院)编写第六章,姜雅丹(湖北工业大学工程技术学院)编写第七章,张利芬(湖北工业大学工程技术学院)编写第八章,徐宁蔚(湖北工业大学工程技术学院)编写第九章。

本书从前期框架体系设计、大纲编写,到后期的定稿,得到了编写人员所在高校和新道科技股份有限公司各级领导和专家的精心指导,对此我们表示衷心的感谢。本书是武汉学院科研创新平台建设计划项目"民营企业价值评价与创造研究中心"（项目编号：KYP202001）、武汉学院数智财务虚拟教研室建设试点的阶段性研究成果。

  本书力求结构清晰、内容全面，适合开设财务共享实训课程的高校选用，由于编者的时间和经验有限，书中难免有疏漏，恳请读者提出宝贵的意见和建议。

编 者

2024 年 4 月

目 录

第一章 财务共享服务概述 ·· 001
  第一节 财务共享服务内涵 ·· 001
  第二节 财务共享产生的背景 ··· 005
  第三节 财务共享服务中心的模式 ·· 006
  第四节 财务共享服务中心的发展 ·· 009
  第五节 财务共享服务黑科技 ··· 011
  第六节 了解案例企业 ·· 018

第二章 财务共享服务规划与设计 ·· 028
  第一节 财务共享服务中心构建方法简介 ·· 028
  第二节 鸿途集团财务共享中心规划方案 ·· 059
  第三节 实践教学平台操作说明 ··· 063
  第四节 FSSC 构建 ·· 071

第三章 费用共享 ··· 076
  第一节 认知费用报销业务 ··· 076
  第二节 差旅费用报销 ·· 079
  第三节 智能商旅服务 ·· 088

第四章 采购管理 ··· 093
  第一节 认知采购管理 ·· 093
  第二节 原燃料采购业务 ··· 095
  第三节 备品备件采购业务 ··· 119

第五章 销售管理 ··· 129
  第一节 认知销售管理 ·· 129
  第二节 产成品销售业务 ··· 132
  第三节 其他商品销售业务 ··· 146

第六章 资金结算 ··· 157
  第一节 企业资金结算 ·· 157

第二节　收付款合同结算业务 ··· 160
　　第三节　其他收付款结算业务 ··· 170

第七章　财资管理 ··· 173
　　第一节　认知财资管理 ··· 173
　　第二节　资金上收下拨业务 ·· 177
　　第三节　外部委托付款业务 ·· 184

第八章　固定资产管理 ·· 189
　　第一节　固定资产共享业务概述 ·· 189
　　第二节　新增固定资产业务 ·· 192
　　第三节　固定资产变动业务 ·· 199

第九章　总账共享 ·· 201
　　第一节　总账业务处理 ··· 201
　　第二节　总账&RPA应用业务 ··· 203
　　第三节　RPA操作 ·· 205

第一章　财务共享服务概述

> 通过学习本章,初步了解财务共享服务的内涵和发展历程;认知财务共享的本质、财务共享中心的定位及价值;对案例企业的情况有所了解,为后续业务处理打下基础。

第一节　财务共享服务内涵

一、共享服务的概念

共享服务的概念早已有之,共享服务即是将分散的、重复性高且易于标准化的业务集中并重新进行流程再造和标准化,有利于企业统一的战略协调、信息分享,加强流程可视度及风险管理。美国IBM及EDS公司自20世纪60年代开始便提供信息技术外包服务,1981年福特公司在底特律创建了第一家财务共享服务中心。20世纪80年代中期至末期,共享服务及外包行业逐步发展并初见规模;众多企业跨国业务的增加以及科技的迅猛进步,促进了业务流程的融合,加速了共享服务及外包行业的发展。20世纪90年代初,企业集团内部专属的共享服务在东欧起步,与此同时,更多的公司将目光投向亚洲。20世纪90年代末至21世纪早期,印度出现了第一批业务流程外包公司;自此,行业以每年超过10%的增速迅猛发展壮大。

二、财务共享服务的概念

财务共享服务是集团企业将分散在各成员单元的同质化、重复性和易于标准化的财务工作剥离出来进行集中处理,这个集中处理的组织叫作财务共享服务中心。

简单讲,财务共享服务中心就是把成员单位的部分财务工作抽取出来集中处理,为成员单位提供财务服务。图1-1为财务共享服务中心的演化示意图。

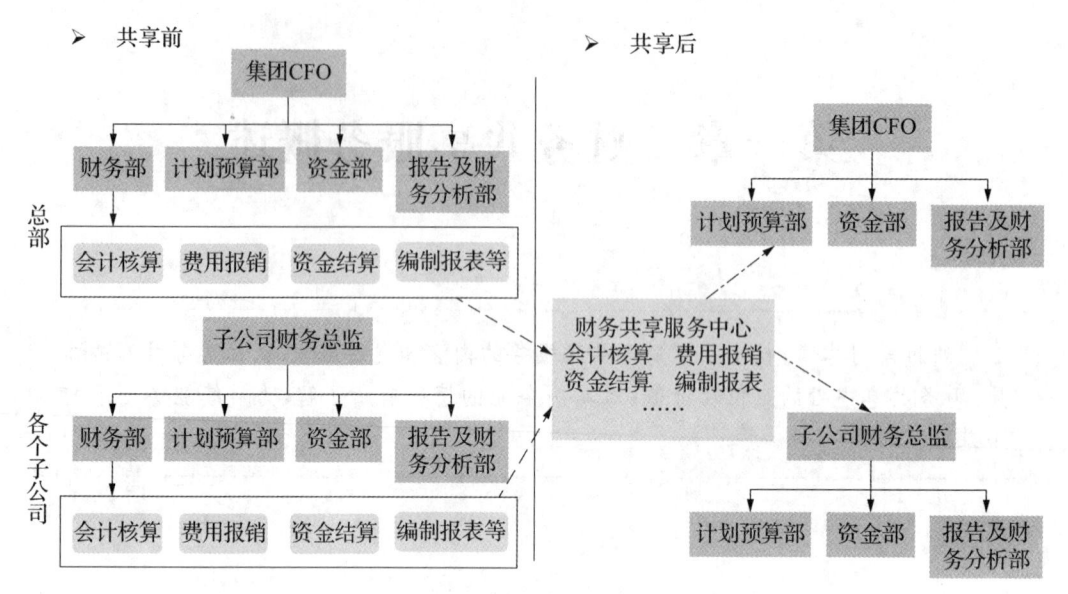

图 1-1　财务共享服务中心的演化示意图

三、财务共享的实质

财务共享是依托信息技术,以财务业务流程处理为基础,以优化组织结构、规范工作流程、提升管理效率、降低运营成本和创造服务价值为目的,将不同地域、不同法人、同一时间范围内的会计业务拿到一个平台来统一报账、统一核算和报告,从而保证会计记录和报告的标准规范和结构统一。

财务共享服务的具体做法,是将财务数据采集、处理、应用的责任清晰区分并归属到三类组织:

(1) 采集。通过业财系统集成与报账实现,源数据的质量责任归属采集它的业务发生部门。

(2) 处理。财务共享服务中心记账、审核、形成定制财务报告,并对这些财务数据的质量负责。

(3) 应用。财务管理岗位在财务决策分析中调用各类数据(包括财务共享服务中心提供的数据),并对其分析结论负责。

在财务共享服务模式下,集团财务管理工作从顶层规划到末端执行可以分为财务规划和管控、业务分析和支持、财务交易处理三个层级,这三个层级的职责明确区分,且归口不同的财务部门来负责:

(1) 财务规划和管控,即管控性工作(战略财务),如图 1-2 中的决策分析、绩效管理等工作,一般归口集团财务部;

(2) 业务分析和支持,即经营性工作(业务财务),如图 1-2 中的需要在财务与业务系统间建立接口而处理的工作,一般归口共享后业务单元所保留下来的财务部门或财务人员;

(3) 财务交易处理,即规模性或事务性的工作(共享财务),如图1-2中的标准化核算工作,归口财务共享服务中心。

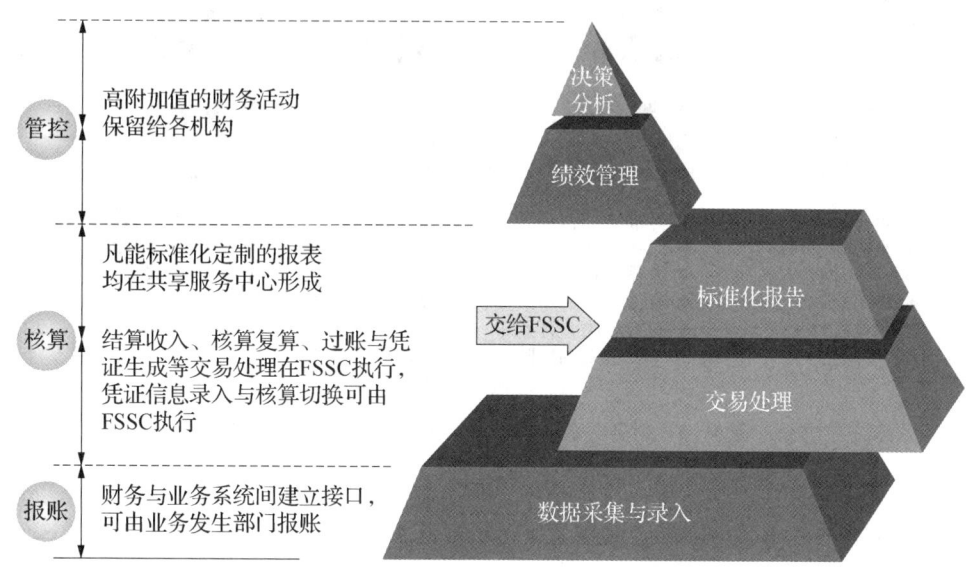

图1-2 财务共享对财务组织和职责的显性划分

四、财务共享服务中心的定位

财务共享服务中心(FSSC)是集团的财务服务平台,是各成员单位的会计业务运作中心、财务管理中心和服务中心(见图1-3)。

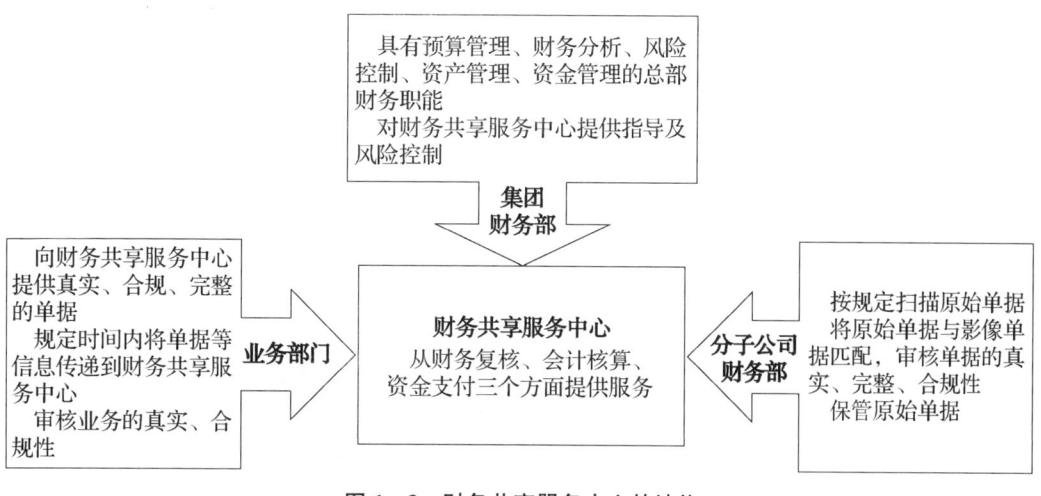

图1-3 财务共享服务中心的地位

五、财务共享服务中心给大型企业带来的价值

财务共享服务中心建成后,管控能力增强、信息标准统一、财务资源利用优化(见图1-4)。

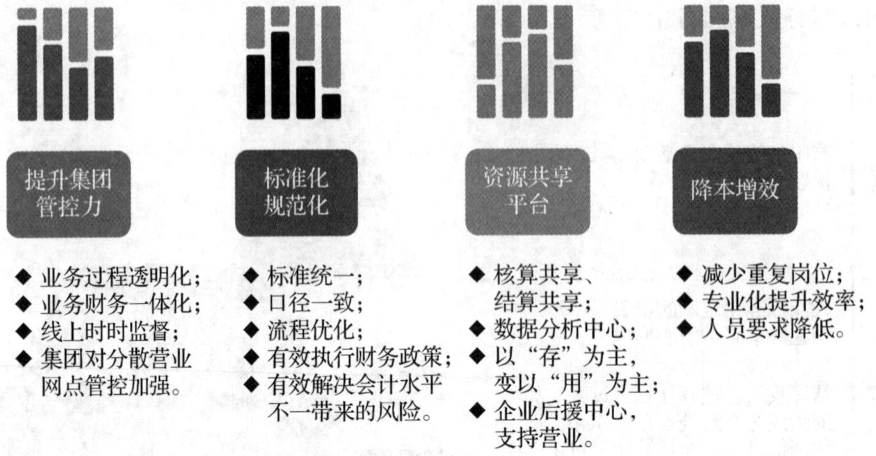

图 1-4 财务共享服务中心给大型企业带来的价值

价值体现之一：职责清晰、流程规范、有效管控（见图 1-5）。

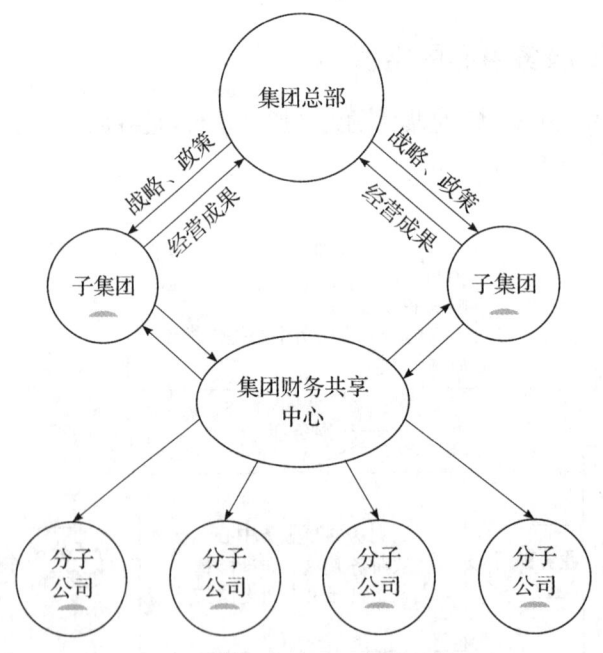

图 1-5 财务共享服务中心的价值体现之一

价值体现之二:适应形势、财务转型、决策支持(见图1-6)。

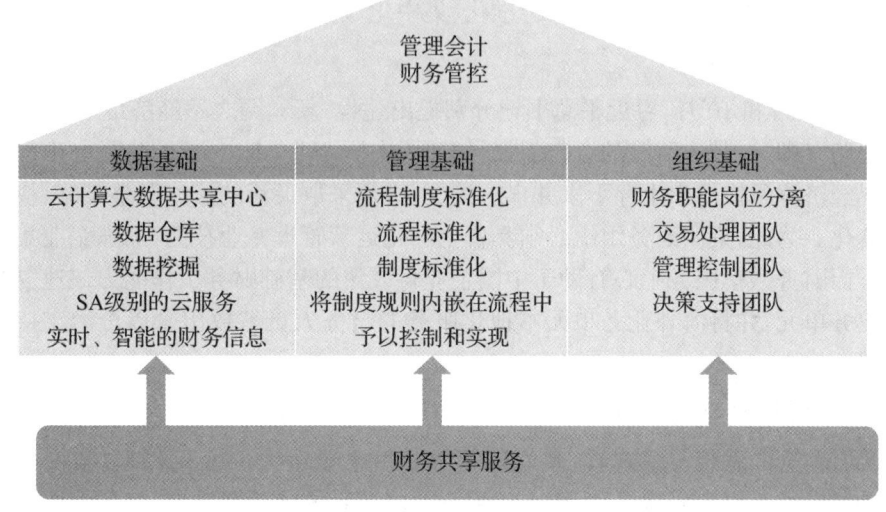

```
                    管理会计
                    财务管控

    数据基础              管理基础              组织基础
  云计算大数据共享中心    流程制度标准化        财务职能岗位分离
    数据仓库              流程标准化            交易处理团队
    数据挖掘              制度标准化            管理控制团队
   SA级别的云服务      将制度规则内嵌在流程中    决策支持团队
  实时、智能的财务信息    予以控制和实现

                    财务共享服务
```

图1-6 财务共享服务中心的价值体现之二

第二节 财务共享产生的背景

一、集团财务管理变革的内因

在集团公司管控模式下,财务管理往往存在以下问题:

(1) 成本不断增加。如果每个分公司都需要设立一套财务部、人力资源部等职能机构,公司的成本将居高不下,这必然对公司的发展造成影响。

(2) 管控难以统一。不同地区分公司的财务管理、人力资源管理、资源配置等都各自为政,没有统一的标准和规范进行协调,企业集团难以实现统一管控,难以做大做强,难以实现扩张。

(3) 集团知情权受到挑战。处在不同地域的分子公司财务、绩效如果得不到正确反映,股东就无法预测投资结果,就不愿意扩大投资,会使企业的扩张受阻。

(4) 经营和财务风险不断增加。一个子公司出现问题,可能牵涉其他分子公司的连锁反应,集团的发展扩张受到制约。

二、集团财务管理变革的外因

(一) 经济全球化

自20世纪末以来,经济全球化对中国的影响与日俱增。经济资源在全球范围内追求高效率重新配置,给中国企业带来了巨大的机会,也带来了很大的挑战。集团化企业往往不得不面对全球的竞争,财务人员也必须尽快从维持企业价值的角色向创造企业价值的角色转变。要想完成这一转变,首先要使传统财务人员从耗费其80%时间和精力的基础财务工作中抽身,逐步实现财务工作标准化、集中化,财务共享服务应运而生。

(二) 企业全球化

2013年9月和10月,习近平总书记分别提出建设"新丝绸之路经济带"和"21世纪海上丝绸之路"(即"一带一路")的合作倡议,加速了中国企业"走出去"的步伐。中国企业要想在世界经济竞争格局中生存下来并谋求发展,必须采取灵活的战略调整策略、快速响应环境的变化。为此,集团财务组织必须具备全球化运营管理专业技能,加强企业集团的管控能力。而财务共享服务中心有助于中国企业将成熟的基础财务工作能力快速复制到海外新的业务单元,并将海外业务单元本地化服务的财务人员解放出来以全力支持海外业务的发展。

(三) 管理思想与模式转变

从政府监管的思想与模式看,政府监管方式发生了巨大的变化,如国家税务总局的"金税三期"和电子税务局建设,中国人民银行的电票系统建设和推广,电子发票和电子合同的普及应用,电子会计档案法律依据的逐步建立与完善等,使得企业信息系统与政府监管与服务系统之间无接触式互联网连接愈发便捷,传统意义上必须由业务发生地财务人员完成的财务工作业可以纳入远程财务共享服务的范围内,从而为财务共享服务中心的建立创造了良好的外部环境。

从企业集团财务管理趋势看,社会化实时电子商务交易、银企直连的网银服务、基于移动互联网和集团全体员工的业务数据多端接入,业务和财务的边界不再是一份份手把手传递的物理原始凭证而变成了可以全球即时交换的二进制数据,企业集团必须基于一个集中的数据中心进行统一财务管理,共享服务中心就是实现数据处理中心统一财务管理的一种机制。

(四) 科技发展

移动互联网、云计算、大数据等技术快速发展,正渗透企业经济活动的方方面面,企业众多的业务场景正在经历向数字化转变的过程。企业集团的业务范围分布广泛,业务与财务协同向来比较困难,而业务场景的数字化转变及全球互联技术的成熟,使得采用财务共享服务的方式、集中向全球范围的业务单元提供业财融合的财务服务成为可能。

第三节　财务共享服务中心的模式

财务共享服务中心建设是一次财务变革,难度大、风险高;不同企业根据不同的管理基础、业务重点、行业特点以及风险偏好来选择不同模式的财务共享服务中心。财务共享服务中心的模式类型如表1-1所示。

表 1-1　财务共享服务中心的模式

类　型	特征说明	典型案例	考虑因素
多中心模式	多套作业系统，多个 FSSC，相互间没有关联及协作关系；一套作业系统，多个 FSSC，相互间没有关联及协作关系	中国铝业；IBM、中国移动	管控力度：较弱；地域分布：广；业务独立性：强；集中难度：大；各中心业务差异性：大
单中心模式	一套作业系统，一个 FSSC，内部组织按照先业务、后业态或地域设置	国开行、陕西移动、中国国旅、信发集团、博天环境、天瑞集团	管控力度：强；地域分布：广；业务独立性：较弱；主业明显，其他业态比例较小
	一套作业系统或其他财务系统，一个 FSSC，内部组织按照先业态或地域、后业务设置	中兴通讯、北控水务	管控力度：强；地域分布：广；业务独立性：较弱；多业态平行发展
专业化中心模式	多中心模式下设专业化中心；单中心模式下设专业化分中心	运通公司；海尔集团	某类单一业务量足够大；其余同多中心或单中心模式
灾备中心模式	一套作业系统或财务系统，多个 FSSC，同时作业，同时备份	中国平安	考虑资料备份，预防自然灾害；其余同多中心模式
联邦模式	一套作业系统，多个 FSSC（按业态、区域）	TCL、鞍钢集团	各中心业务差异性：比较大；人员集中难度：大；业务统一难度：大

多中心模式多为超大型集团，有多个子集团，集团对于子集团是战略管控或财务管控。若各子集团业务相同，则按照行政区域管理；若各子集团业务差异大，则按照业务线管理。

单中心模式下集团体量规模小于上一类，管控力度强，多为运营管控。以单一集团较为常见。

专业化中心模式可按多中心模式或单中心模式建 FSSC，对税务、资金等某类业务有独立管理需求。

灾备中心模式下，企业对资料灾备安全要求极高。

联邦模式多为考虑实际情况后建设共享中心的过渡方案，将来一般会合并为一个。

一、单中心模式——业态模式

此模式按照不同产业细分共享服务中心，产业共享服务中心负责本产业单位财务共享业务处理。

单中心模式——业态模式适用于集团多业态并存，且每种业态内的业务单位多的企业。单中心模式——业态模式的 FSSC 组织架构如图 1-7 所示。

该模式的优点是可以根据产业单位的业务特点进行体系定义,体现产业业态的特点。

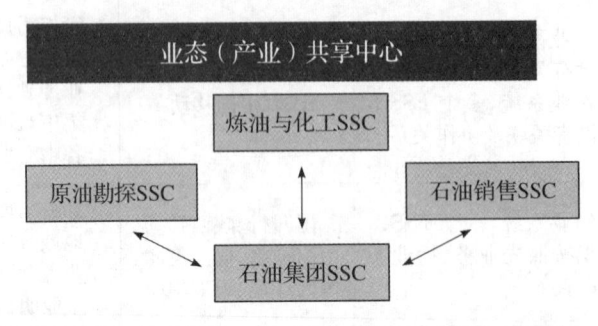

图1-7 单中心模式——业态模式的 FSSC 组织架构

二、单中心模式——区域模式

此模式在区域设置共享服务中心,负责该区域内不同产业单位财务共享业务处理。

单中心模式——区域模式适用于集团规模超大、区域内可服务的单位多的企业。单中心模式——区域模式的 FSSC 组织架构如图1-8所示。

该模式的优点是距离服务对象较近,业务响应快,便于沟通交流。

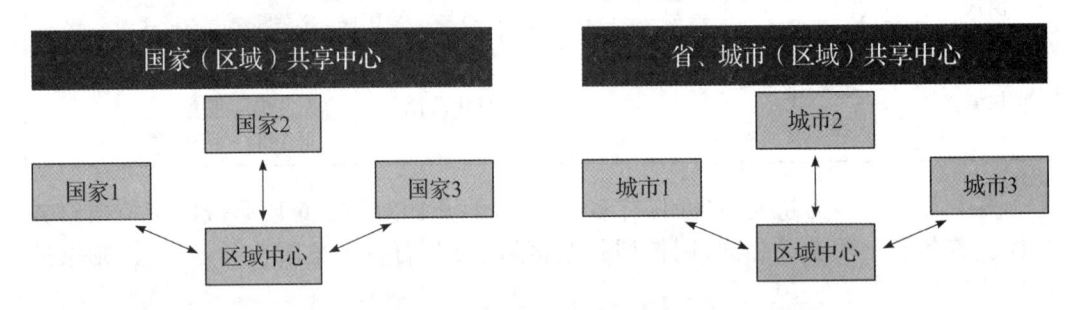

图1-8 单中心模式——区域模式的 FSSC 组织架构

三、在总部财务部下设立一个共享中心

该模式下财务管理权限集中,便于与下属企业财务协同,政策执行力度强。

该模式的缺点是对多种业态管理需求没有针对性,优点是距离服务对象较近,业务响应快,便于沟通交流。

四、多中心模式

联邦模式是在各集团财务部下按照业态建立共享中心。该模式的优点是多种业态针对性强,贴近客户,便于进行专业服务和业务监督;缺点是财务管理权限分散,多个共享中心协同性差。多中心模式——联邦模式的 FSSC 组织架构如图1-9所示。

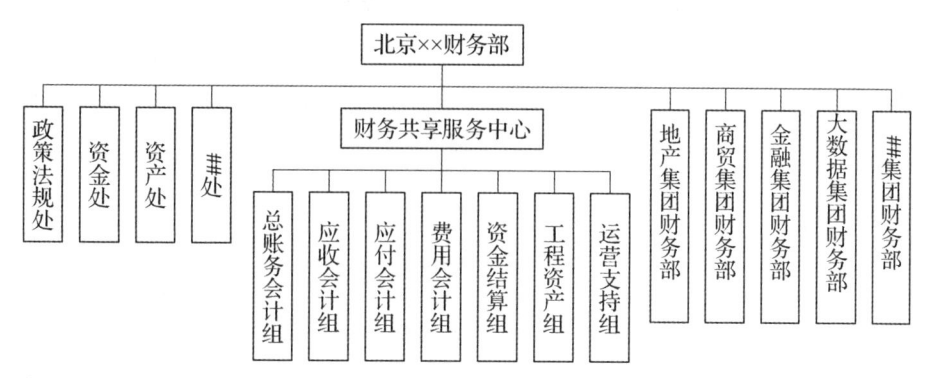

图 1-9 多中心模式——联邦模式的 FSSC 组织架构

第四节 财务共享服务中心的发展

财务共享服务是集团财务管理应对挑战而采取的集权管控模式的变革。

一、财务共享服务是企业集团财务管理的发展趋势

企业集团财务管理的发展趋势如图 1-10 所示。

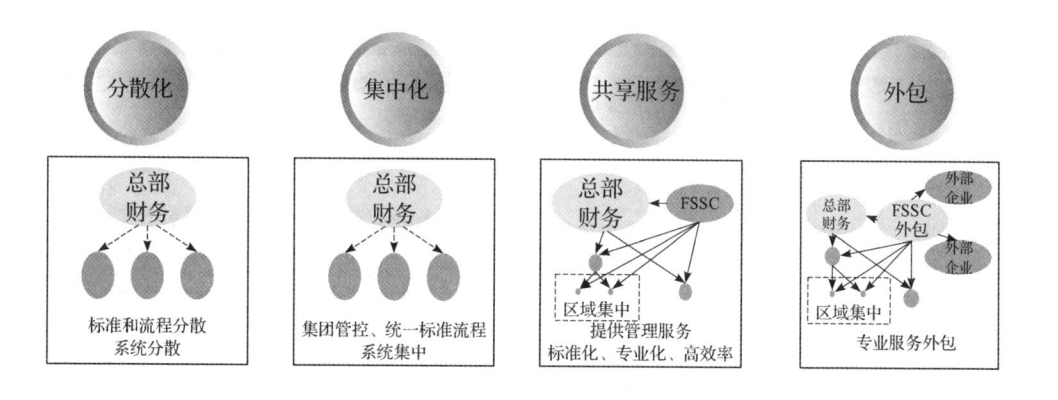

图 1-10 企业集团财务管理的发展趋势

二、财务共享服务是大型企业财务管理的发展方向

财务共享服务中心将各业务单位视为内部"客户",以"服务级别协议"来定义客户的需求,收入来自为各业务单元提供的服务。财务共享服务中心的运营模式如图1-11所示。

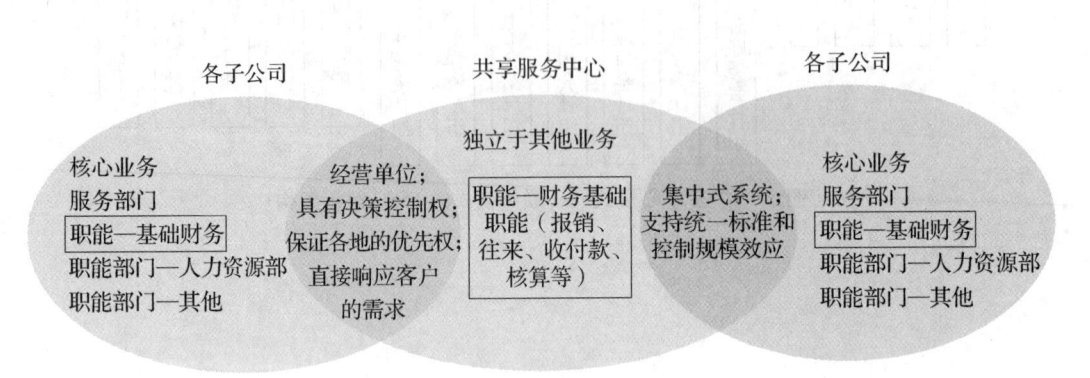

图1-11 财务共享服务中心的运营模式

三、共享服务中心发展历程

根据埃森哲的总结,共享服务中心有几种不同的类型,不同的类型有着不同的运营目标以及适应达成目标的运营特点(见图1-12)。

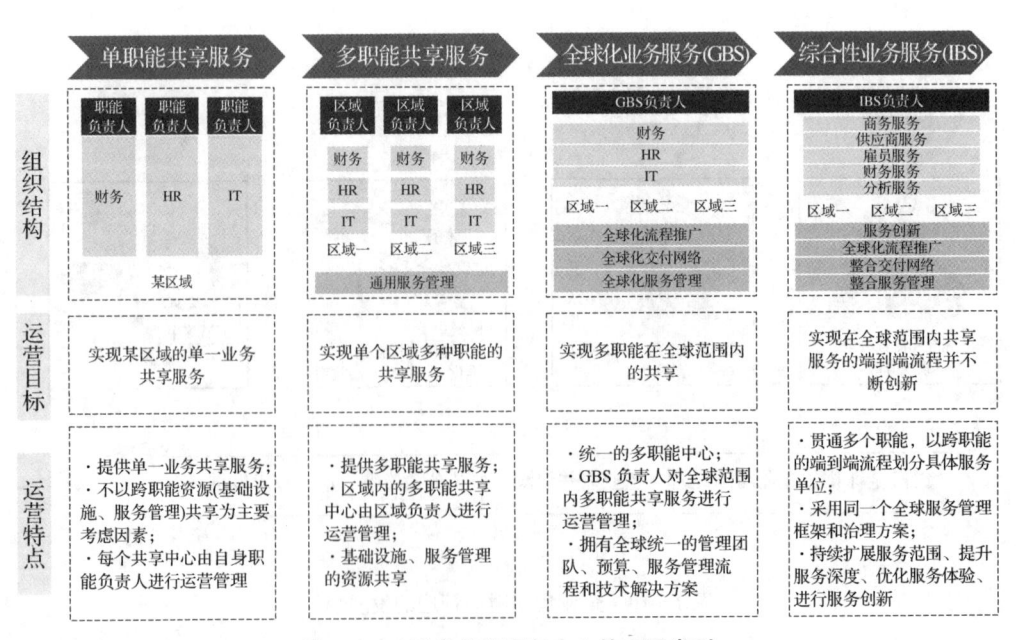

图1-12 财务共享服务中心的不同类型

四、共享服务中心的发展趋势

共享服务中心的发展趋势如图 1-13 所示。

数据共享中心	云服务中心	全球多职能中心
领先的共享服务中心已经进行了自动化与智能化方面的探索。共享服务中心转型成大数据处理及分析中心,为企业实现价值创造	全球化业务布局,成本节约必然促使SSC使用新兴技术,提高业务处理自动化与智能化,系统向低成本的云端部署	向更创新、更拓展的GBS(Global Business Service)模式发展,实现共享服务中心的全球化,是中国现有共享服务中心未来的发展趋势

图 1-13 共享服务中心的发展趋势

第五节　财务共享服务黑科技

一、IT 技术推动财务共享

(一) 互联网＋新技术推动了财务共享服务发展

习近平总书记在 G20 杭州峰会开幕式的演讲中明确指出,以互联网为核心的新一轮科技和产业革命蓄势待发,人工智能虚拟现实等新技术日新月异,虚拟经济与实体经济的结合,将给人们的生产方式和生活方式带来革命性变化。

随着商业环境和科技革命的变化,财会行业也将发生革命性的变化,共享服务中心便是其中之一。与此同时,未来的财务工作和财务运作模式也将发生革命性的变化。

(二) 财务共享服务需要 IT 技术强有力的支撑

财务共享服务平台的运作机制如图 1-14 所示，IT 技术影响财务共享服务的过程如图 1-15 所示。

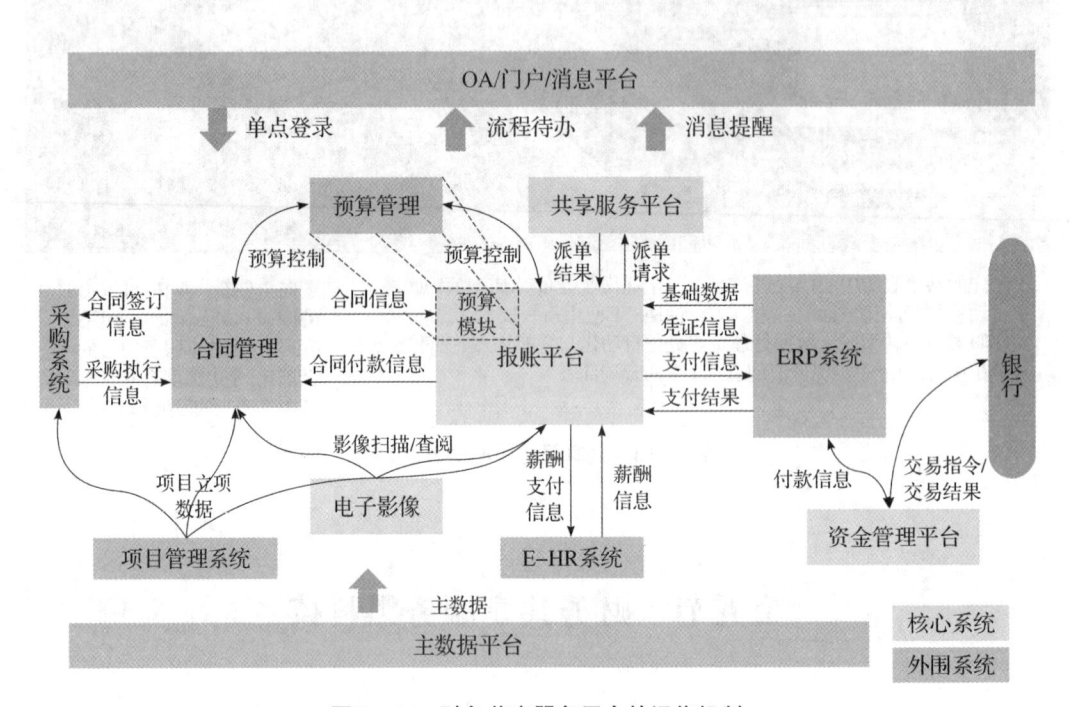

图 1-14 财务共享服务平台的运作机制

图 1-15 IT 技术影响财务共享服务的过程示意图

(三)财务共享服务中心 IT 应用架构(见图 1-16)

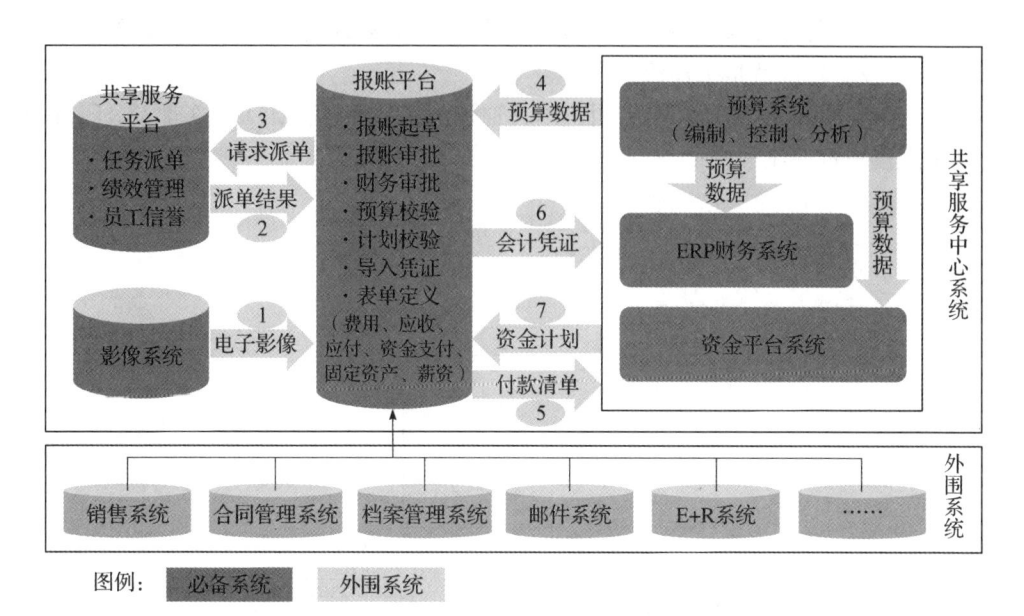

图 1-16 财务共享服务中心 IT 应用架构示意图

(四)财务共享关键技术

1. 自助服务

财务共享自助服务如图 1-17 所示。

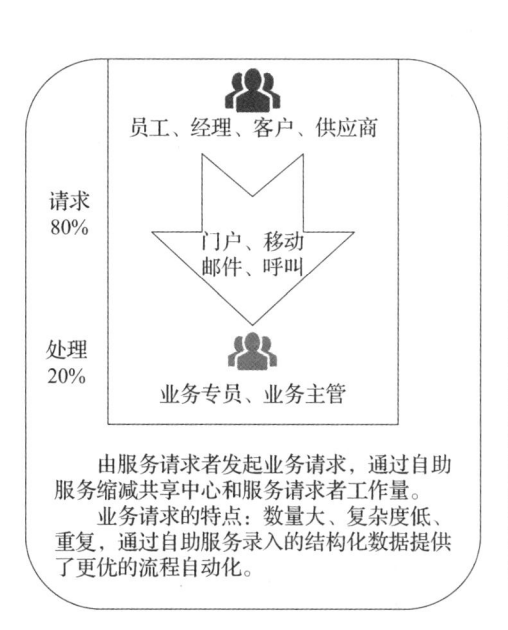

由服务请求者发起业务请求,通过自助服务缩减共享中心和服务请求者工作量。

业务请求的特点:数量大、复杂度低、重复,通过自助服务录入的结构化数据提供了更优的流程自动化。

图 1-17 财务共享自助服务

思考: 为什么自助服务对于财务共享服务中心如此重要?

2. 流程平台

共享服务流程再造的特点就是标准化、自动化，以此来提高工作效率。实现流程标准化、自动化的技术基础就是工作流。

通过工作流平台，将各项业务流程固化，并通过消息平台，实现自动任务驱动、任务找人。

基于流程平台的流程设计与自动化执行如图 1-18 所示。

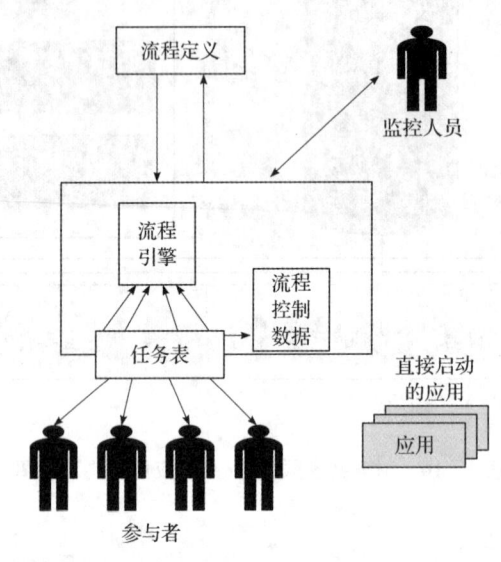

图 1-18 基于流程平台的流程设计与自动化执行

3. 动态组织建模

建立共享服务的一个目的就是支撑企业快速发展——收购、兼并、重组、拆分等。

通过服务委托关系设置，业务单位发起的请求，可以由对应的共享服务中心快速响应。

通过动态组织建模，可以快速应对组织机构变化。

财务共享服务中心的服务委托关系如图 1-19 所示，财务共享服务相关的动态组织建模如图 1-20 所示。

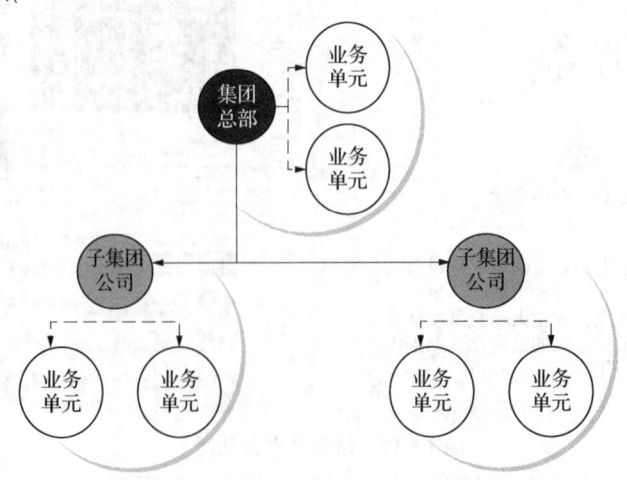

图 1-19 财务共享服务中心的服务委托关系

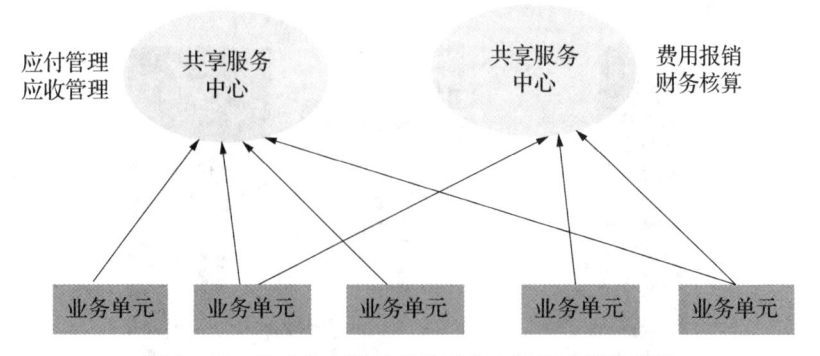

图 1-20 财务共享服务相关的动态组织建模示意图

4. 影像管理

所有纸质原始单据存放在业务单位处,共享服务中心人员可查看原始单据影像。

影像管理平台解决了原始单据流转、原始凭证调阅、离岸处理、业务处理的分工和效率等问题。

影像管理系统进行扫描设备的管理,统一分辨率设置及扫描规范;进行影像缓存及分时上传管理。影像管理平台在财务共享服务中的地位如图 1-21 所示。

图 1-21 影像管理平台在财务共享服务中的地位

方案一:与专业影像系统集成(见图 1-22)。

图 1-22 专业影像系统的工作流程

方案二:手机拍照/扫描+附件管理(见图1-23)。

图1-23　通过手机拍照或扫描的方式进行附件上传

5. 二维码/条码

粘贴单二维码打印,便于混乱单据的批量扫描及分拣提醒。单据归档时能够借助二维码快速实现凭证及审批流程打印。二维码识别还可离线快速获知报销人、金额、原始单据数量等信息。

6. 作业平台

(1) 审核要点包括是否符合财务制度、生成凭证的业务数据是否完整、影像文件是否完整等。

(2) 复核要点包括是否符合会计制证要求、是否符合内审要求等。

(3) 支付确认要点包括付款信息是否完整、是否符合企业当期资金计划等。

财务共享服务中心的业务审核过程如图1-24所示,财务共享作业中心对服务请求的响应及处理方式如图1-25所示。

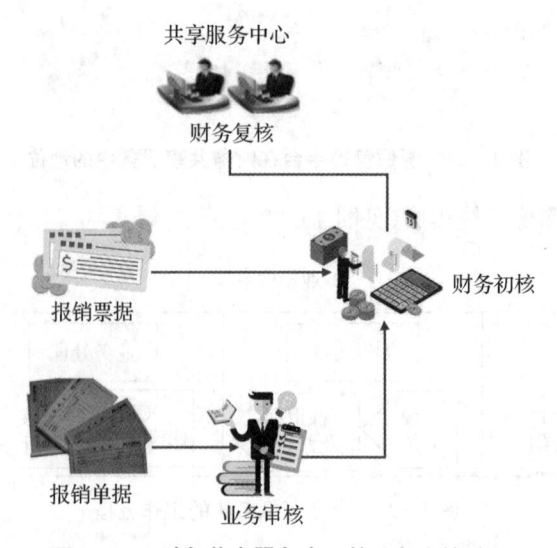

图1-24　财务共享服务中心的业务审核过程

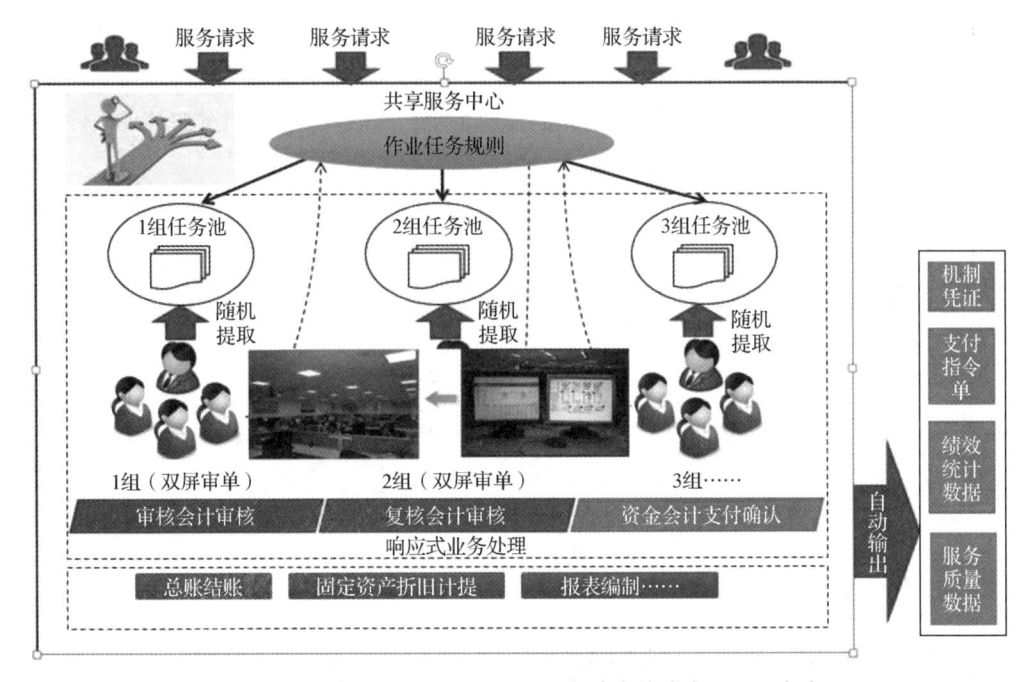

图 1-25 财务共享作业中心对服务请求的响应及处理方式

7. 国际化

财务共享中心的全球布局,需要多语言、多时区、多数据格式的支持。

财务共享中心服务的业务单位全球布局,需要符合当地的政策、法规。

多主币:公司本位币满足公司当地报告的需要,集团本位币、全球本位币满足集团预算管控、统计分析的需要。

财务共享服务中心的国际化如图 1-26 所示。

图 1-26 财务共享服务中心的国际化

(五)信息技术是共享服务中心数字化转型的动力

FSSC 取得成功的关键是有共同的或相关的系统平台。为 FSSC 运作模式提供系统支持的有:网上报账、工作作业平台、影像系统、丰富的财务信息系统、资金结算系统等。

根据 ACCA 等 2018 年对中国共享服务领域的调研报告,受调研企业的财务共享服务中心,最常应用的信息系统有:财务核算系统(100.0%)、电子报账系统(100.0%)、银企互联(77.4%)、电子影像系统(75.8%)、资金管理系统(69.0%)、电子档案系统(52.4%)。

二、用友 FSSC 的黑科技

(一) 互联网技术更新换代

互联网技术的更新换代过程如图 1-27 所示。

移动互联网	云计算	大数据	人工智能	物联网	区块链
语音自然语言交互 以图搜图 会员画像	智能试衣镜 AVR互动营销/建筑模型 销量预测 自动定价 仓容规划	行业知识图谱 智能形象顾问	财务机器人 HR机器人 导购机器人	刷脸支付 无人机快递 AVG自动引导运输车	RFID 商品溯源 智能合约
计算模式	架构模式	交互模式	数据模式	流程模式	开发模式

图 1-27 互联网技术的更新换代过程

(二) 用友 FSSC 的"黑科技"

用友 FSSC 的"黑科技"主要包括如下内容:① 人工智能、区块链、云计算、大数据等新技术;② 基于社会化商业的新商业范式;③ 建立连接、融合、共享、智能新特性的云平台,以智能报账、智能核算、智能共享为核心的财务服务场景。

第六节 了解案例企业

一、企业背景

(一) 企业简介

1. 鸿途集团

鸿途集团始创于 1987 年,经过三十余年的发展,已成为集水泥、旅游、铸造为主体的多元化股份制企业。鸿途集团以 160 亿元的营业收入进入"2018 中国企业 500 强"榜单,位列第 380 位。2018 年,鸿途集团水泥板块营业收入为 80 亿元,占主营业务收入的比重为 50%;旅游及餐饮板块实现收入 32 亿元,占主营业务收入的比重为 20%;铸造板块营业收入为 24 亿元,占主营业务收入比重为 15%;煤焦化板块营业收入为 22.4 亿元,占主营业务收入比重为 14%;其他板块业务实现收入 1.6 亿元,占主营业务收入比重为 1%。

2019年年初,集团制定了营收提高20%的经营目标,即实现192亿元的总营收。

鸿途集团顺应时代发展潮流,对传统产业进行数字化变革。鸿途集团管控模式为运营管控,"数字水泥与集团管控"实施以来,建设了适合企业集团战略发展需要的一体化信息平台,水泥板块已在国内率先实现了物流自动化、生产可视化、资产标准化、成本精细化、客商电商化、办公移动化、财务一体化、决策可视化的目标,大大提升了集团管控能力和工厂运营效率。

鸿途集团还将从数字水泥进一步拓展到数字铸造、数字焦化、数字旅游等多个领域,以推动打造数字鸿途,实现集团的全面转型升级。

一直以来,鸿途集团秉承"建家兴业、知恩感恩、忠诚团结、拼搏创新"的企业精神,以"勤奋、诚信、拼搏、创新、共赢"为核心价值观,在科学管理、技术研发、品牌文化、团队建设、全球营销等领域取得了辉煌成就,实现了从产业机械化到产业信息化的转变。

展望未来,鸿途集团将坚持"产业多元化、产品专业化、管理现代化、市场国际化"的总体发展战略,加快转变经济发展方式,坚持走循环经济和低碳经济的发展道路,为促进经济发展、社会进步、早日实现中国梦做出新的、更大的贡献!

2. 鸿途集团水泥有限公司

鸿途集团水泥有限公司,是国家重点支持的前三家水泥企业(集团)之一,是工信部重点支持兼并重组的五大水泥企业之一,2011年12月23日,鸿途水泥在港交所主板成功上市。截至目前,鸿途水泥总产能超1.5亿吨,旗下公司覆盖河南、辽宁、山东、安徽、山西、内蒙古、新疆、天津等省市。集团积极适应国家及行业政策的变化,通过先进的技术装备、合理的区域布局、充足的资源储备、规范的管理及品牌优势,致力于环境保护及可持续发展,集团得以实现快速发展,并维持及加强河南和辽宁两省的市场领导地位。

(1) 先进的技术装备。截至2018年6月30日,集团熟料生产线全部采用先进的NSP技术,且全部配备余热回收发电技术,可有效节省电力成本即减少污染。

(2) 合理的区域布局。集团主要布局于河南、辽宁两地,在天津、安徽亦有涉及。在河南省,集团沿"两纵三横"的高速公路及环郑州大都市生活圈布局;在辽宁省,集团沿"哈大高速"及环渤海湾经济带布局。这样使集团主要生产设施布局于石灰石资源、终端市场、交通线的结合处,进而长期受益。

(3) 充足的资源储备。集团于河南省和辽宁省等主营业区内拥有丰富的石灰石资源及混合材供应。各熟料生产线均配套单独的石灰石矿山且资源储备可供生产线使用30年以上。

(4) 规范的管理及品牌优势。集团采用规范的管理模式,为本集团产品质量和运营安全管理奠定了基础。同时,在母公司及运营子公司层面拥有ISO品质、环境和职业健康安全三大管理体系和产品品质认证。凭借规范的管理及卓越的产品质量,集团在国内多个大型基建项目中成功中标并成为主要的合格水泥生产商,如南水北调、哈大(哈尔滨—大连)高铁、石武(石家庄—武汉)高铁、郑徐(郑州—徐州)高铁等。

(5) 致力环境保护及可持续发展。集团致力于先进环保技术的研发及废弃物再利用。先进投资建设余热回收发电设施,投资改造粉尘回收设施,投资建设矿山废石回收再利用及企业的废弃物回收再利用等。集团一如既往地提升竞争力及可持续发展能力。

(二) 法人组织

1. 法人组织结构

图 1-28 为鸿途集团组织架构图。

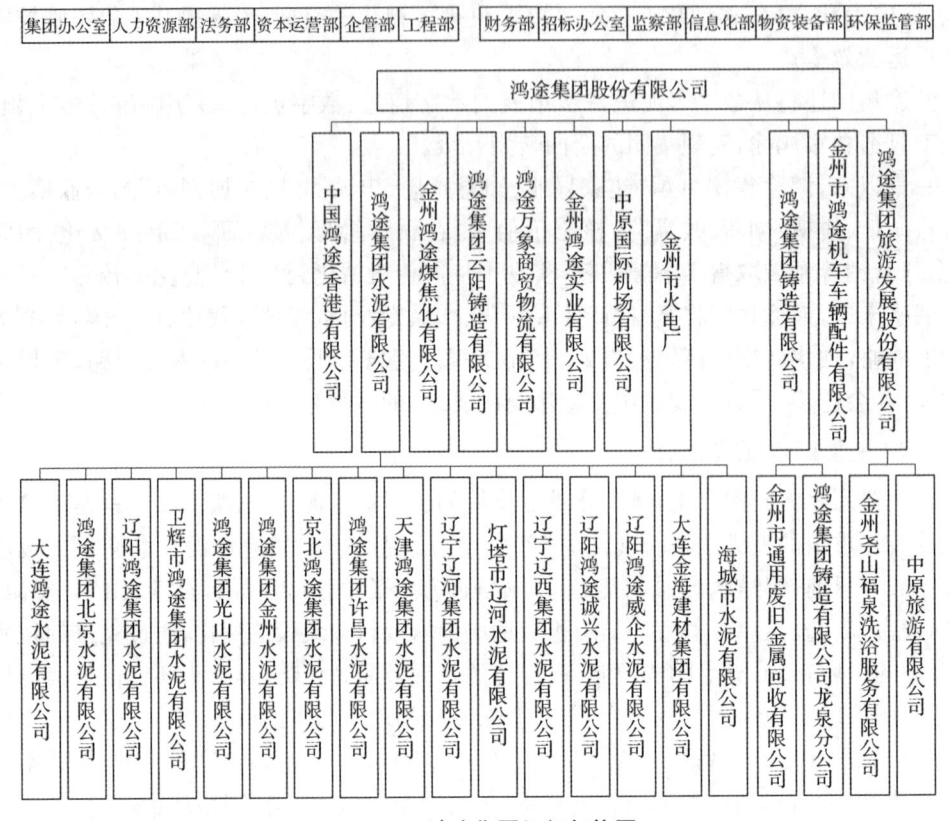

图 1-28 鸿途集团组织架构图

鸿途集团股份有限公司下设部门：集团办公室、人力资源部、法务部、资本运营部、企管部、工程部、财务部、招标办公室、监察部、信息化部、物资装备部、环保监管部。

下属公司包括：
- 中国鸿途(香港)有限公司
- 鸿途集团水泥有限公司
- 金州鸿途煤焦化有限公司
- 鸿途集团云阳铸造有限公司
- 鸿途万象商贸物流有限公司
- 金州鸿途实业有限公司
- 中原国际机场有限公司
- 金州市火电厂
- 鸿途集团铸造有限公司
- 金州市鸿途机车车辆配件有限公司
- 鸿途集团旅游发展股份有限公司

鸿途集团水泥有限公司下属：
- 大连鸿途水泥有限公司
- 鸿途集团北京水泥有限公司
- 辽阳鸿途水泥有限公司
- 卫辉市鸿途水泥有限公司
- 鸿途集团光山水泥有限公司
- 鸿途集团金州水泥有限公司
- 京北鸿途水泥有限公司
- 鸿途集团许昌水泥有限公司
- 天津鸿途水泥有限公司
- 辽宁辽河集团水泥有限公司
- 灯塔市辽河水泥有限公司
- 辽宁辽西集团水泥有限公司
- 辽阳鸿途诚兴水泥有限公司
- 大连金海建材集团
- 海城市水泥有限公司

鸿途集团铸造有限公司下属：
- 金州市通用废旧金属回收有限公司
- 鸿途集团铸造有限公司龙泉分公司

鸿途集团旅游发展股份有限公司下属：
- 金州尧山福泉洗浴服务有限公司
- 中原旅游有限公司

2. 法人组织信息

表 1-2 为鸿途集团法人组织信息表。

表 1-2 鸿途集团法人组织信息表

产业	名称	注册资本	公司类型	注册地
集团	鸿途集团股份有限公司	200 000 万元	股份有限公司	郑州
水泥产业	鸿途集团水泥有限公司	415 836.73 万元	股份有限公司	郑州
	大连鸿途水泥有限公司	47 971.49 万元	有限责任公司	大连
	鸿途集团京北水泥有限公司	25 213.62 万元	有限责任公司	大连
	辽阳鸿途水泥有限公司	23 168 万元	有限责任公司	辽阳
	卫辉市鸿途水泥有限公司	33 486.82 万元	有限责任公司	新乡
	鸿途集团光山水泥有限公司	46 830.57 万元	有限责任公司	信阳

续　表

产　业	名　称	注册资本	公司类型	注册地
水泥产业	鸿途集团金州水泥有限公司	75 638.13 万元	有限责任公司	大连
	京北鸿途水泥有限公司	2 000 万元	有限责任公司	郑州
	鸿途集团许昌水泥有限公司	8 000 万元	有限责任公司	许昌
	天津鸿途水泥有限公司	10 000 万元	有限责任公司	天津
	辽宁辽河集团水泥有限公司	20 500 万元	有限责任公司	辽阳
	灯塔市辽河水泥有限公司	6 300 万元	有限责任公司	辽阳
	辽宁辽西水泥集团有限公司	1 000 万元	有限责任公司	辽阳
	辽阳鸿途诚兴水泥有限公司	2 000 万元	有限责任公司	辽阳
	辽阳鸿途威企水泥有限公司	3 900 万元	有限责任公司	辽阳
	大连金海建材集团有限公司	4 500 万元	有限责任公司	大连
	海城市水泥有限公司	10 000 万元	有限责任公司	大连

3. 战略目标

鸿途集团坚持"产业多元化、产品专业化、管理现代化、市场国际化"的总体发展战略，加快转变经济发展方式，坚持走循环经济和低碳经济的发展道路，为促进经济发展、社会进步、早日实现中国梦做出新的、更大的贡献。

鸿途集团三年规划的发展战略目标：实现"产业转型、主业聚焦、做大做强"，各个板块和服务职能部门均做到执行落地。其中集团财务提出从"财务监督型"向"价值创造型"转变。

二、业务概况

(一) 信息化建设现状

鸿途集团重视信息化建设，2013 年开始全面实施信息化，先后投入使用了多个业务系统。集团、各级子公司进行了不同程度的信息化建设，所涉应用系统如下（见图 1-29）：

图 1-29　鸿途集团的业务系统

集团及各级子公司信息系统没有完全实现互联互通；数据标准不一致导致信息多口录入。

（二）财务管理现状

1. 组织结构现状

图1-30为鸿途集团组织结构现状。

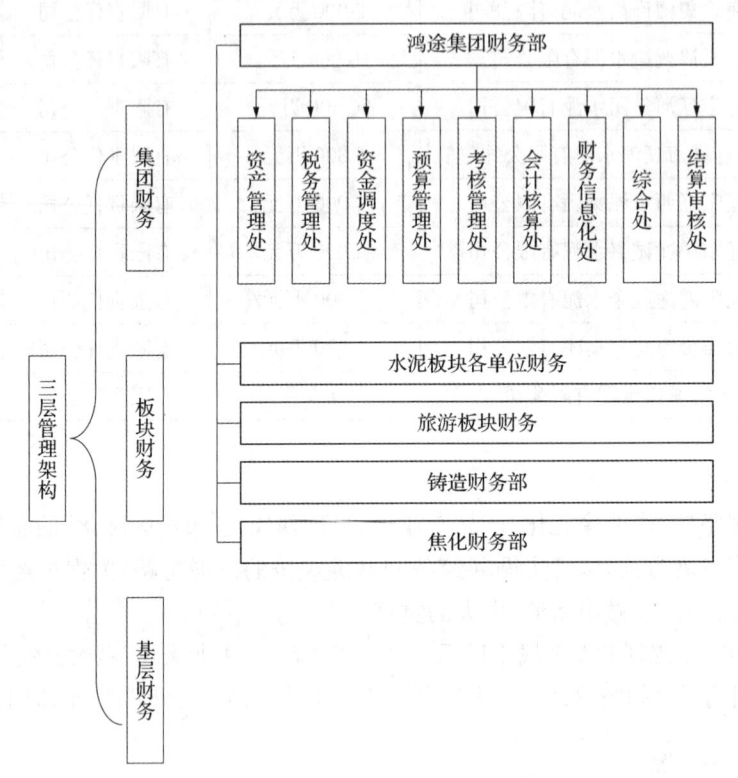

图1-30 鸿途集团组织结构现状

2. 岗位职责现状

（1）鸿途集团财务部岗位职责如表1-3所示。

表1-3 鸿途集团财务部岗位职级、职责及人数统计表

	处 室	岗位名称	级 别	职 责
1		财务总监	M3	财务战略
2	预算与考核管理处	预算与考核管理（6人）	M4、M5	预算管理业绩考核
3	税务与资金管理处	税务与资金管理（4人）	M4、M5	纳税筹划资金运作
4	信息化与综合处	信息化与综合处（7人）	M4、M6	信息化与财务监督
5	结算审核处	处长	M4	付款复核
6	结算审核处	会计	M6	付款审核
7	结算审核处	出纳	M7	资金支付

续 表

	处 室	岗位名称	级 别	职 责
8	会计核算处	处长	M4	费用复核
9		会计	M6	费用核算
10	资产管理处	处长	M4	资产管理政策
11		会计	M6	资产核算

（2）鸿途水泥集团财务部岗位职责。

鸿途集团水泥板块有17家公司，共140人，具体岗位信息如表1-4所示。

表1-4 鸿途集团水泥板块财务人员岗位职级、职责及人数统计表

	岗位名称	工作内容	级别	设置此岗位人员公司数
1	财务经理	财务分析	M4	17
2	总账会计	总账核算	M6	17
3	采购会计	应付审核 应付对账	M6	17
4	结算会计	费用核算	M6	17
5	销售会计	应收审核 应收对账	M6	17
6	资产会计	资产核算	M6	15
7	成本会计	成本分析 成本核算	M6	9
8	税务会计	税务筹划	M6	8
9	出纳	收款付款	M7	15
10	预算会计	预算编制	M6	8

3. 岗位人员分布

经过调研，鸿途集团财务部及下属公司的财务人员分布情况如表1-5所示。

表1-5 鸿途集团财务部及下属公司的财务人员分布情况表

人员类别	出纳	费用会计	结算会计	销售会计	材料会计	成本会计	主管会计	报表会计	财务处长/专家	财务总监/高级专家	其他财务
占比	13%	11%	13%	8%	11%	7%	8%	5%	6%	7%	11%
人数	39	33	39	24	33	21	24	15	18	21	33

从上表可以看出，财务管理岗位（财务部长、处长、总监）约占13%，大量财务人员从事销售对账、发票业务、采购入账、结算审核等基础性工作。

从调研中发现，财务人员基础工作繁忙，对供应、生产、销售以及产品检验等环节不是

很熟悉。财务人员对其他岗位工作不了解,为财务管理和财务分析带来很大障碍。在集团层面和下属公司,财务人员都没有很好地按职能进行专业化分工,造成基础核算工作开展得较好而决策支持工作开展得较差的局面。在财务分析工作方面,当前财务分析工作主要集中在传统分析、成本分析,对其他分析不多,导致财务人员分析建模能力较差,与生产经营的结合度不好,对风险预警、经营预测指导性不高。

4. 财务管理工作现状

财务管理系统部分处于基础应用阶段,如核算向管理会计延伸、供应链向产业链延伸、信息化向智能化延伸等,都存在大幅提升空间,尽管应用深度在行业中处于领先地位,但从"数字鸿途"的战略发展方向看,有提高空间。

集团各级财务组织的定位模糊,集团财务人员整体聚焦基础核算工作,管理会计职能的发挥有所不足。

(1) 财务会计基础工作。

① 会计核算标准化,入账规则统一化,业务流程标准化、自动化有待提高;

② 业务、财务分工与职责边界有待进一步厘清;

③ 业务流程需增加监控点;

④ 成本核算需减少因成本会计能力差异造成的成本核算标准、成本分析质量差异。

(2) 战略财务与决策支持能力。

① 财务管理需要从风险控制、效率提高方面进一步向业务支持和决策分析转变;

② 培训、提升基层财务人员能力和水平,做好业务决策、财务监督、管理会计工作。

(3) 财务管控体系建设。

① 依靠人工审批控制向利用系统工具自动控制转变;

② 从业务源头上解决下属企业普遍存在业务处理与财务控制界限模糊、分工不清、多环节重复的现象。

5. 财务战略目标

财务管理作为企业集团管理最重要的管理活动,是影响企业战略实现的重要因素,在打造"数字鸿途"的总体信息化发展战略指引下,鸿途在财务管理上进行了前沿的探索。

为了支撑鸿途集团三年规划的发展战略目标:实现"产业转型、主业聚焦、做大做强",集团财务提出从"财务监督型"向"价值创造型"转变,通过"管办分离,人员分层,流程优化,统一平台,集中规模化处理",建立标准、高效、专业、低成本的以服务为导向,关注客户满意度的财务共享服务中心,建立"战略财务、业务财务和共享财务"三位一体的财务运营管理新模式,支撑集团快速发展、战略转型、聚焦主业、做大做强,实现财务业务流程化和标准化,提高财务工作质量和效率,降低财务运营风险,降低财务运营成本,实现经济效益最大化。

按照"总体规划、分步实施、先易后难、持续改进"的原则,先试点后推广,逐步扩大财务共享服务范围,将集团公司境内外所有具备条件的企业和财务业务纳入财务共享服务范围,建成标准、集成、高效的财务共享服务中心,促进降本增效,规范运营管理,提升公司价值,支持公司发展。

鸿途集团财务共享服务建设采取循序渐进的模式，分阶段实现最终建设目标：

平稳迁移阶段：2018年7月～2019年7月，通过财务共享服务试点工作，总结财务共享服务建设规律、实施方法和步骤；2019年7月～2019年12月，把集团具备条件的企业及业务全部平稳迁移到财务共享服务中心。

优化提升阶段：1～2年优化提升，形成规范高效的业务流程，实现总部集中管控、内部市场化运营、规范化、低成本的财务共享服务运营模式。

价值创造阶段：2～3年卓越运营，通过不断统一优化业务流程、深化共享以后财务大数据的分析应用，力争达到能为成员企业提供增值服务的、高效率的、国际一流水平的财务共享服务中心，实现向价值创造中心提升的目标。

（三）业务管理现状

集团现已投入运营的生产设施主要分布在河南省、辽宁省及天津市、安徽省部分地区。在河南省，生产设施沿"两纵三横"的高速公路及"两纵两横"铁路线进行战略布点，在辽宁省和天津市，生产设施沿"哈大高铁"沿线及环渤海湾经济带进行战略布点，使生产设施战略性布局于石灰石资源、终端市场、交通线的结合处，这样的布局为集团带来的是不可复制的、长期的战略优势。

截至2017年12月31日，集团共拥有20条熟料生产线及56台水泥粉磨，熟料及水泥年产能分别为30.7百万吨及55.3百万吨。其中，河南区域（包括安徽）水泥产能36.9百万吨，熟料产能20.7百万吨；辽宁区域（包括天津）水泥产能18.4百万吨，熟料产能10.0百万吨。集团主要基于上述两个广泛的地区（即中国中部及中国东北部），中国中部包括河南省及安徽省部分地方；中国东北部包括辽宁省及天津市。

业务流程如图1-31所示。

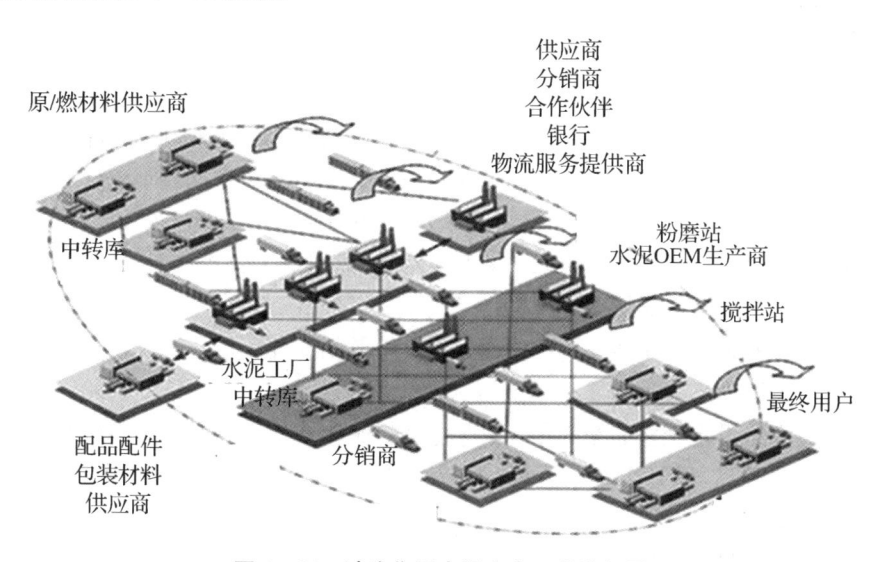

图1-31 鸿途集团水泥生产工艺流程图

目前在下属企业普遍存在业务处理与财务控制界限模糊，造成分工不清、多环节重复，表现在以下几个方面：

① 同一个业务信息在线下、线上重复录入,为了满足不同层面业务管理要求,电子表格台账、纸质台账大量存在,缺乏流程化管理,业务报账时间长;

② 业务审批与资金支付审批重复;

③ 整个业务审批与财务处理信息共享性差;

④ 资金支付、资金计划、预算管理、合同管理、税务管理、业务管理关联性差;

⑤ 手工处理核算量大,差错频出,耗用大量精力,核算质量有待提升;

⑥ 核算由人工处理,自动化程度低,核算标准化有待加强;

⑦ 同一业务不同人员、不同时间,可能出现处理方式的不一致,无法保障会计核算规则及会计政策的有效执行。

在采购、生产委外、销售流程中,财务监督与业务管理职能定位相对模糊:

在系统中对于应收应付功能定位不清,部分环节将业务单据管理功能定位于财务核算,导致业务管理、债权债务管理等无法很好地开展;

集团各级财务组织的定位模糊,集团财务人员整体聚焦基础核算工作,管理会计职能的发挥有所不足。

1. 费用管理业务现状

鸿途集团没有在集团范围内统一的费用报销制度,下属各子公司制定各自的费用报销制度。各子公司的员工费用报销标准、审批授权等各自为政;报销的实物流与信息流不同步。

集团范围内各子公司专项费用的开支居高不下,而且各家公司的推广活动没有形成集中效益;各家公司的会议、培训频多,有些"会"浮于事。部分子公司没有事前控制,在发生后进入报销过程,遇到超预算情况,财务退单,造成员工抱怨、业务开拓遇阻。

2. 采购管理业务现状

采购成本是鸿途集团的主要成本支出,是集团重点关注的管理事项,鸿途集团实行重点物资集中管理,在集团层面设立物资装备部,重点管理采购业务,负责每年就大宗物资与供应商签署战略协议,集团内企业根据需求量与供应商签署合同,基本实现大宗物资材料集中管理与零星材料物资的企业自主采购的采购模式,同时部署了 NC 供应链\LE 地磅系统、无人值守系统对采购合同到结算实现控制,集团集中管控。

(1) 采购业务的基本现状。

平均每个月的采购资金为 4 000 万元,在大修的情况下,会更高(根据每家公司的产量此金额会上下波动);

采购一般都会设定经济批量,采购数量的控制比较严格,不允许超请购计划采购;

采购计划的跟踪,只关注库存数量,不关注采购计划执行后是否使用,对长时间不使用的物资计划不进行考核;

存在部分物料呆滞的情况;

总部与分子公司之间无法实现采购数据、供应商、采购价格的共享。

(2) 采购效率。

采购临时计划较多;

采购计划的平衡分配到多个部门,流程烦琐、效率不高;

采购过程通过比质比价、优质优价的原则,缺乏有效系统控制手段;

采购付款周期较长,在一定程度上影响了供应商供货积极性,增加了采购成本;采购付款周期长的原因是历史形成的,任何采购付款都需要有采购发票、合同、到货验收单,三者缺一不可。

3. 销售管理业务现状

鸿途集团为多元化经营的企业集团,主营业务为水泥及熟料销售,另外在生产领域有铸造、焦化、发电等业务,在旅游板块有旅游景点、酒店及娱乐业务。

(1) 主营销售应收业务的内容。

主营销售应收业务的内容包括水泥销售、熟料销售、铸件销售、酒店客房销售、景点门票销售等。

(2) 销售管理业务的现状。

① 已实施 ERP 系统的企业基本已实现供应链业务的业务财务一体化;

② 销售业务流程基本一致,业务关键控制点略有不同;

③ 销售价格多样化,审批、执行及监管不便捷;

④ 手工工作量大,较易出现错误(客户余额计算、返利计算);

⑤ 工厂布局、硬件不同,发货流程无固定形式、单据格式不同、流转不统一,不便于统一化和精细化管理;

⑥ 统计报表以手工为主,工作量大,及时性较差。

4. 合同管理业务现状

在业务系统部署了多个合同管理模块,包括销售合同、采购合同、项目合同等,在结算环节,需要整合业务表单,实现合同控制,在供应链、项目管理录入的合同,在结算时根据单据客户/供应商名称自动带出同一客户/供应商的系统合同(合同订单)供制单人选择,各级审核人员根据合同编号查询系统合同,结算时不再需要业务人员上传合同复印件;

未实行系统录入的合同,如总部管理的合同、下属公司的服务合同,由各级财务人员在收付款合同模块录入合同,自动控制结算。

实训任务: 利用 Visio 软件,绘制鸿途集团组织框架图。

第二章　财务共享服务规划与设计

> 通过学习本章,了解并掌握沙盘推演,更深入地理解财务共享的核心理论;能够深刻认知案例企业财务共享的建设动因,分析阐述财务共享为案例企业带来的价值;能够掌握财务共享中心的建设路径和方法,并完成案例企业财务共享服务中心建设高阶方案规划设计;深刻理解技术发展、财务管理模式转型下财务人员的发展路径,从而实现自我思维及能力转变与塑造。

第一节　财务共享服务中心构建方法简介

财务共享体系是一项长期的、系统的、动态的建设过程。案例公司现有的经营环境、制定的战略目标、运营模式、企业财务制度和财务管理战略、企业信息系统建设程度等,均会对财务共享服务中心的建设产生重大影响。

为了构建财务共享服务中心,首先需要确定案例公司财务共享服务的定位和目标,然后需要从案例公司的关键因素出发进行评估和规范。影响财务共享体系建设的成功与否的因素包括地点(Site)、流程(Process)、机构人员(Organization)、政策法规(Regulatory)、技术(Technology)、服务(Service)六要素,简称SPORTS。

一、案例企业FSSC建设动因

(一) FSSC建设动因——外部趋势

2013年,《企业会计信息化工作规范》第三十四条:"分公司、子公司数量多、分布广的大型企业、企业集团应当探索利用信息技术促进会计工作的集中,逐步建立财务共享服务中心。"

2014年,《关于全面推进管理会计体系建设的指导意见》:"二是鼓励大型企业和企业集团充分利用专业化分工和信息技术优势,建立财务共享服务中心,加快会计职能从重核算到重管理决策的拓展,促进管理会计工作的有效开展。"

2018年中国共享服务领域调研报告(ACCA&中兴新云&上海财经大学联合发布,213份有效问卷):"规模百亿以上的企业,有更强的动力建立财务共享服务中心。"

(二) FSSC 建设动因——内在因素

当前,鸿途集团财务管理面临巨大压力,各级财务组织定位模糊,集团财务人员整体聚焦基础核算工作,管理会计职能发挥有所不足。

1. 财务人员配备现状及需求

目前鸿途集团财务人员共 300 人,其中集团财务部 25 人,水泥板块 140 人,旅游板块 50 人,铸造板块 45 人,煤焦化板块 40 人;财务管理人员占比 14%,基础核算财务人员占比 86%,急需提高管理型财务人员占比。

集团财务部高级人员紧缺,很多集团政策、制度都是匆忙制定,无人研究,问题百出,目前财务专家缺编 2 人;集团财务核算处室各处长忙于核算工作,对相关财务政策、财务流程建设等工作无暇顾及。

集团全年 160 亿元收入,其中水泥板块 80 亿元。水泥板块:业态相同、人员分散、重复机构多;集团水泥业务规模进一步扩大,2019 年拟新建 1 家水泥板块公司。

2. 战略财务与决策支持能力

集团财务部财务管理工作对于财务管控、决策分析、数据价值应用远远不足;公司财务人员能力和水平工作重点为基础会计核算,在业务支持、财务监督、管理会计工作上能力水平不足以支撑。

3. 财务管控体系建设

当前审批流程仍然有很多环节为人工审批控制,自动化不足,导致财务管控力度弱、风险高。下属企业普遍存在业务处理与财务控制界限模糊、分工不清、多环节重复现象。

4. 财务会计基础工作

会计核算标准不统一,入账规则不统一,业务流程标准化、自动化程度低,监控点不足;财务人员专业能力不足,成本核算因成本会计能力差异造成成本分析质量差。

二、案例企业 FSSC 项目现状

秉承"数字鸿途"总体信息化战略,鸿途集团提出了"一个中心两个基本点"的财务共享服务中心建设战略定位,希望通过财务共享服务探索新型财务管理模式,同时确定了"统一规划、分段建设"的分阶段建设路径,共享一期先就水泥板块进行试点建设,上线成功后逐步推广至其他业态。

集团成立了"财务共享建设"小组,由集团财务部财务总监带队,从集团财务部、水泥财务部、集团人力抽调精兵强将,全面推进集团财务共享服务中心的规划建设工作,小组将利用财务共享建设沙盘对集团财务共享服务中心建设高阶设计方案进行推演,并最终形成建设汇报文件,向集团董事做整体汇报。

三、沙盘基础知识

(一) 认知盘面和卡片

1. 盘面

我们用沙盘进行财务共享服务的规划与设计,沙盘盘面一般有如下两种类型:

(1) 挂盘。适用于没有专门沙盘实训空间的院校。在学生机房的座位旁分组设置白板,将磁性沙盘盘面垂直吸附在白板上,辅助以能在盘面上可靠固定的磁性卡片。

(2) 摆盘。适用于有专门沙盘实训空间的院校,沙盘实训桌面上没有干扰物,学生将摆盘盘面平铺在沙盘实训桌面上,辅助以质量足够大、不会被学生无意识挪动的卡片。

两种盘面除了材质不同外,在布局上也略有差别,但组成要素基本一致,以下内容以挂盘为例进行学习。该沙盘以财务共享中心构建方法论为依据,将盘面提炼为"三区九要素"。具体包含战略规划区、流程规划区、组织规划区三个区域(见图2-1)。

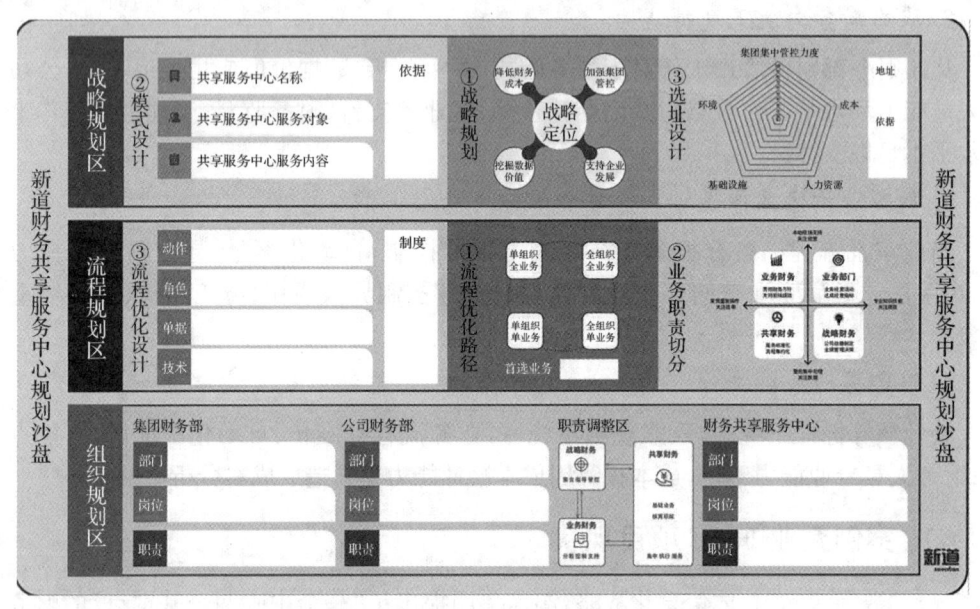

图2-1 财务共享中心规划沙盘盘面示意图

三个区域:

(1) 战略规划区。完成FSSC战略定位、FSSC模式、FSSC选址等要素的规划与设计。

(2) 流程规划区。完成流程优化路径、业务职责切分、首选流程优化设计(含制度与技术)等要素的规划与设计。

(3) 组织规划区。完成组织架构、职责调整、人员三定(定责、定岗、定编)等要素的规划与设计。

2. 卡片

沙盘的三个规划区使用的卡片,用不同的分类色条来区分。战略规划区卡片分类色条为红色,组织规划区卡片分类色条为橙色,流程规划区卡片分类色条为蓝色。卡片的样式及相关信息如图2-2所示。

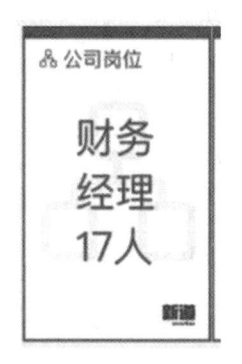

此类卡片为组织设计使用岗位类卡片，表示板块公司财务部的17名财务经理岗

此卡片中WL360表示费用复核工作量为360笔/月；在公司职责中工作量使用EWL表示17家水泥公司财务应付核算工作平均工作量

图2-2 财务共享中心规划沙盘卡片样式及相关信息

（二）沙盘推演的过程

沙盘推演指的是在沙盘盘面上进行财务共享服务的规划与设计，分为初始状态摆盘和推演设计摆盘两个阶段。

初始状态摆盘是将案例企业未实施财务共享前的所有状况展示在沙盘盘面上，包括企业战略、组织规划和流程规划，从初始摆盘中可以很清楚地看出企业目前的状况。

推演设计摆盘是在初始摆盘基础上，结合财务共享规划和设计的理论，分析案例企业存在的各种问题，然后逐步推演到实施财务共享后的各种状态，也分别包括企业战略、组织规划和流程规划三个部分。

四、摆盘前的准备工作

（一）小组分工

为了提高工作效率和负载均衡，组长要将本组成员进行分工。分工的角色与职责如图2-3所示。

项目经理-组长

资深财务高管
制定中心建设目标
设计中心建设模式
设计中心服务范围
组织确定中心选址
确定中心定位特色

组织架构师（2~3人）

财务专业/HR专业
组织架构设计
组织变革管理
定岗定责定级
人员能力转型

流程设计师（2~3人）

财务专业/IT专业
流程优化设计
流程管理落地
信息系统设计
项目实施落地

图2-3 摆盘前小组的分工角色与职责划分

组长担任项目经理，负责整个小组的规划设计、项目推进；指定每个组员的角色后，登记"项目分工表"（见表2-1）中的"负责人""执行人"及"计划完成时间"，并进行持续的进度跟踪。

表 2-1　项目分工表

项目任务	任务分解	负责人	执行人	计划完成时间
战略规划	鸿途集团基础信息表	项目经理	全体	
	战略定位	项目经理	全体	
	模式设计	项目经理	全体	
	选址设计	项目经理	指定	
	方案撰写及汇报	项目经理	项目经理	
组织规划	组织架构初始摆盘			
	组织架构设计推演			
	方案撰写及汇报			
流程规划	流程清单梳理			
	流程初始摆盘			
	业务职责切分			
	流程路径规划			
	流程设计推演			
	方案撰写及汇报			

（二）教具清点

组长向教师申请盘面和卡片，分发给每个规划区的负责人，由后者对卡片进行清点。卡片清单详见下面这些表格（见表 2-2～表 2-4）。

表 2-2　沙盘卡片清单 1

	战略规划区：28 个				小计
职能定位	成本中心	利润中心	财务服务公司		3
建设模式	单中心	多中心—业态	多中心—区域	专长中心	4
服务对象	鸿途集团水泥有限公司	鸿途集团股份有限公司	金州鸿途煤焦化有限公司	鸿途集团万象商贸物流有限公司	12
	鸿途集团水泥中部区公司（4 家）	鸿途集团铸造板块公司（4 家）	鸿途集团水泥北部区公司（12 家）	鸿途集团旅游板块公司（3 家）	
	中国鸿途（香港）有限公司	金州市火电厂	金州鸿途实业有限公司	中原大福国际机场有限公司	
服务内容	费用共享	采购到应付共享	销售到应收共享	总账报表共享	6
	固定资产共享	资金结算共享			
选址设计	大连	郑州	天津		3

第二章 财务共享服务规划与设计

表 2-3 沙盘卡片清单 2

组织规划区:80个

	预算与考核管理处	税务与资金管理处	信息化与综合处	结算审核处	会计核算处	资产管理处	小计
集团部门	财务总监	预算与考核管理处（ ）人	税务与资金管理处（ ）人	信息化与综合处（ ）人	结算审核处长	会计核算处长	6
集团岗位	出纳	资产会计	结算会计	资产管理处长	结算审核处长	核算会计	11
集团职责	财务战略	预算管理与绩效考核	纳税筹划与资金运作	信息化与财务监督	资产管理政策	费用复核 WL360	12
	费用核算 WL360	资产核算 WL25	资金支付 WL650	付款审核 WL650	付款复核 WL650	财务政策	
公司部门	鸿途集团水泥财务部	鸿途集团旅游财务部（50人）	鸿途集团铸造财务部（45人）	鸿途集团焦化财务部（40人）			4
公司岗位	财务经理（ ）人	总账会计（ ）人	采购会计（ ）人	结算会计（ ）人	销售会计（ ）人	资产会计（ ）人	10
	税务会计（ ）人	预算会计（ ）人	出纳（ ）人	成本会计（ ）人			
公司职责	费用核算 EWL353	应收审核 EWL294	应收对账 EWL23.5	预算编制 EWL3	资产核算 EWL23.5	成本核算 EWL0.3	13
	财务分析	成本分析	税务筹划	应付核算 EWL353	应付对账 EWL29.4	收款付款 EWL639.7	总账核算 EWL13
FSSC 部门	FSSC 部门×8						8
FSSC 岗位	FSSC 岗位×8						8
FSSC 职责	FSSC 职责×8						8

033

表 2-4 沙盘卡片清单 3

流程规划区:132 个

类别	内容	小计
单据	实物单据×6；实物档案×2；影像单据×4；电子档案	13
角色	业务人员；业务经理；分管副总裁；本地财务；财务经理；本地出纳；FSSC财务审核岗；FSSC财务复核岗；FSSC出纳；FSSC归档员；扫描员	12
动作	填单报账；线上业务审批；影像扫描；本地财务初核；财务复核；财务审核；线下支付；自动生成单据；自动生成凭证；录入凭证；线上集中结算；本地纸质档案归档；档案邮寄；纸质档案归档；电子档案归档	17
技术	财务共享服务平台；资金结算系统；财务核算系统；商旅服务平台；影像管理系统；银企直联；移动报账；企业报账平台；税务云；电子发票；财务机器人；采购云；业务系统；条码/二维码	15
制度与审核依据	费用制度：报销业务范围；费用制度：报销填报时间；费用制度：住宿标准；费用制度：出差补助；费用制度：出差借款；费用制度：报销支付时间；审核依据：影像与纸质原始凭证一致性；审核依据：业务真实性；应收制度：应收入账依据；应收制度：应收对账要求；应收制度：应收信用等级；应收制度：结算银行账户；应收制度：结算方式；应收制度：应收账龄区间；应收制度：应收坏账比例；应收制度：应收结账日期；应付制度：应付对账日期；应付制度：应付对账方式；应付制度：应付入账步骤；应付制度：应付入账要求；应付制度：应付暂估入账；应付制度：结算银行账户；应付制度：应付付款流程；应付制度：应付付款时间；应付制度：结算方式	26

续表

流程规划区:132 个

														小计
采购到付款(PTP业务)	签订采购订单	审批采购订单	采购入库	录入采购发票	审批应付单	审核应付单	生成应付账龄分析表	审定采购财务政策	扫描发票上传	提交付款单	提交应付单	审批付款单	审核付款单	支付应付款	15
销售到收款(OTC业务)	录入销售订单	审批销售订单	销售发货出库	录入销售发票	扫描发票上传	提交应收单	审核记账凭证	生成应收账龄分析表	录入收款单	扫描银行回单并上传	审核收款单	确认收款结算			13
固定资产业务	固定资产业务	初步审核申请单	资产相关账务处理申请	资产相关账务处理	资产折旧入账	制定固定资产管理政策									6
费用业务	制定费用政策与制度	填制报销单	业务审批	本地初审报销凭证	审核报销凭证	报销支付	分析	报表							9
总账报表业务	预提需求审核	预提需求申请	月结关账	会计政策	月结申请	财务制度									6

五、初始状态摆盘

(一) 战略规划区

根据第一章案例企业的现状数据填写"鸿途集团基础信息表"(见表2-5)。

表2-5 鸿途集团基础信息表

名称	年营业收入	财务人员数量	财务人员效率	财务管理人员数量（5级及以上）	财务管理人员占比
鸿途集团					
水泥板块					
旅游板块					
铸造板块					
煤焦化板块					
集团财务部					

备注：
(1) 财务管理人员为财务总监、财务高级专家、财务处长/财务经理、财务专家等5级及以上财务人员。在鸿途集团的人力资源系统中，级别数量越小、级别越高。
(2) 财务人员效率＝年营业收入÷财务人员数量。

(二) 组织规划区

集团财务初始摆盘：根据案例资料，将共享前集团财务部组织结构进行摆盘，包含部门、角色、职责，统计现有财务角色的人数并写在角色卡片的括号内。

公司财务初始摆盘：在"公司财务部"区内，将水泥板块各公司财务组织现状包含部门、角色、职责全部卡片摆放完毕，统计现有财务角色的人数并写在角色卡片的括号内。示例见图2-4。

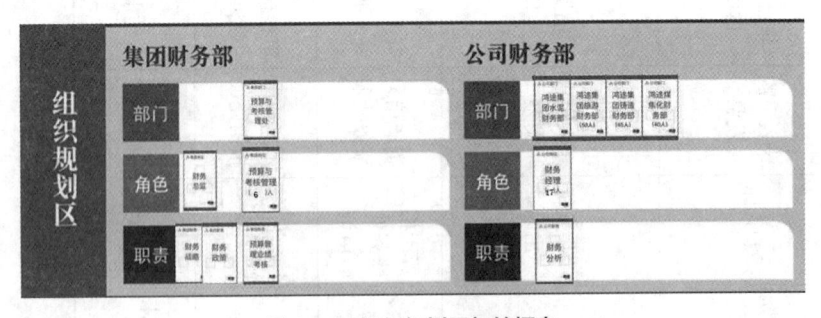

图2-4 组织规划区初始摆盘

> **实训任务**：结合第一章表1-3、表1-4，作鸿途集团总部及水泥板块财务组织的初始摆盘。

（三）流程规划区

共享前财务核算流程初始摆盘：在流程优化设计区将共享前财务核算报账业务流程摆放完毕，包含动作、角色、单据卡片，示例见图 2-5。

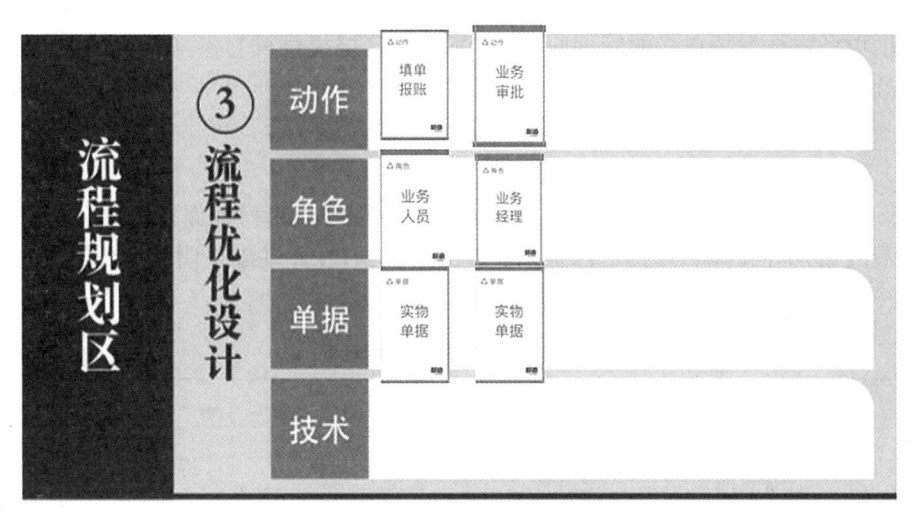

图 2-5　流程规划区初始摆盘

> **实训任务**：结合第三章鸿途集团差旅费报销流程现状（见图 3-5），作鸿途集团差旅费报销流程的初始摆盘。

六、推演设计摆盘的基本理论

（一）战略规划区

1. FSSC 战略定位及模式选择

（1）确定 FSSC 的战略定位。

FSSC 战略定位有以下几个方面，企业需要根据自身的企业战略来进行优先级排序和选择。

① 加强集团管控。这种战略定位的财务共享服务中心更侧重于其管理职能，通过制定统一的流程制度、建设统一的管理信息系统，形成集团集中化和标准化管理模式，整合财务管理和风险控制资源，对集团下属公司实施财务全程化、实时性监控，提高集团的综合掌控能力、支撑集团公司的发展战略。

② 降低财务成本。通过对基础性、事务性工作的集中处理，一个财务人员可以处理几个公司的相同岗位的业务，从而在业务量不变的同时减少了人员。使得原来成百上千人在不同的子公司完成的工作由一个财务共享服务中心完成，提高了财务核算的效率。降低了原分散在各单位工作量的处理费用，节约了人工成本。

③ 支持企业发展。公司在新的地区建立子公司或收购其他公司，财务共享服务中心能马上为这些新建的子公司提供服务。同时，公司管理人员更集中精力在公司的核心业

务,而将其他的辅助功能通过财务共享服务中心提供的服务完成。同时,使更多财务人员从会计核算中解脱出来,能够为公司业务部门的经营管理和高层领导的战略决策提供高质量的财务决策支持,促进核心业务发展。

④挖掘数据价值。随着企业体量的增大、层级的增多,管理决策的复杂性也越来越大,因此,财务需要发挥更多的管理职能,才能为决策层提供具有参考价值的决策分析数据和报表。财务核算也必须更加细致化和专业化,才能为企业提供更加具有管理价值的财务分析数据,而FSSC是企业集团集聚数据资源的最佳平台。

(2)确定FSSC的建设目标。

FSSC建设首先应该立足财务本身,与公司财务管理战略目标保持一致,纵向服务于公司发展战略,横向匹配公司IT信息化建设战略规划,在此基础上明确FSSC战略定位,定义FSSC建设的短期目标、中期目标和长期目标(见表2-6)。

表2-6 FSSC的建设目标表

类 别	1~2年短期目标	3~5年中期目标	6~10年长期目标
公司发展战略	向平台化管理转型,提升效率	并购扩张,全球化	持续盈利,稳健增长
财务战略规划	从核算监督型向管理型转变	搭建财务共享平台,支持业务扩张,并购整合	从管理型向价值提升型转变
IT信息化规划	达到企业级应用水平,业财税系统贯通	实现集团集成性应用,业财税系统一体化	升级到社会级应用,实现企业内外系统互联互通
FSSC战略定位	集团管控	集团管控兼财务服务	财务服务兼集团管控
FSSC建设目标	标准化建设,推动企业财务转型(责任中心)	财务内包服务,降本增效(成本中心)	协议收费,提供"财务内包+外包"服务(利润中心)

(3)FSSC推进路径选择。

由于财务共享服务的引入是一次财务革命,因此,在建设中,不同企业会采用不同的建设路径。一般表现为两种推进路径:先试点后推广,即从单业务或单组织试点,逐步推广到全业务或全组织;一次性建设,即一次性在全业务全组织范围建设FSSC。两种推进路径的比较以及选择建议参见表2-7。

表2-7 FSSC的推进路径选择表

推进路径	先试点后推广	一次性建设
适用客户群	管控力度较弱、执行力适中的集团企业;业务类型多样、业态较多、核算相对比较复杂、地域分布比较广的集团企业。适用于稳定期的集团企业	管控力度较强、执行力比较高的集团企业;业务类型不是很多样、不是很复杂、业态较少、核算相对比较简单的集团企业。信息系统相对单一,不存在太多异构系统对接的问题
优点	逐步推广,先点后面、易于控制风险;试点期变动较小,不会造成大的震荡,有益于变革推进。试点成功后可大规模快速复制	一鼓作气,能够造成大的声势,引起高层高度重视,对项目推进有帮助;不会因多次实施使人员产生疲惫厌倦的负面情绪。一次性建设完成共享信息系统,应用价值高

续　表

推进路径	先试点后推广	一次性建设
缺点	对于试点机构的选择要慎重,既要考虑业务的全面性,也要考虑执行力、机构分布、管理现状、信息化现状等实际问题。 业务在发展过程中,存在未知的可能性,试点完成推广时业务可能发生变化	需要做好全面可行的规划;制订好科学严格的项目计划和管理制度。对于项目管理要求高;对于信息化基础要求高。 沟通面广,需要加强共享中心内部管理,建立呼叫中心等沟通渠道
选择建议	选择推进路径时,最好做项目可研分析。结合企业现状,进行必要性、可行性分析。选择最具有代表性的机构进行试点,并制订好相应的推进计划	

（4）FSSC 的模式选择（见图 2-6）。

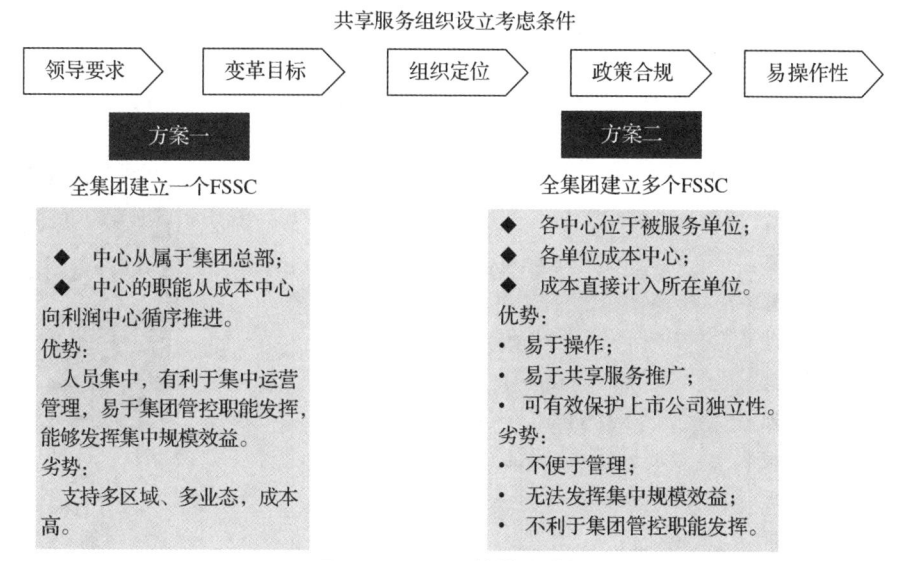

共享服务组织设立考虑条件

领导要求 → 变革目标 → 组织定位 → 政策合规 → 易操作性

方案一　　　　　　　　　　　　　方案二
全集团建立一个FSSC　　　　　　全集团建立多个FSSC

◆ 中心从属于集团总部;
◆ 中心的职能从成本中心向利润中心循序推进。
优势:
　人员集中,有利于集中运营管理,易于集团管控职能发挥,能够发挥集中规模效益。
劣势:
　支持多区域、多业态,成本高。

◆ 各中心位于被服务单位;
◆ 各单位成本中心;
◆ 成本直接计入所在单位。
优势:
· 易于操作;
· 易于共享服务推广;
· 可有效保护上市公司独立性。
劣势:
· 不便于管理;
· 无法发挥集中规模效益;
· 不利于集团管控职能发挥。

图 2-6　FSSC 的模式选择

（5）FSSC 的组织职能定位。

从组织维度来看,共享中心可以经历三个阶段的发展（见图 2-7、表 2-8）。

成本组织:隶属于财务组织,完成财务核算的工作,不进行独立考核;利润中心:建立内部模拟考核机制,和被服务组织之间需要进行内部结算;财务服务公司:提供市场化服务,不仅仅服务于集团内部,也对外承接业务,提供市场化服务。

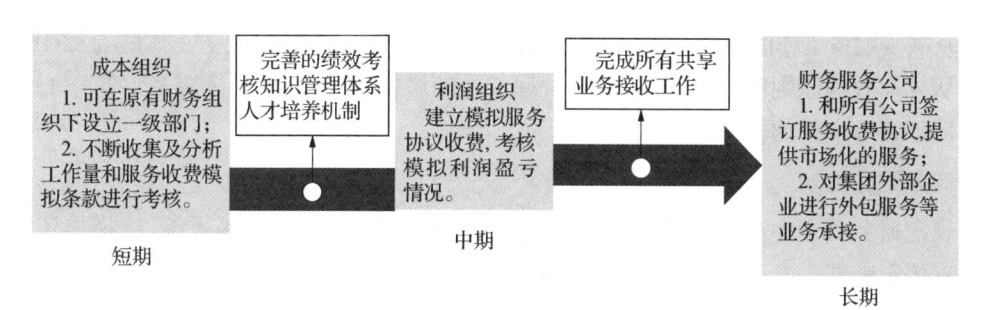

成本组织
1. 可在原有财务组织下设立一级部门;
2. 不断收集及分析工作量和服务收费模拟条款进行考核。
短期

完善的绩效考核知识管理体系人才培养机制

利润组织
建立模拟服务协议收费,考核模拟利润盈亏情况。
中期

完成所有共享业务接收工作

财务服务公司
1. 和所有公司签订服务收费协议,提供市场化的服务;
2. 对集团外部企业进行外包服务等业务承接。
长期

图 2-7　FSSC 的组织发展阶段

039

表 2-8 FSSC 的组织职能定位

组织属性	组织特点	考虑因素
成本组织	只对集团内部提供服务,无额外收益	1. 集团的性质:是否上市,是否有上市意向或准备,是否属于金融公司; 2. 战略发展:财务共享中心长期战略发展规划是否考虑成为利润中心或财务公司
利润组织	对集团内部提供服务,可以对外部提供部分服务,并获得收益	
财务服务公司	作为独立运营的公司,自负盈亏	

2. 确定 FSSC 的服务内容

纳入共享中心的服务范围可参照《2018 年中国共享服务领域调研报告》;另根据权威机构调查显示:80%的核算业务都能够纳入共享服务中心。财务共享服务中心服务内容调研结果如图 2-8 所示。

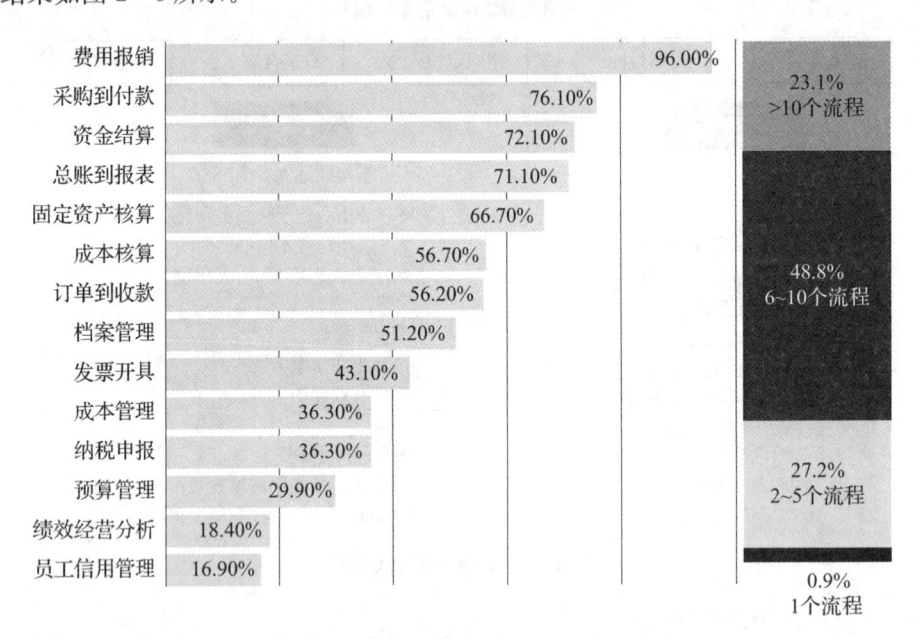

服务内容	比例
费用报销	96.00%
采购到付款	76.10%
资金结算	72.10%
总账到报表	71.10%
固定资产核算	66.70%
成本核算	56.70%
订单到收款	56.20%
档案管理	51.20%
发票开具	43.10%
成本管理	36.30%
纳税申报	36.30%
预算管理	29.90%
绩效经营分析	18.40%
员工信用管理	16.90%

流程数占比:
- >10 个流程:23.1%
- 6~10 个流程:48.8%
- 2~5 个流程:27.2%
- 1 个流程:0.9%

图 2-8 财务共享服务中心服务内容调研结果

纳入共享服务中心业务的筛选原则:

从集中管控的维度,需要考虑纳入财务共享中心的业务是否有集中管理的必要性;是否能增强集中管理的力度;对于异地处理的业务,能否集中到财务共享中心处理。

从减少财务工作的维度,需要考虑占财务工作时间最长的业务;财务工作量最大的业务。

从成本效益原则的维度,需要考虑管理成本的增幅;业务流程纳入财务共享中心后是否有助于管理水平的提高。

3. FSSC 选址

确定财务共享中心所在地,需要考虑地区经济水平、公司运营模式等,选择的正确与否将直接影响能否充分共享及投资产出率,且制约业务执行情况。从国际经验来看,财务共享中心的办公地址选择,需要兼顾地区的政治、经济及公司的战略等因素,选址的结果将直接影响能否充分共享和投产比,且限制业务执行情况。这些选择从总体来看,受制于中心定位、运营模式、长远战略、企业规模大小等多个因素。具体的因素有投入产出分析、高效益的人力数量、薪酬待遇、网络资源等基础设施、优惠政策等。以上具体因素由总体因素决定,总体因素根据财务共享服务的战略定位确定。

若战略定位主要是控制成本,则更多考虑选址的成本因素,具体有人力成本等。其中,对于人力资源的成本要求也很低,不会过多投入。

若战略定位主要是加强集团管控或提升业务服务质量,则人力成本可能就不是最重要的考量因素。

事实上,能够兼顾所有标准的办公地址基本不存在,故而在决策时应进行排序,选择其中最适合的即可。地震、飓风、洪水等自然灾害都有可能引起业务中断,必须在选址时加以考虑。

实际操作时可以先确定几个备选城市,然后按照如表2-9所示的《FSSC选址决策分析表》对每个备选城市进行数据资料收集、分项评分,加权汇总得到综合评分,以综合评分作为最终选址决策的重要依据。而因素的选取、权重的设计,均受到FSSC战略定位的重大影响。

表2-9 FSSC的选址决策分析表

因素	方向	权重	影响因子	备选城市×× 数据资料来源	评分	得分
成本	人力成本:考虑当地薪资水平、现有财务人员的搬迁安置成本等	7%	薪酬	1. 政府相关网站 2. 权威机构报告 3. 招聘网站相关岗位薪资水平		
		5%	房价	1. 政府相关网站 2. 权威机构报告 3. 房屋中介公司网站		
	交通成本:考虑人员业务沟通的往返差旅成本、单据运输或邮寄成本等	2%	铁路	1. 政府相关网站 2. 权威机构报告		
		2%	公路	1. 政府相关网站 2. 权威机构报告		
		2%	机场	1. 政府相关网站 2. 权威机构报告		
	办公成本:考虑办公固定成本,如办公大楼购买成本或办公室租金	7%	房价或房租	1. 政府相关网站 2. 权威机构报告 3. 房屋中介公司网站		
人力资源	人员技能及知识水平:可通过市场调查、公开数据等渠道获取相关信息;	3%	财务培训机构数量	1. 政府相关网站 2. 权威机构报告		
		10%	财经类院校数量	1. 政府相关网站 2. 权威机构报告		

续 表

因素	方向	权重	影响因子	备选城市×× 数据资料来源	评分	得分
人力资源	人才供给及流动性等：人才供给不足或人员流动性大会造成FSSC用人困难。例如，强生在苏州建立FSSC时就曾因为人员招聘困难，严重影响其业务的开展	2%	城市人口	1. 政府相关网站 2. 权威机构报告		
基础设施	IT、通信设备的可靠性：FSSC的有效运营非常依赖强大技术的支撑，这就要求畅通、安全、稳定的主干网络；	8%	5G试点城市	1. 政府相关网站 2. 权威机构报告 3. 设备服务商报告		
	通信成本：较高的通信成本会抬高FSSC的运营成本，尤其是在一些通信网络不发达的地区	2%	信息化试点城市	1. 政府相关网站 2. 权威机构报告 3. 设备服务商报告		
	国际便利度：与国外市场联系是否方便也是众多有海外业务的公司需要考虑的因素	2%	世界五百强在所在城市设立机构的数量	1. 政府相关网站 2. 权威机构报告		
		1%	吸引外商投资的额度	1. 政府相关网站 2. 权威机构报告		
	基础设施质量：考虑当地的高校、道路及其他配套设施的发展情况	1%	配套的教育资源	1. 政府相关网站 2. 权威机构报告 3. 高校官网		
		1%	配套的医疗资源	1. 政府相关网站 2. 权威机构报告		
环境	政府政策：如税收政策、发票管理政策、数据安全要求等	4%	税收及优惠政策（购买土地、引进人才、购房等）	1. 政府相关网站 2. 权威机构报告		
		4%	所在城市政府政策是否支持金融、生产服务业发展	"十三五"规划		
	发展能力：如市场潜力，部分跨国企业选择将其FSSC建立在中国，就是看重中国巨大的市场容量； 城市竞争程度、人文环境等，在竞争较为激烈、压力比较大的城市，人员的稳定性会受到影响	4%	城市发展能力	1. 政府相关网站 2. 权威机构报告		

续 表

因素	方向	权重	影响因子	备选城市××		
				数据资料来源	评分	得分
环境	客户群体集中度:目标市场区域	3%	面向客户服务	1. 政府相关网站 2. 权威机构报告		
集团管控力度	与总部(或区域总部)的沟通便利程度	20%	选址在总部所在地			
	总部(或区域总部)的影响,如战略发展定位	10%	选址在主管单位所在地/创始人祖籍所在地/客户所在地			

实训任务: 对于FSSC选址,鸿途集团有三个备选城市:大连、天津、郑州。请利用FSSC选址决策分析表,帮助鸿途集团选择出最终FSSC所在地。

(二) 组织规划区

1. 财务组织的总体结构

大型集团企业基于共享服务中心的财务管理体系建设如图2-9所示。

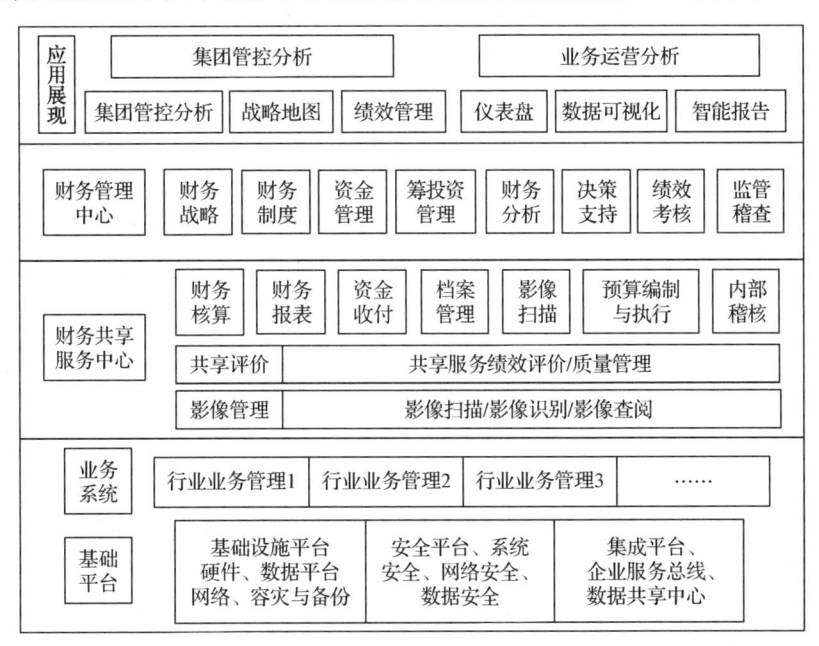

图 2-9 财务共享服务中心的财务管理体系

2. 职责调整

当基于财务共享的财务组织向三角财务组织转换后,势必要对相关岗位和职责进行调整,即依据三角财务组织转型,明确划分战略财务、共享财务与业务财务职能的边界。总体上的做法,是通过适当的财务工作专业分层、分工,形成三角财务组织:战略财务、业务财务、共享财务,如图 2-10 所示。

		财务会计			管理会计		
	财务运作	财务报告	资金管理	税务管理	经营绩效管理	预算与经营预测	成本管理
战略财务	集团会计政策 集团会计流程 会计分录审核及批准 财务核算稽核	合并报表管理 法定披露要求 外部审计要求 财务报表合规性管理	集团现金流筹划 集团资金调度 资金统一支付 集团资金解决方案	集团税务筹划 税务合规性政策及流程 税知识库	管理报告体系 KPI考核流程/规则/指标定义 激励政策	预算制定流程及规划 战略规划及战略目标的设定 预算模型设计 集团预算组织	成本战略 成本核算及管理流程 成本激励
业务财务	授权及权限管理 财务运营及协调 本地财务制度	本地财务报表合规性管理 财务报表内部检查 本地财务报表调整	本地现金流平衡 汇率控制	国家商务模式 税务合规性管理	经营业绩预测 经营业绩分析及推动	预算编制及申报 预算过程控制 预算分析考核	设计成本控制 项目成本控制 生产成本控制 费用控制
共享财务	销售及应收流程 采购及应付流程 固定资产流程 工资流程 项目流程 特殊事项流程	定期关账 财务报表制作 内部往来清理 财务报表自查报告	银行对账 下发支付指令	税务核算 税务报表制作 税务检查支持	全程利润报表制作 责任现金流报表 发货报表制作 库存周转报表制作	预算执行数据加工 预算执行标准报表 费用分析报表	成本核算 成本报表

图 2-10 相关岗位和职责的调整

(1) 战略财务。集团财务部作为战略财务负责集团运营监控和决策支持,行使对下属企业财务管理职能,包括制定和监督财务会计政策、支撑集团投资决策、进行风险控制,对集团税务筹划、全面预算、成本进行统筹管理等管控型、专家型财务工作。

(2) 业务财务。各业务版块或业务单元的财务部门作为业务财务参与到业务全过程,作为业务前端合作伙伴及时发现经营问题,基于财务角度对业务过程进行支持和控制,承担业财融合职责。其中总部财务部门,受集团财务领导,负责本公司及下属分支机构一般财务监督、成本费用审核、总部纳税筹划、经营财务分析与决策支持;分支机构财务部负责财务业务监督控制、决策支撑和高附加值的运营管控型及现场型财务工作。

(3) 共享财务。财务共享中心负责集团各公司及分支机构的会计基础核算、费用、资金结算等规模型、重复性可标准化处理的财务工作。共享财务要做到专业化、标准化、流程化、集约化。

3. FSSC 人员三定

所谓人员三定,是指建立财务共享服务中心后,全集团财务人员的定责、定岗、定编。

(1) 定责。

将从事标准化工作的会计核算人员分离出来,调整到财务共享中心,将财务核算工作和财务管理工作分开,使会计核算工作集中后按专业岗位进行分工作业,实现由财务共享中心集中处理基础性核算服务,有效控制成本与风险。

(2) 定岗。

财务共享服务中心岗位设置的原则及设置模式如图 2-11 所示。

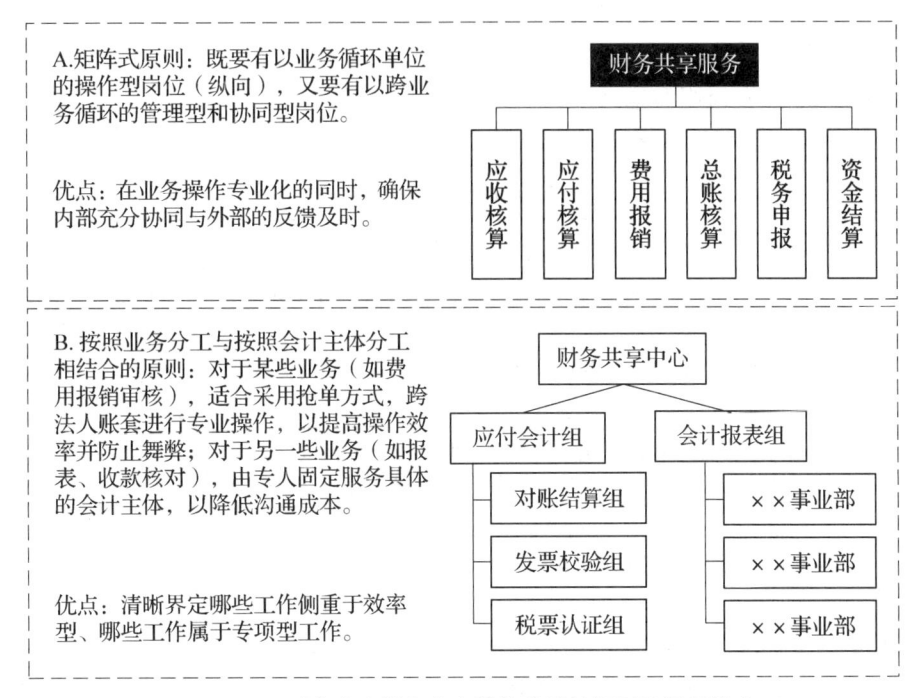

```
┌─────────────────────────────────────────────────────────────┐
│ A.矩阵式原则：既要有以业务循环单位          财务共享服务        │
│ 的操作型岗位（纵向），又要有以跨业       ┌──┬──┬──┬──┬──┐    │
│ 务循环的管理型和协同型岗位。             应  应  费  总  税  资 │
│                                         收  付  用  账  务  金 │
│ 优点：在业务操作专业化的同时，确保       核  核  报  核  申  结 │
│ 内部充分协同与外部的反馈及时。           算  算  销  算  报  算 │
└─────────────────────────────────────────────────────────────┘

┌─────────────────────────────────────────────────────────────┐
│ B.按照业务分工与按照会计主体分工          财务共享中心          │
│ 相结合的原则：对于某些业务（如费      ┌──────┴──────┐         │
│ 用报销审核），适合采用抢单方式，跨   应付会计组   会计报表组    │
│ 法人账套进行专业操作，以提高操作效    ┌───┴───┐   ┌───┴───┐   │
│ 率并防止舞弊；对于另一些业务（如报    对账结算组   ××事业部   │
│ 表、收款核对），由专人固定服务具体    发票校验组   ××事业部   │
│ 的会计主体，以降低沟通成本。          税票认证组   ××事业部   │
│                                                              │
│ 优点：清晰界定哪些工作侧重于效率                              │
│ 型、哪些工作属于专项型工作。                                  │
└─────────────────────────────────────────────────────────────┘
```

图 2-11　财务共享服务中心岗位设置的原则及设置模式

集团财务部、原板块及业务单位财务部的岗位中，如果职责保留则岗位保留，否则将取消相应岗位，人员待转岗。

（3）定编。

财务共享中心岗位人员配置测算方法有 3 种：业务分析法、对标评测法与数据测算法。

① 业务分析法：基于对业务性质的特点，并结合现有管理人员及业务人员经验，进行分析评估，最终确定人员需求数量的方法。

② 对标评测法：对于原先没有岗位设置，无经验值参考、无法进行数据测算的业务，选取相近口径其他单位的业务进行对标，并在此基础上进行估测。

③ 数据测算法：又称工时法，是在业务量和工作效率（人均业务量）确定的基础上，确定人员需求数量的方法。此方法适用于能够提取到可靠业务量并能够对单笔业务量所用时间进行测量的项目。

（三）流程规划区

1. 流程优化路径

所谓流程优化路径，是指企业为将财务共享的业务范围和组织范围逐步扩大所采取的计划。流程优化路径的选择，要考虑以下因素：对现有业务、组织和人员的影响；人力资源和技能就绪度；财务共享的实施周期；项目推进难度；系统和基础设施就绪度。

假设：

1 代表单一业务、单一组织实施共享；

②代表单一业务、全组织实施共享；

③代表全业务、单一组织实施共享；

④代表全业务、全组织实施共享。

常见的流程优化路径选择如表2-10所示。

表2-10 FSSC的流程优化路径选择表

路径选择	概要描述
3-4	从单一公司开始试点，将全部业务纳入共享服务中心进行试点。等试点公司全部业务稳定运行后，再扩展到全部公司
2-4	从全部公司的某一业务纳入共享服务中心进行试点。等试点业务稳定运行后，再逐步将其他业务纳入共享服务中心
1-3-4	先将单一公司的某一业务纳入共享服务中心进行试点。等试点业务稳定运行后，再将试点公司的所有业务纳入共享服务中心，再扩大范围将其他子公司纳入共享服务中心
1-2-4	先将单一公司的某一业务纳入共享服务中心进行试点。等试点业务稳定运行后，再将这项试点业务推广到所有子公司，再逐步将其他业务纳入共享服务中心

2. 业务职责切分

FSSC流程梳理和优化的核心是对财务共享服务中心产生业务交互的流程进行重新评估与再造。借助财务共享服务中心所带来的组织和业务交互模式变革，改善企业在成本、质量服务与响应速度方面的绩效。

（1）职责切分工作步骤。

① 流程梳理分类。基于各成员单位的业务模式，对财务核算流程进行梳理分类，整理会计核算流程并逐级细分。

② 流程节点拆分。拆分至每个流程节点，对不同组织的同质流程每个节点的业务规则进行对比分析。

③ 属地分析。对每个流程节点的归属地、岗位和职责进行识别，分析其属地、岗位和职责的合理性以及将其纳入共享的可行性。

④ 关键问题分析。结合财务共享需要，平衡流程效率和风险，根据流程清单梳理结果，对差异和问题进行总结分析，识别影响流程的关键因素和影响共享实施的关键问题。

⑤ 信息系统分析。根据流程中的信息传递分析每个流程环节的系统支撑是否到位和合理，结合财务共享服务项目目标，识别系统功能的改进方向。

（2）可纳入财务共享服务中心的业务选择。

通过一系列包括"风险、复杂和专业程度""规模经济收益""与业务紧密程度""技术可行性"以及"经济可行性"的特质分析，可以确定组织内适合建立共享服务的财务工作/流程。如图2-12所示，企业现有的流程通过该滤镜层层过滤，可以找出适合共享的流程。

图 2-12 财务共享服务中心的业务选择

财务共享流程设计，需要结合财务共享业务范围（如费用共享、核算共享、资金共享、报表共享等）进行梳理，建议需要重点设计的流程如图 2-13 所示。

① 付款审批、应付、付款、凭证一体化流程；
② 管理费用合同请款、管理费用单、付款单、凭证一体化流程；
③ 应收、收款单、凭证一体化流程。

一体化管控
业务做账
财务审核

共享中心制定扫描规范，根据实际情况，在地区和总部设置扫描点

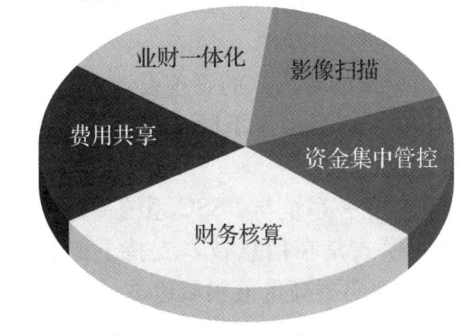

全线上报销、全线上审批、全过程管控

① 费用申请；
② 费用报销；
③ 员工借款；
④ 员工还款；
⑤ 报销冲借支；
⑥ 费用计提摊销；
⑦ 物品采购报销；
⑧ 差旅费报销；
⑨ 差旅费借支。

① 账户移交流程；
② 网银搭建流程；
③ 网上银行和密码器开通流程；
④ 费用报销支付流程；
⑤ 工资发放流程；
⑥ 资金计划执行流程；
⑦ 资金计划执行差异操作流程；
⑧ 备用金使用、申请及补充流程。

① 收入核算流程；② 费用核算流程；
③ 成本核算流程；④ 总账核算流程；
⑤ 报表编制流程。

集中化
标准化
影像化

图 2-13 财务共享重点设计的业务流程

3. 端到端业务流程设计原则

"端"指企业外部的输入或输出点,这些外部的输出或输入点包括客户、市场、外部政府或机构以及企业的利益相关者。"端到端流程"指以客户、市场、外部政府或机构及企业利益相关者为输入或输出点的,一系列连贯、有序的活动的组合。图 2-14 为企业端到端业务流程设计示例。

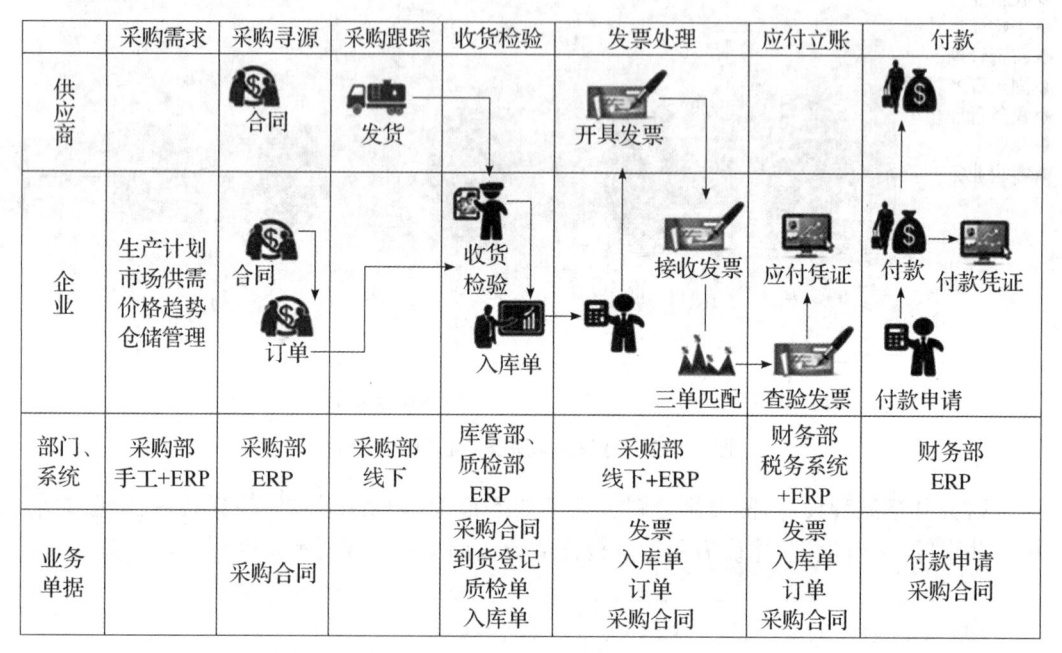

	采购需求	采购寻源	采购跟踪	收货检验	发票处理	应付立账	付款
供应商		合同	发货		开具发票		
企业	生产计划 市场供需 价格趋势 仓储管理	合同	订单	收货检验 入库单	接收发票 三单匹配	应付凭证 查验发票	付款 付款申请	付款凭证
部门、系统	采购部 手工+ERP	采购部 ERP	采购部 线下	库管部、质检部 ERP	采购部 线下+ERP	财务部 税务系统+ERP	财务部 ERP
业务单据		采购合同	采购合同到货登记 质检单 入库单	发票 入库单 订单 采购合同	发票 入库单 订单 采购合同	付款申请 采购合同

图 2-14 企业端到端业务流程设计示例

(1) 业务组织与财务组织地域分离原则:

原始单据的传递:对影像扫描进行设计,包括制单人扫描、专岗扫描。

原始单据的归档:对档案管理进行设计,包括本地归档、共享中心归档、电子档案、纸质档案等。

内控的管理要求:由于地域分离带来的对内控的管理设计。

(2) 跨业务组织流程的标准化原则:业务形态不同、信息系统差异、审批流程差异、业务环节差异、主数据差异等的标准化。

(3) 信息系统的现状与集成原则:业务系统与 FSSC 系统一体化与异构化。

(4) 新技术应用原则:共享服务模式是在信息技术支持下的管理变革,实现业务财务、流程财务的有效协同,推动财务管理向更高价值领域迈进。

七、推演设计摆盘实战

(一) 战略规划区

1. 战略定位决策的方法

(1) 由小组召开 FSSC 战略规划会议,围绕案例确定鸿途集团 FSSC 建设目标及职能

定位;

(2) 将小组确定的战略目标按照顺序标注出来,同时分解目标,将关键动作记录在对应目标下方;

(3) 将确定的职能定位卡片摆放到战略定位区。

2. 模式设计

分析案例企业管控方式及业态构成特点,选择合适的共享中心建设模式,将对应模式卡片摆放在中心名称区,并给出设计依据。

3. 服务对象确定

根据共享中心模式及案例企业信息,确定共享中心服务对象,将对应卡片摆放至服务对象区。

4. 服务内容设计

确定纳入鸿途集团财务共享服务中心的服务内容即业务范围,将对应卡片摆放至沙盘服务内容区。

5. 选址

根据案例企业鸿途集团的业务版图,鸿途集团的业务主要集中在中原地区和辽宁省区。因此,集团先初选了郑州、大连和天津这三个候选地点。首先,每个小组的战略规划区负责人登录教学平台,在"快捷入口≫下载中心≫xlsx"处下载"财务共享选址的决策评分表"(即财务共享选址的决策分析表)模板;然后团队通过各种渠道自行收集三个候选地点的相关信息,并在"财务共享选址的决策评分表"中进行分析和评分;最后在"财务共享选址的决策评分表"中,将分析结果使用雷达图在沙盘选址区域画出来,并将最终确定的财务共享服务中心选定的城市卡片放至沙盘盘面对应区域。

(二) 组织规划区

1. 设定部门

(1) 依据战略规划—模式—服务内容,设置鸿途集团财务共享服务中心的交易类部门,将部门名称写在部门卡片上,并放至沙盘对应区。

(2) 鸿途集团财务共享服务中心除交易类部门外另需设置运营管理部,将该部门名称写在部门卡片上,并放至沙盘对应区。

2. 职责调整

(1) 鸿途集团共享后财务职能分工。

根据鸿途集团财务职能现状,集团设计了共享后的财务职能(见表2-11)。

表 2-11 共享后的鸿途集团财务职能明细表

职能类别	职能细分	战略财务	板块财务	企业财务	共享财务
基础业务核算职能	交易处理与会计核算			△	▲
	财务报表管理			△	▲
	薪酬税务及财务其他事项			▲	△
	资金收付			△	▲
	票据与档案管理			△	▲
财务运行监控	财务政策与制度	▲	△		
	财务内控控制与风险管理	△	▲		△
	财务监督检查	▲			
价值创造	投筹资管理	▲	△	△	
	资金运作	▲	△		
	纳税筹划	▲	△		
决策支持	财务战略	▲			
	全面预算管理	▲	△	△	
	业绩考核与报告	▲	△	▲	
	公司经济运行监控	▲	△	▲	
	财务状况分析	▲	△	▲	

图示：▲表示主导职能；△表示辅助职能。
企业财务及板块财务统称为公司财务。

(2) 职责分类调整。

首先，依据鸿途集团共享后的财务职能分工，将当前集团财务、公司财务职责卡片逐一进行职责类型判断，将规模型职责纳入职责调整区、管控型职责纳入战略财务、经营型职责纳入业务财务；然后，对调整区职责卡片合并同类，与共享中心下设部门比对，将可纳入中心的职责卡片摆放到对应部门下方职责区；最后，职责调整后，将财务关系卡片摆放到三角财务组织转型区，标注战略财务、业务财务、中心财务之间的关系。

3. 人员三定

(1) 定责。

在上一步骤完成的情况下，对于共享后职责为 0 的原集团或板块（企业），财务人员全部撤到调整区，等待优化调岗。

(2) 定岗。

共享前集团财务部岗位职责信息（25 人），如表 2-12 所示。

表 2-12　共享前集团财务部岗位职责信息表

	处室	岗位名称	级别	职责
1		财务总监	M3	财务战略 财务政策
2	预算与考核管理处	预算与考核管理处(6人)	M4、M5	预算管理 业绩考核
3	税务与资金管理处	税务与资金管理处(4人)	M4、M5	纳税筹划 资金运作
4	信息化与综合处	信息化与综合处(7人)	M4、M6	信息化与 财务监督
5	结算审核处	处长	M4	付款复核
6	结算审核处	会计	M6	付款审核
7		出纳	M7	资金支付
8	会计核算处	处长	M4	费用复核
9		会计	M6	费用核算
10	资产管理处	处长	M4	资产管理政策
11		会计	M6	资产核算

共享前水泥板块各公司财务岗位职责信息(140家),如表 2-13 所示。

表 2-13　共享前水泥板块各公司财务岗位职责信息表

	岗位名称	工作内容	级别	设置此岗位人员的 公司数/家
1	财务经理	财务分析	M4	17
2	总账会计	总账核算	M6	17
3	采购会计	应付审核 应付对账	M6	17
4	结算会计	费用核算	M6	17
5	销售会计	应收审核 应收对账	M6	17
6	资产会计	资产核算	M6	15
7	成本会计	成本分析 成本核算	M6	9
8	税务会计	税务筹划	M6	8
9	出纳	收款付款	M7	15
10	预算会计	预算编制	M6	8

鸿途集团在同时考虑共享后的职责分工、财务人员职级薪酬现状后,设计了如表2-14所示的共享后财务岗位职级和薪酬水平。

表2-14 共享后鸿途集团财务岗位职级和薪酬水平表

集团职级	战略财务职级序列 经理管理序列M	战略财务职级序列 专业技术序列P	板块财务职级序列 经理管理序列M	板块财务职级序列 专业技术序列P	共享财务职级序列 经理管理序列M	共享财务职级序列 专业技术序列P	年薪(万元)——平均13个月的月薪
3级	财务总监/部长	首席专家					20
4级	集团财务处长	高级专家	财务经理/部长	高级专家	总经理/主任	高级专家	18
5级	集团财务主管	专家	财务处长	专家	共享财务处长	专家	15
6级	集团财务主办	助力专家	主管	助理专家	主管	助理专家	12
7级	业务员		主办		主办		10
8级					业务员		8

人员定岗的具体方法：

职责为0的岗位,原岗位人员需要转岗。

转岗方向:对待岗财务人员,基于其能力、经验竞聘上岗,可以转岗方向包含战略财务(财务专家)、业务财务(财务经理、财务专家)、共享中心财务(中心主任、部门负责人、主办、运营岗)、业务(营销人员)。

内部优先:优先考虑内部转岗。将新岗位名称、人数填写到即时贴上并粘贴到原岗位卡片上。

外部招聘:财务管理人员(财务经理、财务专家、高级专家、处长、中心主任)外部招聘薪酬较内部转岗上调10%;将新招聘岗位名称、人数填写到即时贴上并粘贴到空白岗位卡片上。

辞退原则:人员辞退按照法规,需要给予N+1赔偿(N为工作年限)。

根据上述计算结果,填写表2-15。

表2-15 2019年鸿途集团共享后各板块财务人员数量测算表

板块名称	财务人数	新招聘人数	转岗人数	优化人数
战略财务部				
水泥公司财务部				
共享中心财务部				
旅游板块财务部				
铸造板块财务部				
煤焦化板块财务部				
合　计				

(3) 定编。

将所有的财务人员分为三种类型：

① 集团财务。战略财务全面向管控指导型高端财务人员转型，拟增 2 名财务专家。

② 业务财务。共享后，水泥公司业务财务全面向业财融合的管理会计及成本管控专家转型，初期每家公司（包含拟新建公司）保留 3 名财务编制，包含财务经理 1 人，专家 2 人。

③ 共享中心财务。鸿途集团财务共享中心人员包含管理人员、业务人员、运营人员，其中管理人员包含中心主任及各处长。业务交易处理人员采用工时法定编，运营人员采用对标评测法定编，管理人员采用业务分析法定编。

鸿途集团财务部月度工作量明细（单数/月），如表 2-16 所示。

表 2-16 鸿途集团财务部月度工作量统计表

应收核算	应收对账（月度发生业务的客户数量）	应付审核	应付复核	应付对账（月度发生业务的供应商数量）	费用核算
300	28	350	350	30	360
费用复核	资产核算	成本核算	总账报表	资金结算	
360	25	0.3	15	650	

中部地区鸿途水泥相关财务工作月度工作量明细（单数/月），如表 2-17 所示。

表 2-17 中部地区鸿途水泥相关财务工作月度工作量明细表

公司名称	应收核算	应收对账（月度发生业务的客户数量）	应付审核	应付复核	应付对账（月度发生业务的供应商数量）	费用核算	费用复核	资产核算	成本核算	总账报表	资金结算
鸿途集团水泥有限公司	500	40	600	600	50	600	600	40	0.5	26	1 087
卫辉市鸿途水泥有限公司	400	32	480	480	40	480	480	32	0.4	21	870
鸿途集团光山水泥有限公司	400	32	480	480	40	480	480	32	0.4	21	870
京北鸿途水泥有限公司	150	12	180	180	15	180	180	12	0.2	8	326
鸿途集团许昌水泥有限公司	225	18	270	270	25	270	270	18	0.225	12	490

北部地区鸿途水泥相关财务工作月度工作量明细（单数/月），如表 2-18 所示。

表 2-18 北部地区鸿途水泥相关财务工作月度工作量明细表

公司名称	应收核算	应收对账（月度发生业务的客户数量）	应付审核	应付复核	应付对账（月度发生业务的供应商数量）	费用核算	费用复核	资产核算	成本核算	总账报表	资金结算
大连鸿途水泥有限公司	475	36	540	540	45	540	540	36	0.45	24	988
鸿途集团京北水泥有限公司	350	28	420	420	35	420	420	28	0.35	18	760
辽阳鸿途水泥有限公司	300	28	350	350	30	360	360	25	0.3	15	650
鸿途集团金州水泥有限公司	500	40	670	670	50	660	660	40	0.5	26	1 182
天津鸿途水泥有限公司	250	20	300	300	25	300	300	20	0.25	13	543
辽宁辽河集团水泥有限公司	300	22	330	330	28	330	330	22	0.275	15	607
灯塔市辽河水泥有限公司	200	16	240	240	20	240	240	16	0.2	11	435
辽宁辽西水泥集团有限公司	125	10	150	150	13	150	150	10	0.125	7	272
辽阳鸿途诚兴水泥有限公司	175	14	210	210	18	210	210	15	0.175	9	380
辽阳鸿途威企水泥有限公司	175	14	210	210	18	210	210	16	0.175	9	380
大连金海建材集团有限公司	200	16	240	240	20	240	240	16	0.2	11	435
海城市水泥有限公司	275	22	330	330	28	330	330	22	0.275	14	600

假设:2019 年拟新建水泥公司纳入共享服务中心各项工作月度工作量按 17 家平均工作量估算,即等于卡片中 EWL 值。

同行业标杆企业财务共享服务中心各岗位人均业务量如表 2-19 所示。

表 2-19 标杆企业财务共享服务中心各岗位人均业务量

序 号	业务类型	人均业务量(笔/月)
1	应收核算	1 000
2	应收对账(月度发生业务的客户数量)	2 000
3	应付核算	800
4	应付复核	2 000

续 表

序 号	业务类型	人均业务量(笔/月)
5	应付对账(月度发生业务的供应商数量)	16 000
6	费用核算	1 000
7	费用复核	2 000
8	资产核算	500
9	存货成本核算	80
10	成本分析	160
11	总账报表	80
12	资金结算(收付款)	2 000
13	单据归档	7 000

结合财务人员测算的三种方法,可以对财务共享中心人员进行测算,如表2-20所示。

表2-20 财务共享服务中心财务人员编制方法

部 门	岗 位	测算方法			全面上线		需求人数
		业务分析法	工时法	对标评测法	总工作量	人均工作量	
中心领导	主任	√					1
运销售核算	处长	√					1
应收审核岗			√		5 500	1 000	6
……	……	……	……	……	……	……	42
运营管理处	处长	√					1
呼叫服务岗				√			1
票据综合岗			√				1
质量稽核岗				√			1

定编计算的方法:首先,登录教学系统,从"快捷入口≫下载中心≫xlsx"下载"共享中心人员测算表";然后,根据上述调研结果,采用指定的人员测算方法,计算并完成财务人员定岗设定;最后,将岗位名称及人数填写到岗位卡片上并摆放到沙盘对应位置。

> **实训任务**:填写财务共享中心人员测算表。

4. 价值分析

小组讨论财务共享过程中组织优化设计为企业带来的价值,使用即时贴粘贴到沙盘盘面上的价值分析区。

(三)流程规划区

1. 流程优化路径规划

在沙盘上用彩笔标注出流程优化路径(从1到4),确定首选流程优化业务,写在沙盘盘面上,如图2-15所示的对应位置。具体流程优化路径的选择见表2-10。

```
            单一组织    全组织
  全
  业         3          4
  务
         ———————————————
  单
  一         1          2
  业
  务
```

图 2-15　业务流程优化路径

2. 业务职责切分

对不同业务流程进行职责切分,将某一业务卡片(比如费用)按照矩阵进行切分,在沙盘盘面上将动作卡片与部门匹配,如图2-16所示。

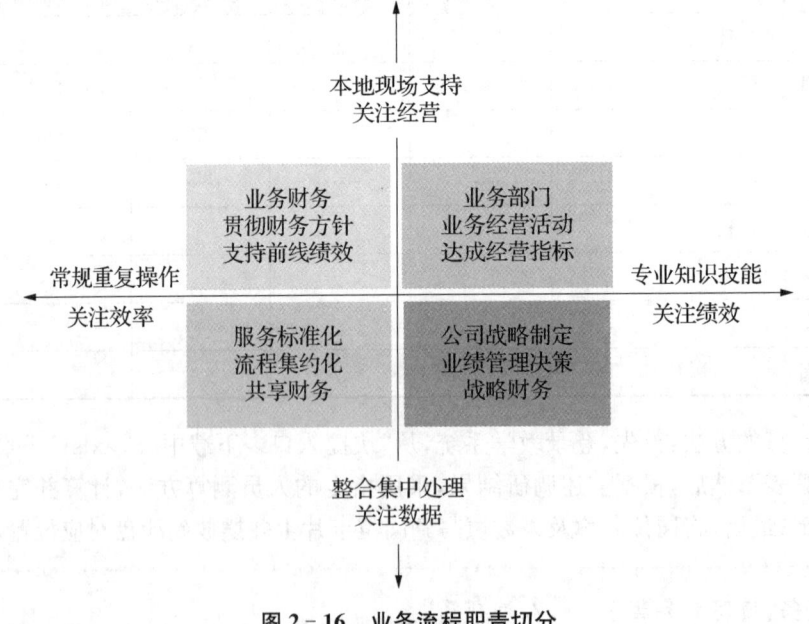

```
                    本地现场支持
                      关注经营
                         │
              ┌──────────┼──────────┐
              │ 业务财务  │ 业务部门  │
              │贯彻财务方针│业务经营活动│
              │支持前线绩效│达成经营指标│
   常规重复操作 ├──────────┼──────────┤ 专业知识技能
     关注效率  │ 服务标准化│公司战略制定│  关注绩效
              │ 流程集约化│业绩管理决策│
              │ 共享财务  │ 战略财务  │
              └──────────┼──────────┘
                         │
                    整合集中处理
                      关注数据
```

图 2-16　业务流程职责切分

另外,结合图2-16中提到的业务流程职责切分的方法,分析每一项业务流程动作,将业务职责切分结果在"业务职责切分表"(见表2-21~表2-25)中标注。

(1) 采购到应付(PTP)业务。

表 2-21 PTP 业务职责切分表

业务流程:动作	公司业务部门	公司业务财务	共享中心财务	战略财务
签订采购订单				
PTP业务:审批采购订单				
PTP业务:采购入库				
PTP业务:录入采购发票				
PTP业务:审批应付单				
PTP业务:审核应付单				
PTP业务:审核记账凭证				
PTP业务:生成应付账龄分析表				
PTP业务:审定采购财务政策				
PTP业务:扫描发票上传				
PTP业务:提交付款单				
PTP业务:提交应付单				
PTP业务:审批付款单				
PTP业务:审核付款单				

(2) 销售到应收(OTC)业务。

表 2-22 OTC 业务职责切分表

业务流程:动作	公司业务部门	公司业务财务	共享中心财务	战略财务
OTC业务:录入销售订单				
OTC业务:审批销售订单				
OTC业务:销售发货出库				
OTC业务:录入销售发票				
OTC业务:扫描发票上传				
OTC业务:提交应收单				
OTC业务:审核应收单				
OTC业务:审核记账凭证				
OTC业务:生成应收账龄分析表				
OTC业务:录入收款单				
OTC业务:扫描银行回单并上传				

续 表

业务流程:动作	公司业务部门	公司业务财务	共享中心财务	战略财务
OTC业务:审核收款单				
OTC业务:确认收款结算				

(3) 费用报销业务。

表 2-23 费用业务职责切分表

业务流程:动作	公司业务部门	公司业务财务	共享中心财务	战略财务
费用业务:制定费用政策与制度				
费用业务:填制报销单				
费用业务:业务审批				
费用业务:本地初审报销凭证				
费用业务:审核报销凭证				
费用业务:报销支付				
费用业务:审核记账凭证				
费用业务:报表				
费用业务:分析				

(4) 固定资产业务。

表 2-24 固定资产业务职责切分表

业务流程:动作	公司业务部门	公司业务财务	共享中心财务	战略财务
固定资产业务:审核政策合规性				
固定资产业务:初步审核申请单				
固定资产业务:资产相关账务处理申请				
固定资产业务:资产相关账务处理				
固定资产业务:资产折旧入账				
固定资产业务:制定固定资产管理政策				

(5) 总账报表业务。

表 2-25 总账报表业务职责切分表

业务流程:动作	公司业务部门	公司业务财务	共享中心财务	战略财务
总账报表业务:预提需求审核				
总账报表业务:预提需求申请				
总账报表业务:月结关账				

续 表

业务流程:动作	公司业务部门	公司业务财务	共享中心财务	战略财务
总账报表业务:会计政策				
总账报表业务:月结申请				
总账报表业务:财务制度				

3. 流程优化设计——动作、角色、单据

对初始状态摆盘所摆的财务核算流程,做共享后流程优化设计,注意扫描设置、档案管理等,将优化后的财务核算流程(业务动作、角色及单据)用卡片摆出。

4. 价值分析

小组讨论财务共享过程中流程优化设计为企业带来的价值,使用即时贴粘贴到价值分析区。

第二节　鸿途集团财务共享中心规划方案

一、管理目标

(一)创新财务管理模式、促进管理转型,打造智慧鸿途

通过建设财务共享服务中心,促进鸿途集团财务工作重点向管理会计转型,再次提升标准化水平、财务服务质量,更广泛地支持公司经营决策,更好支撑、保障企业战略落地执行,更好地支撑公司未来迅速扩张。

(二)加强经营管控,提升风险识别能力和对下监控能力

通过财务共享平台建设和财务共享中心的设立,加强对下属公司财务工作管控力度,利用财务共享服务平台,实现实时经营过程管控预警,将目前经营业务游离于系统外的审批从线下转向线上,从而提升集团对下属企业的风险识别和控制能力。

(三)降低管理运营成本,提升管理效益

财务共享建设中对流程进行梳理和优化,并通过标准化集中作业获取规模效益,大幅提升财务基础业务处理效率和质量,从而解决目前财务人员短缺问题。

促使财务管理人员把主要精力投入战略财务工作中,基层财务人员专注业务财务,促进财务人员结构转型,降低财务管理成本,促使鸿途集团在经济形势下行、竞争激烈的外部环境下保持企业核心竞争力。

(四)实现业务价值链与管理链、财务资金链的深度融合

通过共享平台建设打通业务环节与财务环节仍然隔断的业务流程,通过系统集成与流程优化建立业务信息向财务核算、结算与管理决策系统的传输渠道。

建立集团管理部门管理链条对下属公司业务前端的信息通道,建立实时管控机制。

通过细化业务数据、财务数据,积累形成鸿途集团的大数据,为各级领导提供分析决策依据。

二、财务共享服务中心范围

(一)共享范围界定

根据目前条件,基于《共享范围明细表》对下属公司财务部职能进行分析,不能脱离现场的业务,如销售开票、进项发票认证、成本分析等流程保留本地财务执行,不纳入共享中心处理;

基于稳健原则,总账及报表[非响应类总账科目凭证编制、总账凭证稽核(原始票据、记账凭证、系统影像一致性稽核)]纳入共享中心;

视成本核算在共享中心的管理运行效果,再决定在运营期是否纳入共享中心处理;

在无纸化办公和电子发票普及之前,总账凭证稽核与会计档案管理是相互依赖关系,如原始单据、凭证向共享中心归集,则总账稽核、会计档案一起纳入共享,否则原始单据不向共享中心归集。

(二)共享中心营建期与运营期界定

共享中心营建期为试点建设及上线推广期间,一般在上线后稳定运营半年到一年,主要任务是探索集团共享中心业务与运营模式。

共享中心运营期为推广上线后稳定期,主要任务是运营平稳后的深化应用和业务拓展。

表 2-26 共享范围明细表

业务类别	河南及周边		其他区域	
	营建期	运营期	营建期	运营期
费用报销	√	√	√	√
销售与应收	√	√	√	√
销售发票开票	—	—	—	—
采购到应付	√	√	√	√
进项发票认证	—	—	—	—
存货与生产成本	—	—	—	—
工程项目	—	—	—	—
成本分析	—	—	—	—
资产	√	√	√	√
纳税核算	—	—	—	—
资金结算	√	√	√	√
总账与报表	√	√	√	√
会计档案				

三、共享服务中心组织设计

(一) 组织设计原则

1. 划分战略财务、共享财务与业务财务职能

财务职能分为基础业务核算职能、财务运行监控职能、决策支持职能和价值创造职能，集团财务部负责集团运营监控和决策支持，行使对下属企业的财务管理职能，包括制定和监督财务会计政策、支撑集团投资决策、对集团税务筹划、集团全面预算、成本进行统筹管理；

集团所属各产业公司总部财务部门，受集团财务领导，负责本公司及下属分支机构一般财务监督、成本费用审核、总部税务核算与纳税申报，并对各公司、机构的经营进行财务分析与数据支持。

在集团层面建立财务共享中心，负责集团各公司及分支机构的会计基础核算、费用、成本审核监控与资金结算等工作。

2. 专业化、标准化、流程化、集约化

按照专业化、标准化、流程化、集约化的标准来调整财务内部组织架构，将从事标准化工作的会计核算人员分离出来，并归属到财务共享中心，使得会计核算工作集中后按专业岗位进行分工作业，实现由财务共享中心集中处理基础性核算服务，有效控制成本与风险。

按照专业化、标准化、流程化、集约化的标准和思路，通过建立财务共享服务中心，将财务核算工作和财务管理工作分开，各公司财务部作为集团派出的财务管理职能部门，负责本公司财务业务监督、财务管理控制和高附加值的决策支撑类工作。

(二) 财务共享服务中心组织设计

鸿途集团总部财务部组织架构如图 2-17 所示。

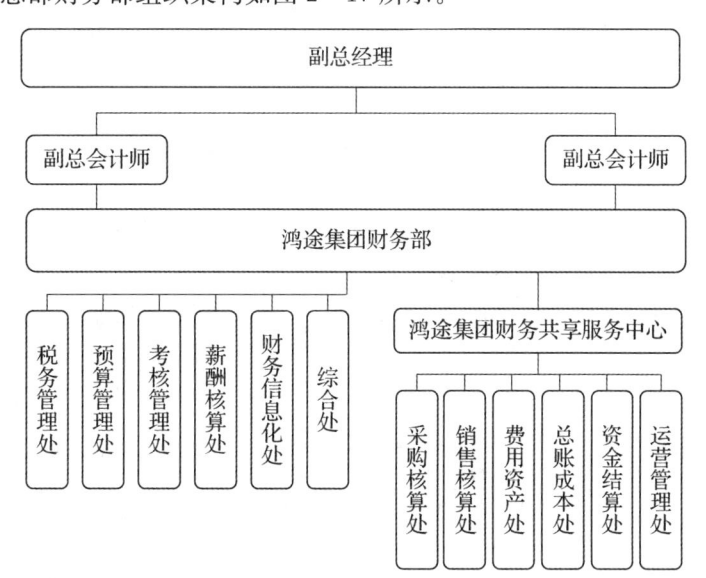

图 2-17 鸿途集团总部财务部组织架构图

四、共享服务中心组织岗位

(一) 共享中心组织岗位结构

鸿途集团共享服务中心组织岗位结构如图 2-18 所示。

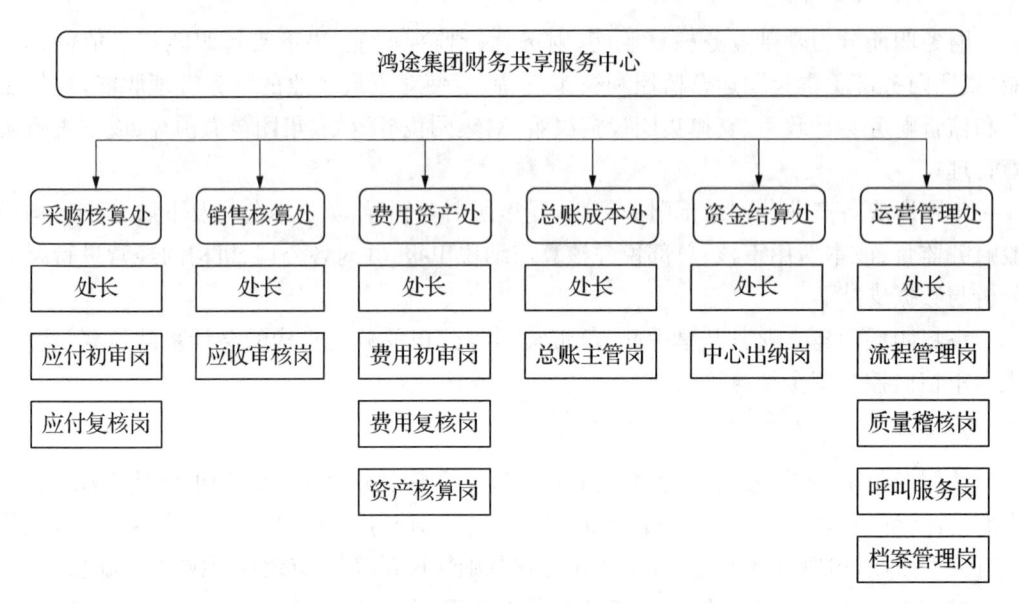

```
                    鸿途集团财务共享服务中心
    ┌───────────┬───────────┬───────────┬───────────┬───────────┬───────────┐
  采购核算处   销售核算处   费用资产处   总账成本处   资金结算处   运营管理处
    处长        处长        处长        处长        处长        处长
  应付初审岗   应收审核岗   费用初审岗  总账主管岗   中心出纳岗  流程管理岗
  应付复核岗               费用复核岗                            质量稽核岗
                          资产核算岗                            呼叫服务岗
                                                                档案管理岗
```

图 2-18 鸿途集团共享中心组织岗位结构图

(二) 共享中心岗位任务分析

共享中心岗位任务明细如表 2-27 所示。

表 2-27 共享中心岗位任务明细表

部 门	岗 位	响应式流程任务	非响应式任务
销售核算处	处长	应收审核	任务规则设置、兼月末成本核算、销售流程手册编制、流程优化
	应收审核岗	应收审核、销售流程服务响应	销售暂估核算、应收对账
采购核算处	处长	应付审核	任务规则设置、兼月末成本核算、采购流程手册编制、流程优化
	应付初审岗	应付审核、采购流程服务响应	采购暂估核算、应付对账
	应付复核岗	应付复核、采购流程服务响应	采购暂估核算、应付对账
费用资产处	处长	费用类报账审核	任务规则设置,工程、资产核算任务分配及整体控制
	费用初审岗	费用类报账审核,费用类报账流程服务响应	借款及备用金对账
	费用复核岗	费用类、工程类报账复核,费用资产流程服务响应	借款及备用金对账
	资产核算岗	兼工程项目类报账审核	资产业务核算(固定资产、总账)

续 表

部 门	岗 位	响应式流程任务	非响应式任务
总账成本处	处长		总账报表任务分配及整体控制、总账核算手册/报表手册编制、成本核算手册编制、流程优化财务分析指导、内部流程优化
	总账主管岗		总账科目核算、总账凭证稽核、记账凭证装订、会计档案归档
资金结算处	处长		资金结算处总账稽核
	中心出纳岗	支付作业	支付作业、收付款(所有成员单位的外部账户)
运营管理处	处长		对财务共享中心的运营、管理进行全面的组织和协调
	流程管理岗		流程规范的制定、流程设计和改善、流程培训和推广、流程管理监控以及流程技术支持
	质量稽核岗		制定并下达质检任务,进行质检,出具质检报告,进行质检分析
	呼叫服务组	作业派单	作业派单,受理财务共享相关的咨询、投诉、建议
	档案管理岗		财务共享中心档案的收集、审核、整理、利用、保管

第三节　实践教学平台操作说明

一、登录

打开浏览器,输入平台登录地址,一般为院校专属云地址,进入新道云的登录界面(见图2-19)。

图 2‐19　新道云登录界面

输入用户名、密码后点击"登录",学生的用户名一般是手机号或邮箱,以教师导入学生名单时所使用用户名为准。登录后进入新道云学习中心(见图 2‐20)。

图 2‐20　新道云学习中心

二、课程学习

(一) 直接进入

在学习中心—我的课程中,找到本次要学习的课程,点击"开始学习"即可进入"我的课程"界面。在此界面上,显示了当前课程的具体信息,如学时、主讲教师等。

点击课程右侧的"开始学习"按钮进入实训平台主界面,可以看到具体的课程模块学习内容,如图2-22所示,显示了目前已经开启的学习项目和具体的章节内容。在主界面左上角,有一个代表当前用户角色的小机器人头像,通过点击旁边的"任务上岗"按钮,可以切换不同的任务角色。

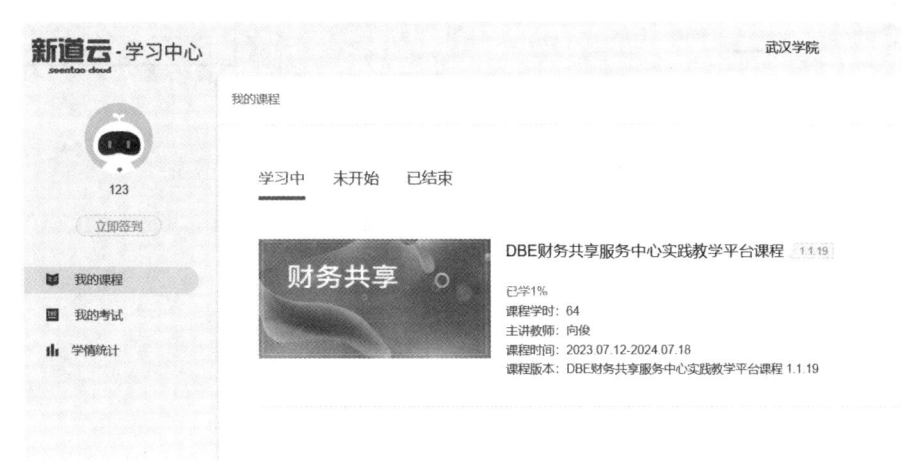

图2-21 新道云学习中心的课程

图2-22 财务共享实训平台主界面

(二) 通过邀请码进入

在"我的课程"右上角输入框输入教师提供的邀请码后回车,即可加入课程。如教师设置课程需要审批,则需要等待教师通过才能进入课程学习。新道云平台中输入邀请码的界面如图2-23所示。

图 2‑23　新道云平台中输入邀请码的界面

三、修改密码

打开用户头像—账户设置菜单后,在"账户安全"区域,可以进行密码的修改、手机号或邮箱号的绑定(见图 2‑24)。

图 2‑24　新道云平台账户设置

四、其他操作

(一) 签到

教师发起签到后,学生可在课程右上角找到签到图标,点击"签到"(见图 2‑25)。

在弹出的对话框输入教师提供的签到口令,并点击"确认签到"(见图 2‑26),即可签到成功。

图 2-25 财务共享实训平台签到操作

图 2-26 财务共享实训平台输入签到口令的操作

(二) 投票

可针对个人、团队及自定义项目进行投票。投票由教师发起,学生点击右上角"投票"图标即可进行投票(见图 2-27、图 2-28)。

图 2-27 财务共享实训平台投票操作

067

图2-28 投票界面

投票后可查看结果(见图2-29)。

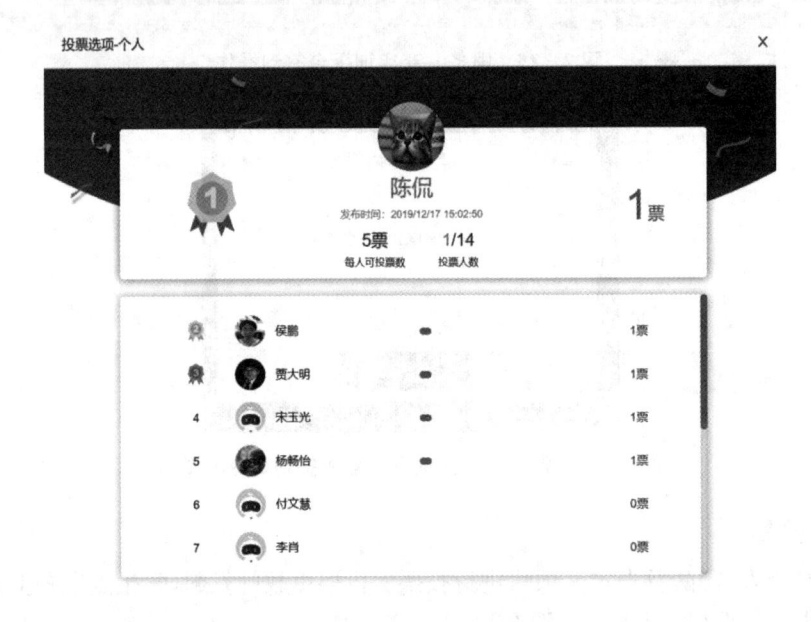

图2-29 投票结果界面

(三) 实训总结

根据教师要求,可以上传实训总结并查看教师评分,通过右上角入口进入实训总结界面,个人可提交"实训总结(个人)",组长除提交个人总结外还可以提交"实训总结(团队)",点击"上传"可将实训总结上传(见图2-30)。

图 2‑30　实训总结的上传操作

实训总结上传成功后可进行替换、下载等操作(见图 2‑31)。确定实训总结无误后,点击"提交",将实训总结提交给老师。

图 2‑31　实训总结上传界面

已经提交的实训总结,可查看评分状态及分数(见图 2‑32)。

图 2-32　实训总结的评分结果

（四）上岗

团队信息设置完成后，可进行任务上岗操作。只有部分任务需要上岗，部分课程中没有此类任务可忽略此步骤。在首页个人信息下找到"任务上岗"按钮（见图 2-33），点击后在弹出的页面上选择一个岗位进行"上岗"（见图 2-34）。

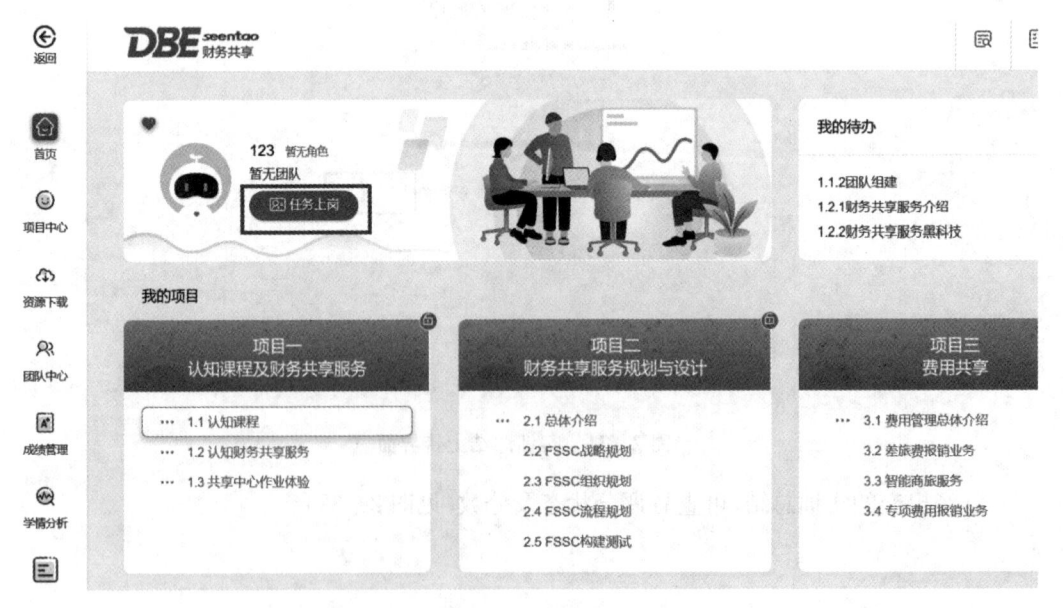

图 2-33　财务共享平台任务上岗操作

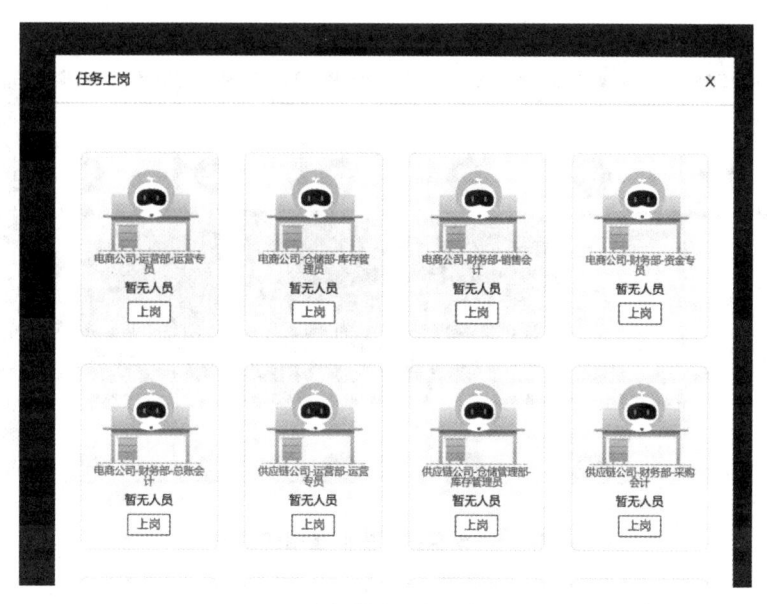

图 2-34 财务共享平台任务上岗界面

上岗后可以随时下岗或换岗,点击同一位置"换岗",在弹出的页面先下岗后上岗即可完成换岗。组长可对本组人员进行强制下岗,在"任务上岗"页面点击组员下方的"强制下岗"按钮,即可针对该组员进行强制下岗。

(五)按组隔离数据

企业名称、客户供应商名称、员工姓名等,合同编号、供应商编码等,不同组别的同学在后面要加上组别标识:① 非固定长度的数据,除第 1 组同学外,其余各组同学在系统教学资源中给定的数据后面分别增加组号 2,3,…,10,11,…如"鸿途集团"(属于第 1 组)、"鸿途集团 2"(属于第 2 组);② 固定长度的数据(如"发票号码"固定为 8 位),则各组(含第 1 组)同学将系统教学资源中给定的数据后 2 位分别替换为组号 01,02,…,10,11,…如"08239701"(属于第 1 组)、"08239715"(属于第 15 组)。

第四节 FSSC 构建

前面我们已经在沙盘上进行了财务共享的规划与设计,构建了鸿途集团的财务共享中心,并对相关业务流程进行了优化设计。现在我们需要将我们的设想借助于 FSSC 软件来实现,在 FSSC 软件中,需要完成 FSSC 构建配置后,才可以进行后续业务处理。

一、创建共享中心

财务共享中心基础作业平台如图 2-35 所示。

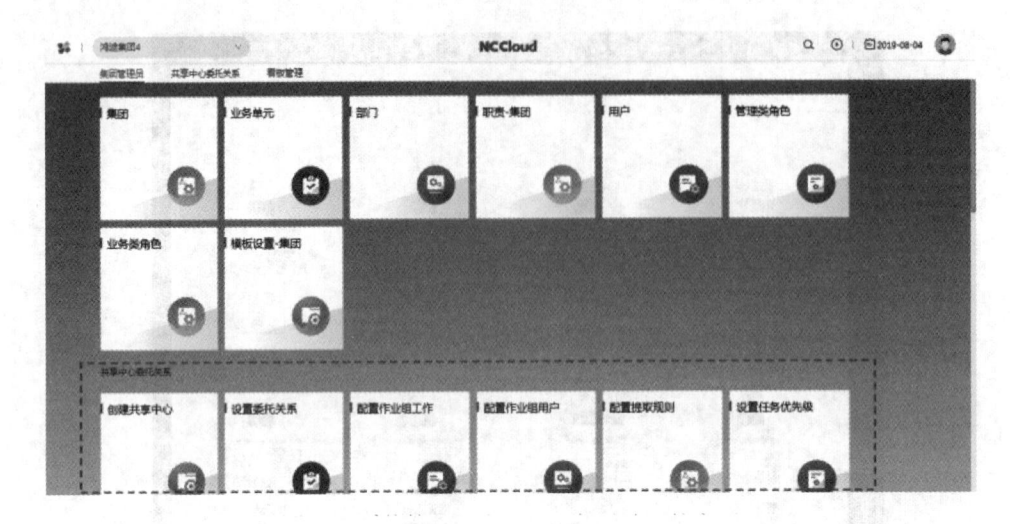

图 2-35 财务共享中心基础作业平台

一个班级有多个小组在同一个系统中学习,为此我们要把每个小组的数据加以隔离,避免相互影响。末尾带数字(如 4)的,表示在实训时只有该组能看到和使用这些数据;末尾不带数字,表示是第 1 组实训所用的数据。

有些编码类的数据,可能全班都不能重复。如果我们照着老师录屏上或其他来源的数据输入编码,可能会冲突,从而无法输入成功。建议我们用如下的数据隔离规则:每个小组在这些编码数据的后面增加一下本小组的组号,确保每个小组的编码数据不完全相同(见图 2-36)。

图 2-36 创建财务共享中心

二、设置委托关系

设置共享中心的服务对象和服务内容。注意:共享中心和委托关系都可以停用和启用。

服务对象:鸿途集团财务共享中心,拟服务于鸿途集团水泥有限公司及其下属的 16 家子公司(见图 2-37)。

图 2-37 设置共享中心的服务对象和服务内容

服务范围：财务共享中心提供的业务服务范围。勾选除"销售管理"和"采购管理"之外的业务模块（见图 2-38）。

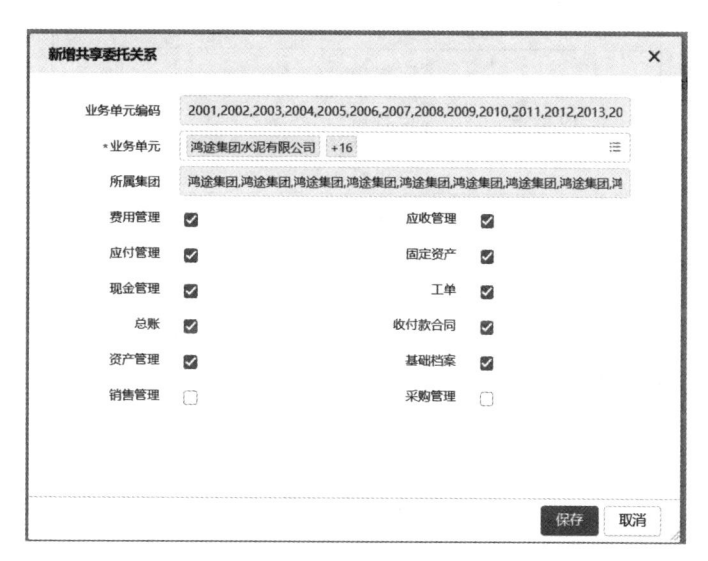

图 2-38 新增财务共享中心的委托关系

三、配置作业组工作

（一）创建作业组

根据沙盘模拟时所设计的财务共享服务中心部门进行设置。如果某个作业组还需要复审，则需要再设置初审和复审两个下级分组。为了满足本课程后续学习项目的需要，我们要设置的作业组至少包括如下内容（见表 2-28）。

表2-28　共享中心作业组

编码	作业组名称	作业组职责
01	应付组	处理应付付款类单据
02	应收组	处理应收收款类单据
03	费用组	处理费用报销类单据
04	档案综合组	处理收付款合同
05	资产组	处理资产业务

（二）设置作业组规则

设置规则名称：在作业组后面加上"规则"二字便可。

设置共享环节：如果是单级审核或两级审核的初审作业组，则共享环节选"共享审核"；如果是复审作业组，则共享环节选"共享复核"。

设置单据类型：设置交易类型和单位范围。"交易类型"不作设置，即默认一个单据类型下面的全部交易类型都交由同样的作业组处理。"单位范围"，选择鸿途集团水泥板块的所有业务单位。

共享中心作业组规则如表2-29所示。

表2-29　共享中心作业组规则

作业组	单据类型
应付组	应付单
应付组	付款单
应付组	主付款结算单
应收组	应收单
应收组	收款单
应收组	主收款结算单
费用组	主报销单
档案综合组	收款合同
档案综合组	付款合同
档案综合组	供应商申请单
资产组	资产变动

四、配置作业组用户

可根据图2-39来增加组员，便于后续进行端到端流程的NCC测试。

作业组	组长	组员
应付组	李玉	张春艳
应收组	李玉	王希
费用组	李玉	龚紫琪
档案综合组	李玉	丁军
资产组	李玉	刘飞

图 2‑39　配置作业组用户

五、配置提取规则

各个属性含义如下：

提取方式：对作业人员提取任务时的控制方式。支持三种控制方式：

（1）不限制提取：作业人员可以无限次地提取任务；

（2）处理完毕后提取：作业人员必须把当前任务处理完后才能提取下一次任务；

（3）阈值限制：当作业人员当前在手任务数量不大于阈值的时候，可再次提取。

每次提取任务量：作业人员每次可以提取到手的最大任务数。

在手任务量阈值：该字段与提取方式配合使用，当提取方式限制选择"阈值限制"的时候，限制在手任务量必填，且必须为正整数；当提取方式限制选择其他两种方式的时候，限制在手任务量不可用（见图 2‑40）。

图 2‑40　配置作业提取规则

管理层级：该提取规则的使用范围。支持两种级次：

（1）共享服务组织：适用于整个共享服务中心内的所有岗位；

（2）岗位：适用于该规则所包含的岗位。如果两个层级都定义了，优先匹配岗位级。

注意：

（1）一个共享服务组织只能定义一条共享服务组织级提取规则；

（2）每个共享服务都必须定义相应的提取规则，当某岗位的作业人员匹配不到提取规则时，他在作业平台将无法提取任务。

第三章　费用共享

> 通过学习本章,认知费用报销业务,掌握差旅费报销业务一般处理流程,了解智能商旅服务,掌握智能商旅服务的处理方法。

第一节　认知费用报销业务

一、费用报销的内容

费用报销包括公司各部门日常发生的人员费用、办公费用的报销。员工费用主要包含差旅费、业务招待费、日常费用、福利费等;办公费用主要包含会务费、会议培训费、咨询费等。

费用报销的总体过程如图3-1所示。

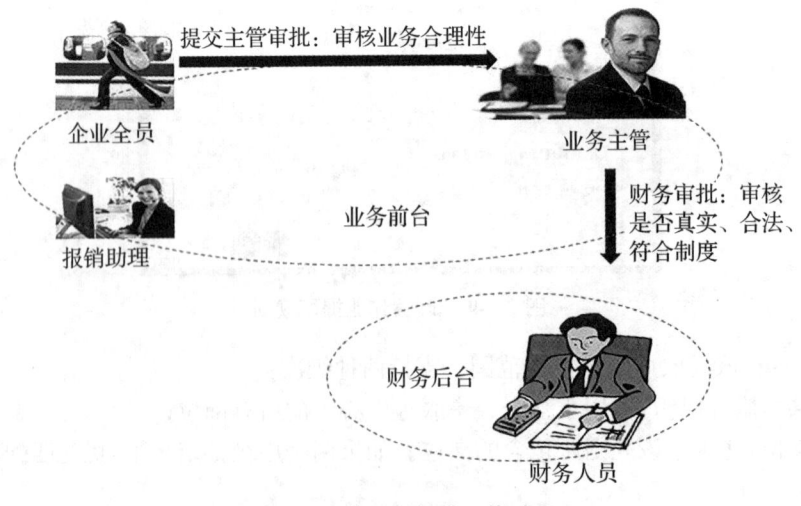

图3-1　费用报销的总体过程

二、费用报销的场景

费用报销有四个主要场景:

(1) 员工直接报销。当业务发生时,先由员工垫资;业务发生后,员工进行报销,报销完成后公司将报销款支付给员工。

(2) 员工借款报销。业务发生前,员工借款;业务发生时,员工付款;业务发生后,员工报账冲借款/还款/报销。

(3) 跨组织报销。报销人所属的组织(单位)与费用承担组织(单位)不同。

(4) 先申请再报销。企业为达到费用事前控制的目的,要求在某些业务报销之前需先申请才能办理。

员工直接报销和员工借款报销的典型流程如图 3-2 所示。

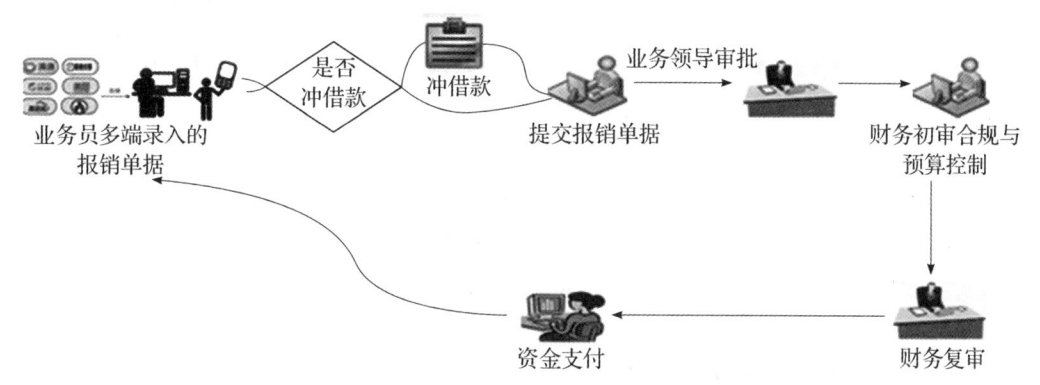

图 3-2 员工直接报销和员工借款报销的典型流程

跨组织报销中有一种情况是需要多个组织来承担(分摊)同一笔费用。如图 3-3 所示的例子中,费用归口管理部门(比如是集团市场部)的张三报销会议费 1 500 元,但按照分摊协议要由 A 公司 A1 部门和 B 公司 B1 部门分别承担 1 000 元和 500 元。

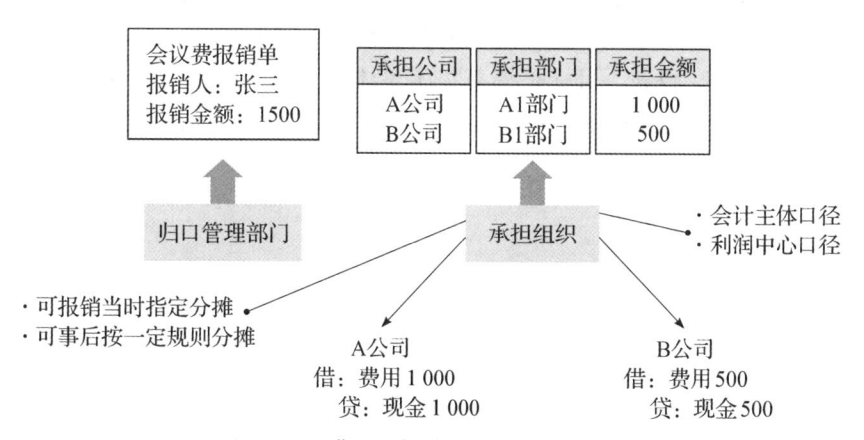

图 3-3 费用分摊的跨组织报销示意图

先申请再报销,是指企业为达到费用事前控制的目的,要求在办理某些业务(如出差、营销活动)报销之前需先申请才能办理。企业年初做了全面预算,在具体业务发生时需每次申请明细的费用额度。如果需要支出企业做的全面预算或费用预算中未包括的费用,需要另行申请,申请获批后才可以支出。

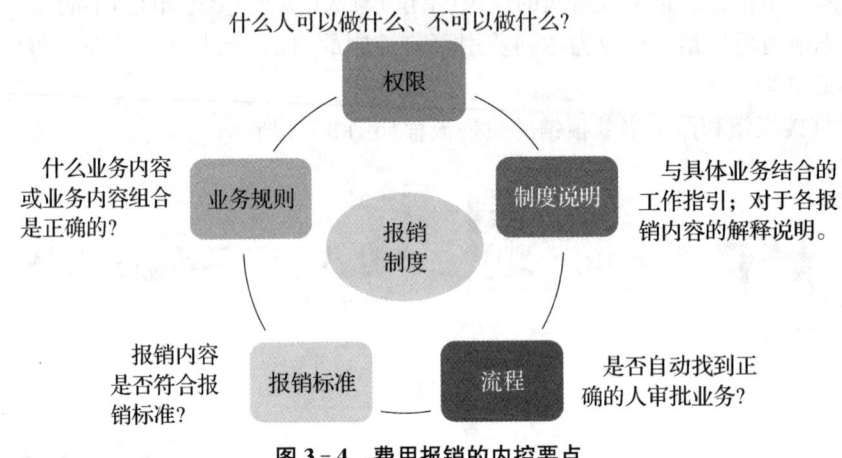

三、费用报销的内控要点

费用报销的内控要点如图 3-4 所示。

图 3-4 费用报销的内控要点

四、费用管理的层级与目标

费用报销的几个不同管理层级及目标:

(1)优化报销过程。目标是提高财务报销工作效率、提高员工满意度。这是见效最快的层级,管理程度浅。

(2)强化费用管理。实现费用预算管控,支撑按受益对象进行费用分摊,从而可以满足企业内部管理和考核的需要。这个层级的目标是提升管理水平。

(3)实现费用共享服务。目标是提高集团整体运行效率与服务水平,降低集团整体运营成本。这是最难的层级,也是管理程度最深的层级,且仅适用于集团管控力度大、专业化的大型集团企业。

第二节 差旅费用报销

一、鸿途集团差旅费报销流程现状

鸿途集团差旅费报销流程现状及鸿途集团差旅费报销审批流程现状如图3-5、图3-6所示。

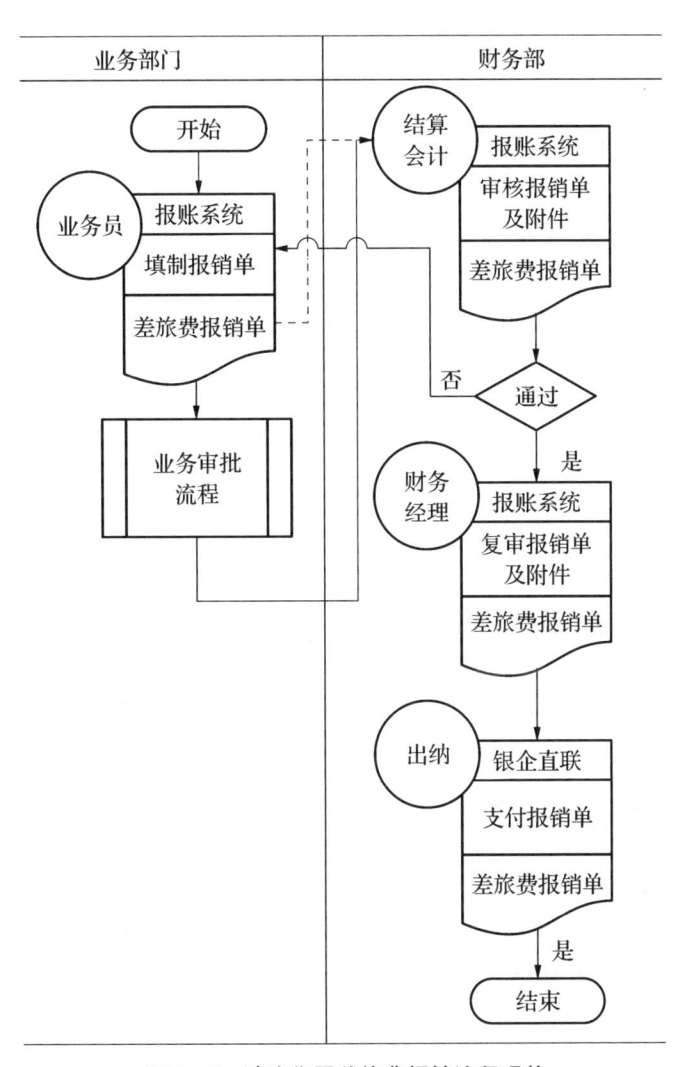

图3-5 鸿途集团差旅费报销流程现状

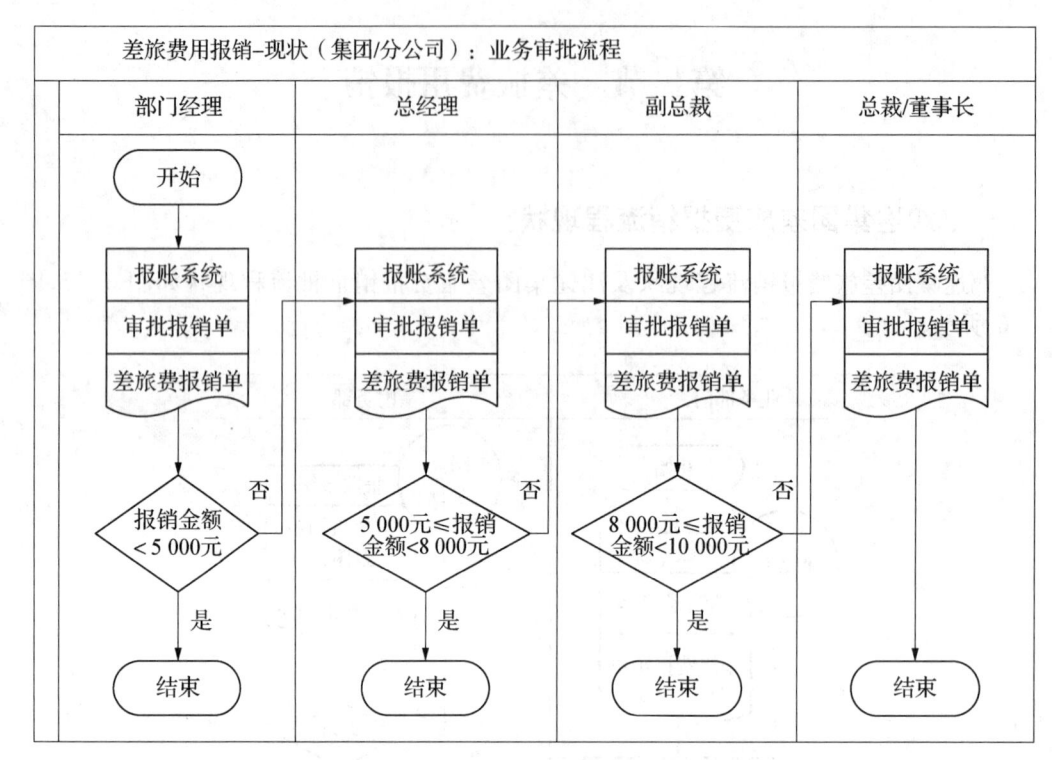

图 3-6　鸿途集团差旅费报销的业务审批流程现状

二、鸿途集团差旅报销的痛点

(1) 各公司报销标准不统一,各自为政;
(2) 整个业务审批与财务处理信息共享性差;
(3) 手工处理核算量大,差错频出,耗用大量精力,核算质量有待提升;
(4) 核算由人工进行处理,自动化程度低,核算标准化有待加强;
(5) 同一业务不同人员、不同时间,可能出现处理方式的不一致。

三、差旅费报销流程的规划设计

(一)共享后的流程设计

以下是共享后差旅费用报销业务流程的一种参考答案(见图 3-7),该流程已经经过测试,可以在 NCC 中成功构建和运行。

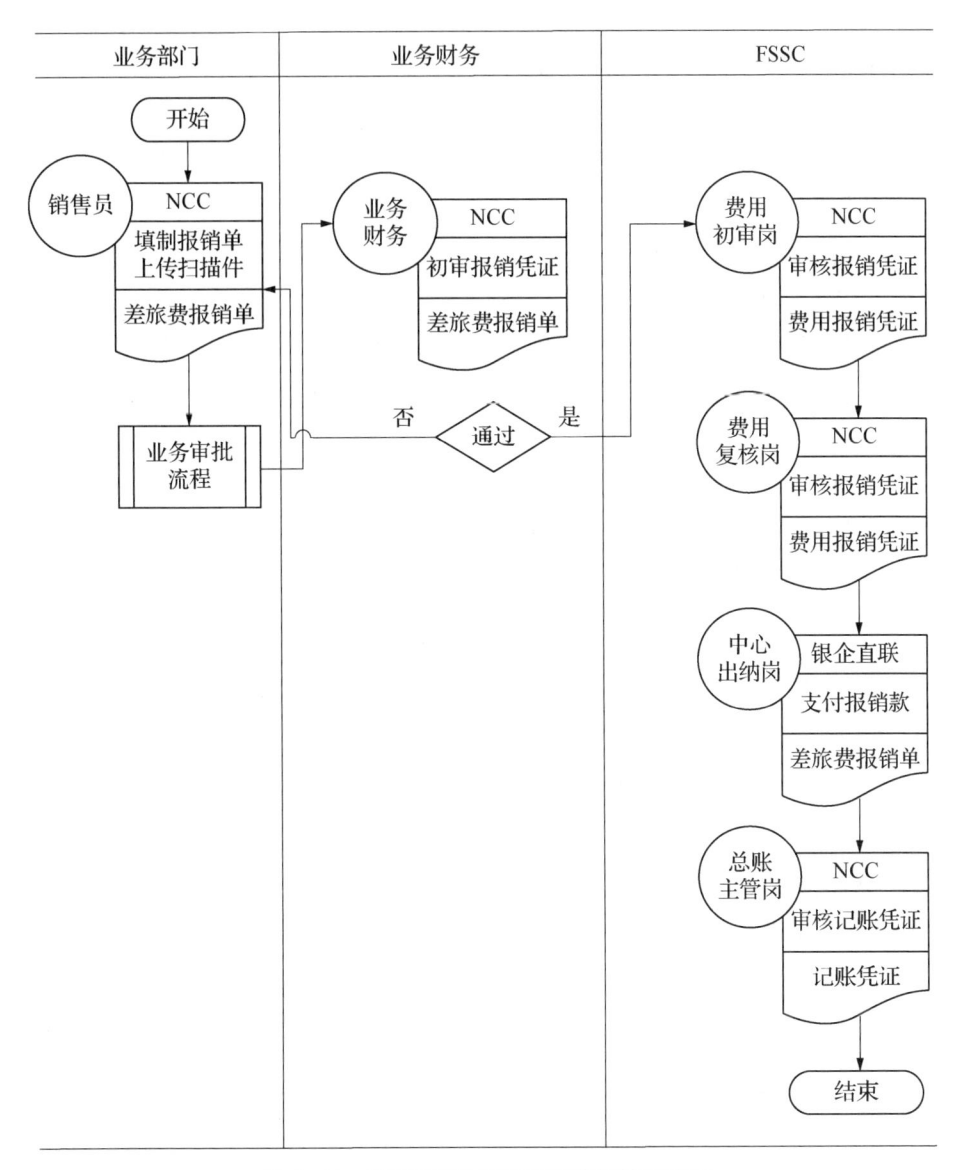

图 3-7 共享后鸿途集团差旅费报销的流程

其中业务审批子流程如图3-8所示。

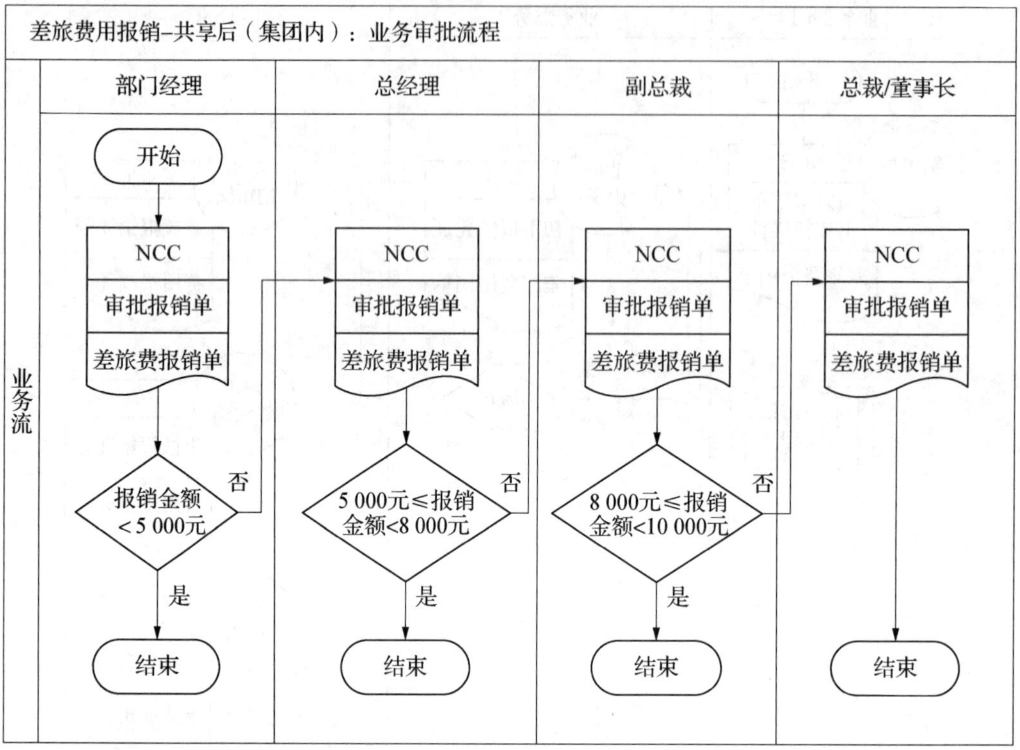

差旅费用报销-共享后（集团内）：业务审批流程

部门经理	总经理	副总裁	总裁/董事长

业务流：
- 开始 → NCC 审批报销单 差旅费报销单 → 报销金额<5 000元？ 是→结束；否→
- NCC 审批报销单 差旅费报销单 → 5 000元≤报销金额<8 000元？ 是→结束；否→
- NCC 审批报销单 差旅费报销单 → 8 000元≤报销金额<10 000元？ 是→结束；否→
- NCC 审批报销单 差旅费报销单 → 结束

图3-8 共享后鸿途集团差旅费报销的业务审批流程

（二）共享后流程所用到的业务单据

差旅费报销业务中进入 FSSC 后所用的单据如表3-1所示。

表3-1 差旅费报销业务中进入 FSSC 后所用的单据

序号	名称	是否进 FSSC	是否属于作业组工作	流程设计工具
1	差旅费报销单	Y	Y	工作流

注：

（1）"是否进 FSSC"，表示该业务单据的处理过程是否需要财务共享服务中心参与。Y 表示需要，N 表示不需要。

（2）"是否属于作业组工作"，表示是否需要分配到某个 FSSC 作业组，必须由该组成员从作业平台上提取进行处理。Y 表示属于，N 表示不属于。只有进入 FSSC 的业务单据才有这个问题。

（3）"流程设计工具"，是指用 NCC 中的某一个流程平台来对该业务单据进行流程建模。NCC 中有"业务流""工作流""审批流"三种流程建模平台，在本课程实训环节，业务流部分已经预置到教学平台中，学生需要进行工作流或审批流的建模。

四、复核业务流程的配置

复核业务流程的配置可比照图3-9应付单工作流设置。此处以设置应付单流程为例,演示如何配置应付单工作流,按照下文的方法可以配置各种复核流程。

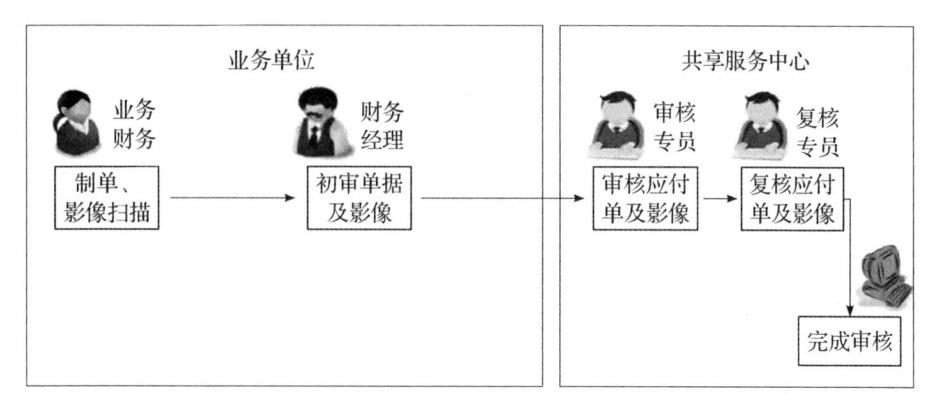

图3-9 应付单工作流

集团管理员在系统管理员流程配置处点"开始任务",通过"流程管理—工作流定义—集团",找到"应付管理—应付单",在右侧的"新增"处,下拉点"手工新增",然后进入流程设计的界面(见图3-10)。

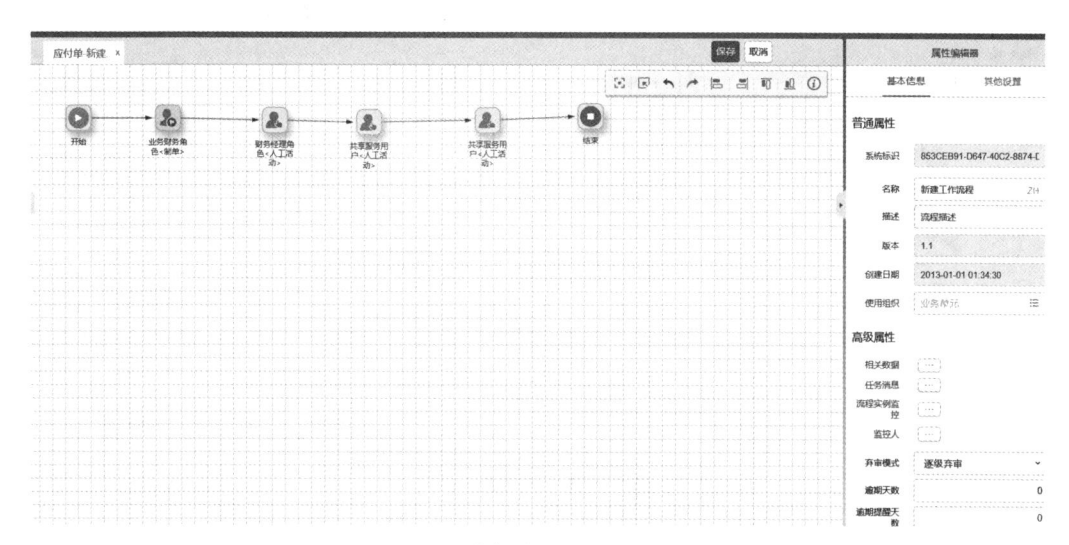

图3-10 应付单工作流的配置界面

将"人工活动"图标拖入操作界面,从"开始"处画箭头指向"制单人",在右侧的"属性编辑器—基本信息"中,参与者类型选择为"角色",人工活动配置选择为"业务财务角色";在"属性编辑器—其他设置"中,流程组件选择为"SSC制单",业务参数中增行选择"查看影像权限",初始值输入0。

将"人工活动"图标拖入操作界面,从"业务财务角色(制单)"处画箭头指向"人工活动",在右侧的"属性编辑器—基本信息"中,参与者类型选择为"角色",人工活动配置选择为“财务经理角色”，流程属性—抢占模式选择“抢占”；在“属性编辑器—其他设置”中，流程组件选择为“SSC会计初审”，业务参数中增行选择“查看影像权限”，初始值输入0。

将“人工活动”图标拖入操作界面，从“财务经理角色(人工活动)”处画箭头指向“人工活动”，在右侧的“属性编辑器—基本信息”中，参与者类型选择为“共享服务中心”，人工活动配置选择为“共享服务用户”，流程属性—抢占模式选择“抢占”；在“属性编辑器—其他设置”中，流程组件选择为“SSC审核”，业务参数中增行选择“查看影像权限”，初始值输入0。

将“人工活动”图标拖入操作界面，从“共享服务用户(人工活动)”处画箭头指向“人工活动”，在右侧的“属性编辑器—基本信息”中，参与者类型选择为“共享服务中心”，人工活动配置选择为“共享服务用户”，流程属性—抢占模式选择“抢占”；在“属性编辑器—其他设置”中，流程组件选择为“SSC复核”，业务参数中增行选择“查看影像权限”，初始值输入1。

点击“结束”图标拖入操作界面，从“共享服务用户(人工活动)”处画箭头指向“结束”后点击“保存”。

注意：如果要启用系统预置的流程，可以在工作流定义—集团右侧点击查询按钮，查找到流程后，可以按需启用(见图3-11)。

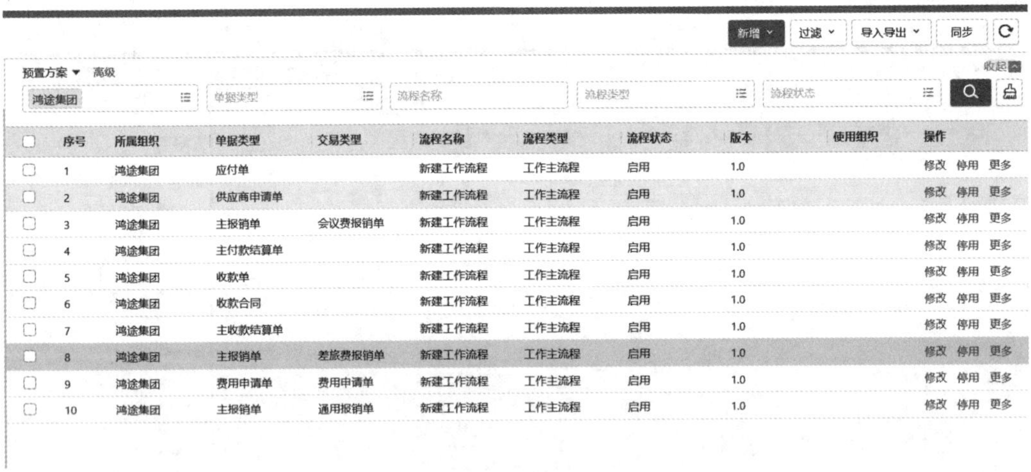

序号	所属组织	单据类型	交易类型	流程名称	流程类型	流程状态	版本	使用组织	操作
1	鸿途集团	应付单		新建工作流程	工作主流程	启用	1.0		修改 停用 更多
2	鸿途集团	供应商申请单		新建工作流程	工作主流程	启用	1.0		修改 停用 更多
3	鸿途集团	主报销单	会议费报销单	新建工作流程	工作主流程	启用	1.0		修改 停用 更多
4	鸿途集团	主付款结算单		新建工作流程	工作主流程	启用	1.0		修改 停用 更多
5	鸿途集团	收款单		新建工作流程	工作主流程	启用	1.0		修改 停用 更多
6	鸿途集团	收款合同		新建工作流程	工作主流程	启用	1.0		修改 停用 更多
7	鸿途集团	主收款结算单		新建工作流程	工作主流程	启用	1.0		修改 停用 更多
8	鸿途集团	主报销单	差旅费报销单	新建工作流程	工作主流程	启用	1.0		修改 停用 更多
9	鸿途集团	费用申请单	费用申请单	新建工作流程	工作主流程	启用	1.0		修改 停用 更多
10	鸿途集团	主报销单	通用报销单	新建工作流程	工作主流程	启用	1.0		修改 停用 更多

图3-11 流程的启用

五、差旅费报销流程的构建测试

(一) 案例

案例一：

鸿途集团水泥有限公司销售服务办公室的销售员李军于2019年7月8～9日，由郑州出差至北京，花费如表3-2所示，事前已报备，出差回来后，7月10日报销差旅费。

员工报销的“结算方式”为网银，“单位银行账号”选账号编码较大的账号(支出户)。

表 3-2 李军由郑州出差至北京的费用数据

用　途	金　额
去程火车票 G1564 （不含税额为 283.49 元,税额为 25.51 元,税率为 9%）	309 元
返程火车票 G505 （不含税额为 283.49 元,税额为 21.51 元,税率为 9%）	309 元
目的地交通费	36+42=78（元）
北京住宿费 北京铂涛酒店,增值税专用发票税率为 6% （不含税额为 259.43 元,税额为 15.57 元）	275×1=275（元）

案例二：

鸿途集团水泥有限公司销售服务办公室的销售员李军于 2019 年 7 月 16～20 日,由郑州出差至广州,花费如表 3-3 所示,事前已报备,出差回来后 7 月 21 日报销。由于恰逢广交会,住宿紧张,导致花费超标准。

员工报销的"结算方式"为网银,"单位银行账号"选账号编码较大的账号（支出户）。

表 3-3 李军由郑州出差至广州的费用数据

用　途	金　额
去程机票 （不含税额为 1 086.70 元,含机场建设费 50 元,税额为 93.30 元）	1 180 元
返程机票 （不含税额为 958.26 元,含机场建设费 50 元,税额为 81.74 元）	1 040 元
目的地交通费	48+51+43+55+56+43+46=342（元）
广州住宿费 广州白云宾馆,增值税专用发票税率 6%（不含税额为 2 320.75 元,税额为 139.25 元）	615×4=2 460（元）

注意：根据财政部税务总局海关总署公告 2019 年第 39 号文件,取得注明旅客身份信息的航空运输电子客票行程单的,按照下列公式计算进项税额：航空旅客运输进项税额＝（票价＋燃油附加费）÷（1＋9%）×9%。

（二）案例解析

以下以案例一作为差旅费报销的业务原型分析业务流程操作,案例二的操作同案例一。

1. 准备工作

（1）了解测试用例。

在费用共享模块中进入"差旅费用报销业务",在构建测试中找到测试用例,阅读案例资料,了解测试用例。

（2）熟悉共享后的差旅费报销流程。

首先熟悉共享后的流程,同时要注意此流程中有七个角色：销售员、销售经理、业务财务、费用初审、费用复核、中心出纳、总账主管。由于本案例中费用金额不超过 5 000 元,业务单据不需要由总经理审批。

2. 销售员(填制报销单)

销售员上岗后,开始执行任务,首先修改业务日期为 2019 年 7 月 10 日,然后打开"费用业务——差旅费报销单",参照测试用例填写单据信息(见图 3-12)。

图 3-12 差旅费报销单的填写

(1) 表头信息。

在"差旅费报销单"界面,分别录入或设置如下信息:

报销事由:办公出差。

收支项目:销售费用——差旅费。

单位银行账户:支出户(选择编号较大的那一个)。

结算方式:网银。

个人银行账户:(选择默认值)。

单据日期:2019 年 7 月 10 日(根据单据或测试用例得知)。

(2) 交通费用,如表 3-4 所示(根据协作处理中的学习资源提供的原始发票单据整理得到)。

表 3-4 交通费用表

序号	出发日期	达到日期	出发地点	到达地点	交通工具	含税金额	税率	税金	不含税金额
1	2019-7-8	2019-7-8	郑州东	北京西	火车	309	9	25.51	283.49
2	2019-7-8	2019-7-8	北京西	宾馆	出租车	36			36
3	2019-7-9	2019-7-9	宾馆	北京西	出租车	42			42
4	2019-7-9	2019-7-9	北京西	郑州东	火车	309	9	25.51	283.49

(3) 住宿费用,如表 3-5 所示。

表 3-5 住宿费用表

序号	入住日期	离店日期	入住酒店	住宿天数	含税金额	税率	税金	不含税金额
1	2019-7-8	2019-7-9	北京铂涛酒店	1	275	6	15.57	259.43

(4) 出差补贴。鸿途集团出差补贴标准为 60 元/天,李军共出差 2 天,出差补贴为 120 元。

以上信息录入完成之后,进行保存。然后,销售员将纸质原始凭证扫描至影像系统中,之后点"提交"。

注意:若实际教学时,实训室电脑未配置扫描仪的,可将原始单据的图片作为附件上传。

3. 销售经理(销售经理审批)

(1) 销售经理上岗,点"开始任务"。

(2) 在"审批中心——未处理"中打开单据,销售经理对单据进行审核,审核无误后在右侧点击"销售经理角色(批准)",通过单据的审批。

4. 总经理(总经理审批)

(1) 总经理上岗,点"开始任务"。

(2) 在"审批中心——未处理"中打开单据,总经理对单据进行审核,审核无误后通过。

5. 业务财务(业务财务初审)

(1) 业务财务初审上岗,点"开始任务"。

(2) 在"审批中心——未处理"中打开单据,业务财务对单据进行审核,审核无误后在右侧点击"业务财务角色(批准)",通过单据的审批。

6. 费用初审岗(共享审核)

(1) FSSC 费用初审上岗,点"开始任务"。

(2) 点击"我的作业——待提取 1",在打开的界面右侧,点"任务提取",发现有一张单据已经提取,点击这张单据,对单据审核无误后,点"批准"。

7. 费用复核岗(共享复核)

(1) FSSC 费用复核上岗,点"开始任务"。

(2) 点击"我的作业——待提取 1",在打开的界面右侧,点"任务提取",发现有一张单据已经提取,点击这张单据,对单据审核无误后,点"批准"。

8. 中心出纳岗(出纳付款)

(1) 在系统配置中以中心出纳的身份登录。

(2) 打开"结算",选择共享中心的组织(共享中心+水泥公司)(包含下级),时间选择"去年—今年",然后点"查询",查询到单据后,将单据点开,在界面右侧点"支付—网上转账",确定网上支付。

9. 总账主管岗(审核记账凭证)

(1) 在系统配置中以总账主管的身份登录。

(2) 点击"凭证审核",在界面中选择账簿—基准账簿(包含下级),时间选择"去年—今年",然后点"查询",双击打开查询到的凭证,然后点"审核"。

注意:差旅费报销在前面的业务审核环节已经自动生成,无须手工干预。

第三节 智能商旅服务

一、企业费控管理的现状

(一) 传统模式下的费控业务流程

传统报销系统模式下,费用管控在员工满意度、财务处理和分析等方面已无法满足管理需求。传统模式下的费控业务流程如图 3-13 所示。

图 3-13 传统模式下的费控业务流程

(二) 传统模式下企业费用管控的问题

传统报销系统模式下,企业费用管控存在的问题有以下几个方面:

(1) 费用报销慢,效率低。单据填报不规范、报销不及时;审批环节多、审批周期长;审批责任不明确;单据人工校验,采用的是手工凭证。

(2) 费用管控落后,管控弱。费用管控依靠人工;预算无法实现事前管控。

(3) 数据信息不对称,风险高。业务数据真实性难以验证,增加了财务风险;报表数据不及时不准确,增加了管理风险。

(4) 信息不完整,难以及时管理。无法及时准确了解费用具体支出细节;难以对费用发生过程进行管控。

(三) 企业差旅管理现状

差旅申请:重事项,轻管控。员工差旅申请只重事项的审批,不太看重费用预算以及费用标准的管控。

商旅预订:重结果,轻过程。商旅部分的预订大部分由员工完成,在报账后才审核结果,对差旅预订过程无管控。

差旅报账:重控制,轻服务。差旅报销单缺少住宿水单驳回,开票信息不准确单据驳回,报销填写不规范驳回,等等。

二、智能商旅服务

智能商旅服务是企业内部资金变革和外部新技术带动商旅管理的模式创新。随着员工出差前预借现金(借款)的场景在很多企业越来越少,因此员工出差垫资问题在很多企业非常普遍。员工垫资向企业垫资转化,企业垫资又进一步向服务商垫资转化的趋势,催生了很多由第三方平台提供智能商旅服务的模式。

新技术带动企业商旅模式创新,云计算、大数据、移动互联网、人工智能的出现,推动了社会化商业、数字企业、平台型企业、共享经济、交易平台等新的商旅模式的产生。

差旅管理,又称商旅管理。商旅管理公司(Travel Management Company,TMC)有如下这些模式:

(1) 个人预订＋报销:个人预订、事后报销。

(2) TMC线下模式:单一TMC,电话预订、统一结算。

(3) TMC线上模式:单一TMC,TMC App预订、统一结算。

(4) 自建商旅平台:自建、外购第三方平台,整合多方资源,与内部系统打通,实现全流程商旅管理与服务。

移动互联网时代的智能商旅及报账服务连接社会化服务资源,企业可以自行设置差旅规则,对差旅申请、审批、预订、支付和报销等差旅全流程进行自动化管理。员工管理个人商务旅行,随时随地进行出差申请、商旅及出行预订、差旅费用报销等,全线上应用,提高了工作效率;员工免除了垫付资金,不需要贴票报销、商旅报账,方便快捷,提高了员工满意度;部门经理可以及时审批员工差旅申请,实时掌握费用预算达成情况,可以提升管理水平,提高部门管理满意度,实现管理升级;对于财务人员来说,可以简化财务核算,极大提升财务效率,有效管理员工差旅行为和差旅费用,帮助企业优化差旅管理规范和流程,将差旅管理规范化、信息化,提高了企业的专业形象;提高了差旅透明度和合规性,有助于更好地进行预算规划、费用管控。

三、智能商旅服务的构建测试

(一) 案例

鸿途集团水泥有限公司销售服务办公室的销售员李军于2019年7月11～12日,由郑州出差到三亚,11日下午1点与客户洽谈,12日支持当地水泥市场推介活动,活动5点结束。根据《费用管理制度》,只能选用经济舱,住宿酒店标准300元/日/人。9日李军通过商旅平台完成机票、酒店预订服务。13日李军出差结束,通过商旅平台完成报销。(注:在出差地点的机场—酒店间的交通费为市内交通费)。

(二) 案例分析

1. 准备工作

(1) 在协作处理中查看业务流程。

(2) 在"操作商旅服务"中查看测试用例,了解案例。

2. 操作商旅服务

(1) 销售员:在智能商旅平台订票。

销售员开始任务后,在二维码界面下方点击"请点击此处",进入"移动商旅"界面(见

图3-14),点击"订购机票"。

图3-14 "移动商旅"界面

根据案例资料的提示,查询到机票后点开,在具体机票信息页面点"下一步",在乘机人部分新增李军的信息,在"协作处理—学习资源—机票行程单(去程)"中可以查到李军的信息。李军身份证号:直接从发票上复制,手机号:186××××9876;选择乘机人"李军"后去支付、付款(见图3-15、图3-16)。

图3-15 "移动商旅"界面上"订购机票"

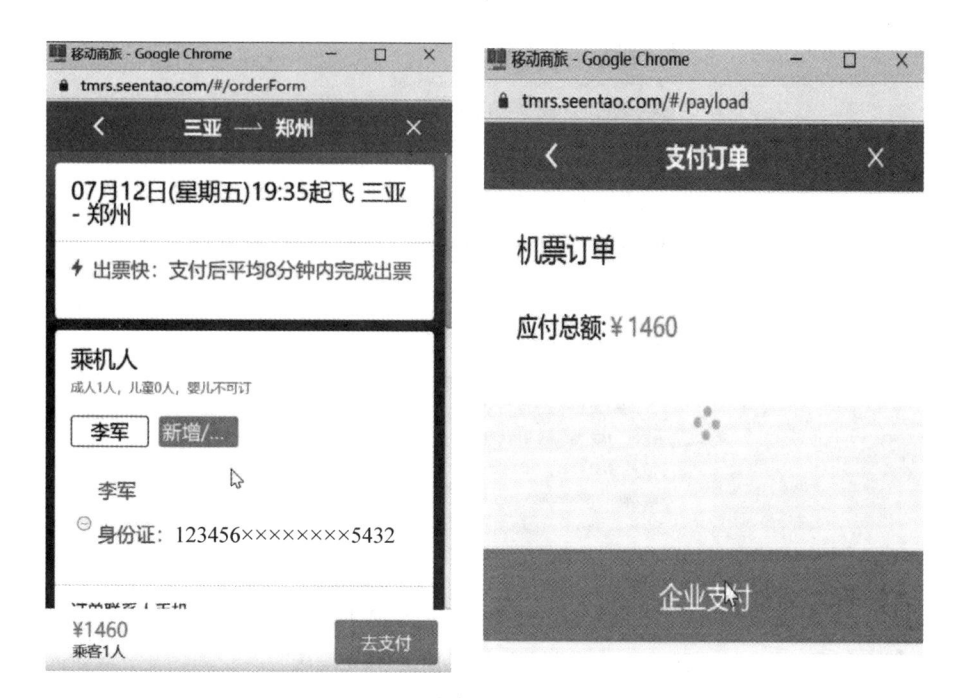

图 3-16 "移动商旅"界面上"支付订单"

在"移动商旅"界面,点击"滴滴"。在滴滴界面,输入起止点后(见图 3-17),点击"确认呼叫"。

图 3-17 "移动商旅"界面上"呼叫滴滴"

在"移动商旅"界面,点击"预定酒店",根据测试用例的信息选择酒店后支付(见图 3-18)。

091

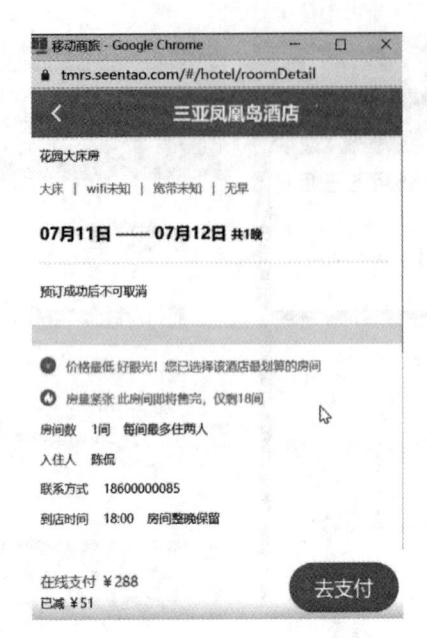

图 3-18 "移动商旅"界面上"预定酒店"

(2) 销售员差旅费报账。

在移动商旅界面点击"差旅费报账"进行报销,信息填写确认无误后点"提交"(见图 3-19)。

图 3-19 "移动商旅"界面上"差旅费报销"

(3) 差旅费报销审批。

销售经理、业务财务、费用初审岗、费用复审岗、中心出纳岗、总账主管岗依次进行业务处理,具体操作和"差旅费报销业务流程"一致。

第四章 采购管理

通过学习本章,认知采购业务的一般理论,了解案例企业采购业务管理的现状,能够分析案例企业采购业务存在的问题并能够进行共享后的采购流程设计,掌握采购业务处理的方法。

第一节 认知采购管理

一、采购业务介绍

(一) 常见采购物资分类

不同物资类别,业务特征不同,采购业务控制关键点有所不同。

工业企业的物资,一般分为生产用主要原材料、辅材、资产设备、备品备件与工具、办公劳保等低值易耗品;商业企业的物资一般就是商品;服务型行业的物资,可以分为资产设备、项目物资、运维物资等。

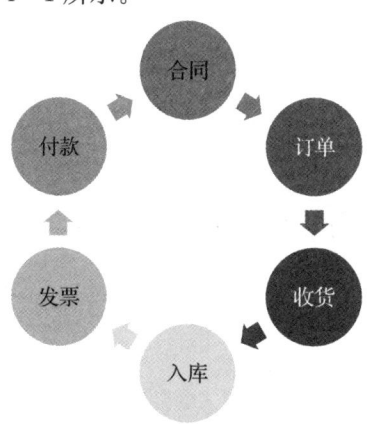

(二) 通用采购业务环节

通用采购业务环节如图 4-1 所示。

图 4-1 通用采购业务环节

二、鸿途集团采购业务

（一）鸿途集团物资类别及其特征

大宗原材料类物资：一般种类少、采购数量大、金额较高，通常按合同采购。

备品备件类物资：数量少，品类多，易产生库存。

消耗性物资：办公、劳保等低值易耗品，通常计入企业经营或管理费用。

设备资产类物资：单件价值高，全生命周期管理。

（二）集团统管的采购业务

原煤的采购由物资装备部统一管理，由水泥公司物资部通过询价、比价进行采购。

统管物资包括天然石膏、水泥包装袋、耐火砖、火浇注料、铸钢高铬球钢锻、耐热钢件（含锚固钉）、收尘滤袋、喷码机油墨清洗剂、破碎机锤头、输送胶带、斜槽帆布、球磨机衬板、复合耐磨板、链条、料斗、皮带机托辊、余热发电水处理药剂、润滑油脂、轴承、工作服等，由水泥公司物资部通过招标进行采购。

工程装备部统管一部分物资，如维修工具、小型电器等，由工程装备部直接招标购买。

集团采购合同与分子公司自采业务，采购合同没有使用NCC系统进行控制与管理，业务处理采用手工操作，因此不能对合同条款、合同执行、合同监控等各方面进行有效管理与控制。

（三）分子公司的采购业务

供应商管理制度：在招标的过程中对供应商的资质进行审查，审核标准参照准入规则和管理办法；对供应商的考核指标包括价格、质量、信誉度、售后服务、交货能力；统管的供应商考核需要打分，自采的没有考核打分，只进行评价。

采购日常业务：总部与分子公司之间无法实现采购数据、供应商、采购价格的共享。采购一般都会设定经济批量，采购数量的控制比较严格，不允许超请购计划采购；采购计划的跟踪，只关注库存数量，不关注采购计划执行后是否使用，对长时间不使用的物资计划不进行考核。

采购效率现状：采购计划的平衡分配到多个部门，流程烦琐，效率不高；采购过程通过比质比价、优质优价的原则；平均每个月的采购资金为4 000万元，在大修的情况下，会更高。

（四）分子物资统管分类

A类物资：原煤、熟料（只针对粉磨站）、石膏、粉煤灰、其他混合材、水泥助磨剂、水泥包装袋、耐火材料、耐磨材料。

B类物资：汽油、柴油、电器材料、轴承螺栓、篷布、橡胶制品、油脂化工、钢材、木材、量刃工具、建筑五金水暖等。

C类物资：低值易耗品、劳动保护用品、办公用品等。

D类物资：大型、通用设备备品备件。

三、采购付款现状

（一）备品备件结算

包括购进的经仓库验收、发放的备品备件、机物料消耗、办公用品等。

备品备件需使用部门派人质检后才能验收入库,如立磨配件、铲车配件、挖掘机配件、减速机配件、轴承、电机、电极、抛丸磨光片等,供应商开具增值税专用发票,按供应处领导签批意见入账,同时冲预付款、扣除质保金的流程。

(二)原燃料结算

每月根据上月供应商应付账款余额,由供应处领导拟定本月付款金额,供应商开具收据,公司领导签批付款的流程。

采购付款周期较长,在一定程度上影响了供应商供货积极性,增加了采购成本;采购付款周期长的原因是历史形成的,任何采购付款都需要有采购发票、合同、到货验收单,三者缺一不可。

四、采购业务现状总结

集团统管采购与子公司自采相结合。

原煤的采购由物资装备部统一管理,由水泥公司物资部通过询价、比价进行采购。

天然石膏、水泥包装袋、耐火砖、火浇注料、铸钢高铬球钢锻、耐热钢件(含锚固钉)、收尘滤袋、喷码机油墨清洗剂、破碎机锤头、输送胶带、斜槽帆布、球磨机衬板、复合耐磨板、链条、料斗、皮带机托辊、余热发电水处理药剂、润滑油脂、轴承、工作服等都是通过招标采购模式执行。

上述物资分类之外的物资目录,由分子公司依据"供应商管理制度"组织自采。

第二节 原燃料采购业务

鸿途集团的原燃料按照集团物资分类,属于 A 类物资;大宗物资采购的范围,属于集团统管业务。

一、流程现状概述

鸿途集团原燃料采购需要经过以下 6 个步骤:

(1)供应商准入。对拟发生采购交易的、新的供应商进行审批。

(2)询价。在已经准入的、可用的多家供应商之间进行询价、比价,最终确定拟进行交易的供应商。

(3)签订采购合同。对于原燃料这样的大宗原材料,鸿途集团要求与供应商按年度签订合同、按需要向供应商下达采购订单。

(4)采购到货入库。向供应商下达采购订单且收到采购货物后,进行验货、质检并登记入库。

(5)应付挂账。收到供应商的采购发票后,根据双方约定的付款条件延后付款,鸿途集团确认对供应商的应付账款。

(6)应付付款。达到对供应商付款条件后,发起支付流程、冲销应付账款。

二、流程现状图

(一) 供应商准入

共享前供应商准入流程如图 4-2 所示。

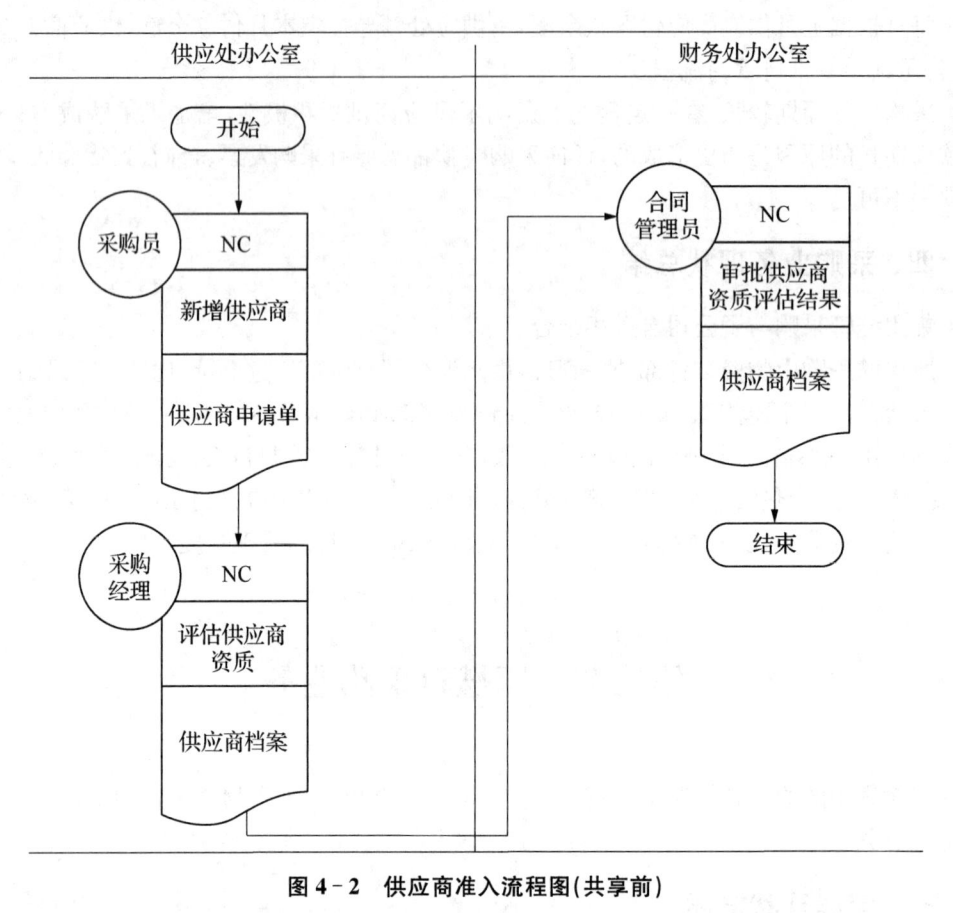

图 4-2　供应商准入流程图(共享前)

(二) 询价

共享前询价流程如图 4-3 所示。

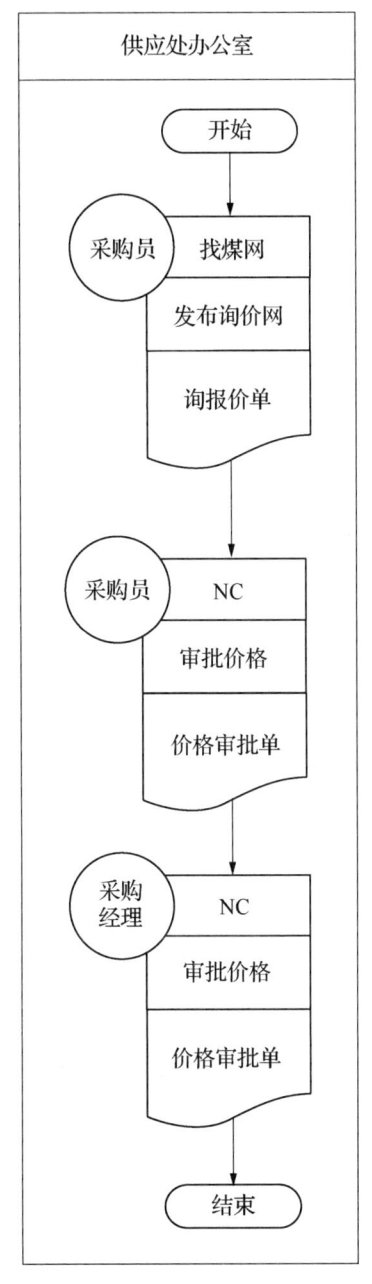

图 4-3 询价流程图(共享前)

(三) 签订采购合同

共享前签订采购合同流程如图 4-4 所示。

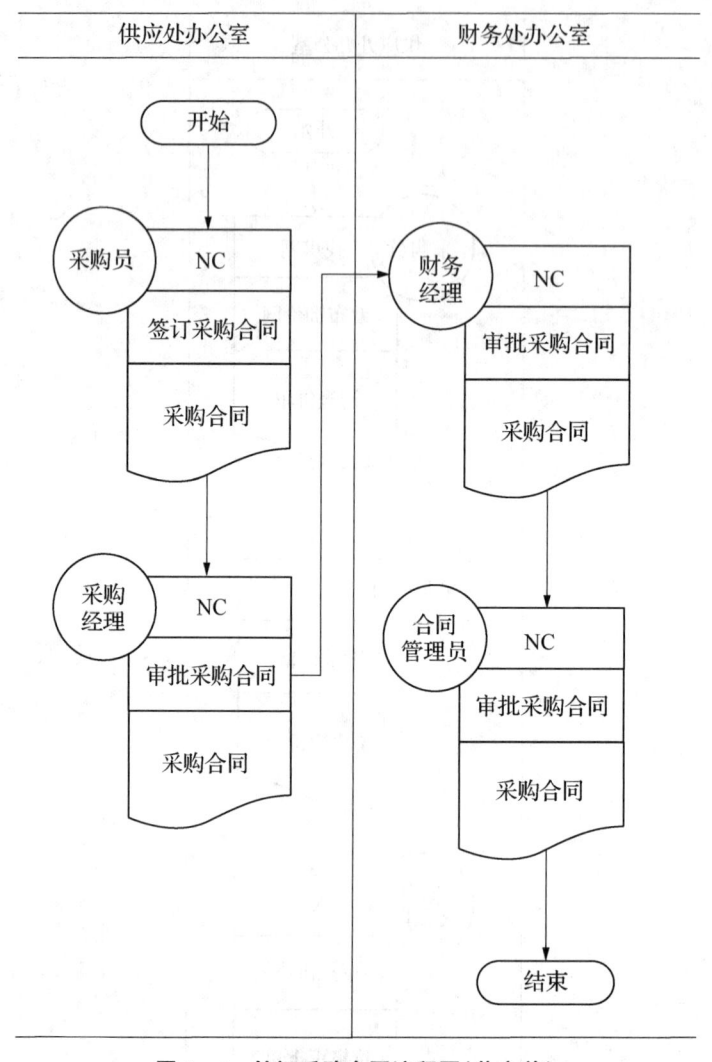

图 4-4 签订采购合同流程图(共享前)

(四) 采购到货入库

共享前采购到货入库流程如图4-5所示。

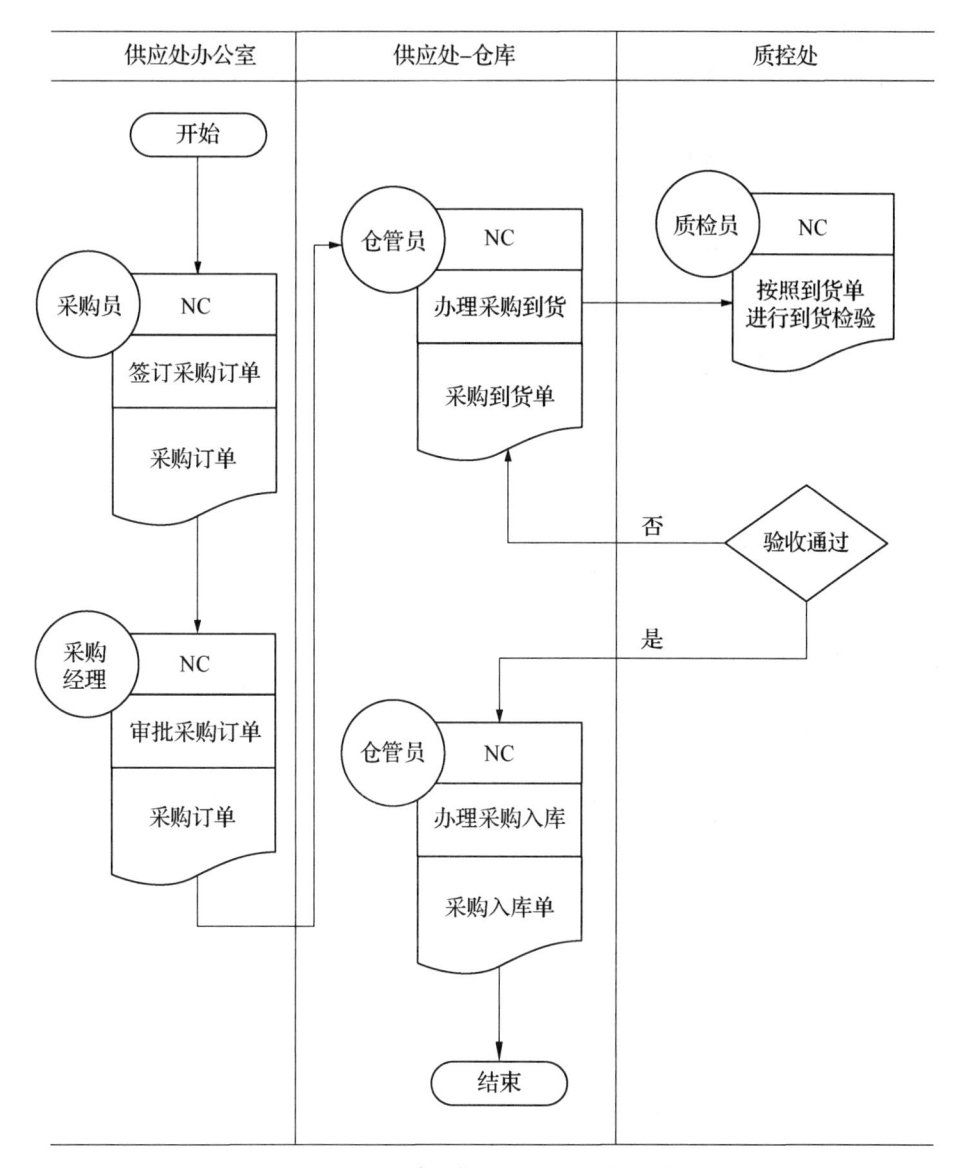

图4-5 采购到货入库流程图(共享前)

（五）应付挂账

共享前应付挂账流程如图 4-6 所示。

（六）应付付款

共享前应付付款流程如图 4-7 所示。

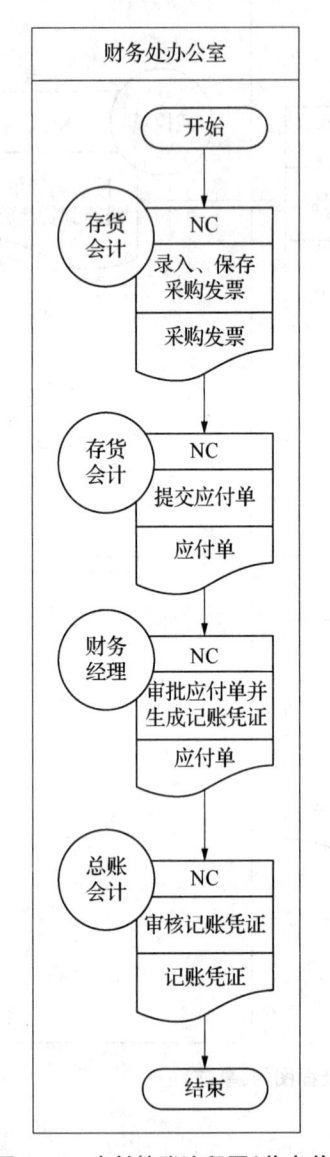

图 4-6 应付挂账流程图（共享前） 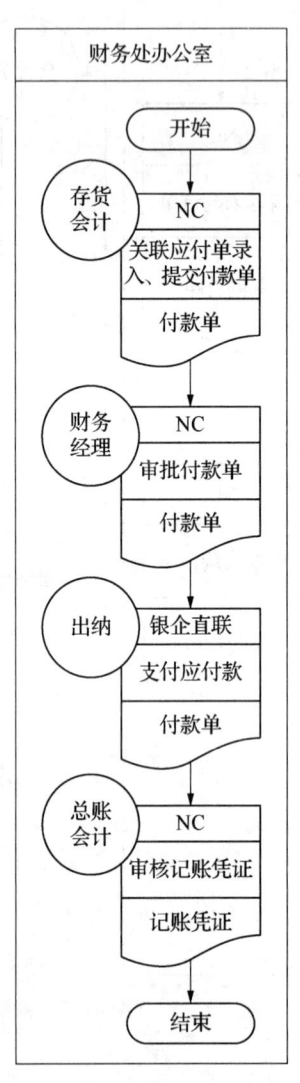　　图 4-7 应付付款流程图（共享前）

三、共享后的流程设计

以下是共享后原燃料采购业务流程的一种参考答案,该流程已经经过测试,可以在 NCC 中成功构建和运行。

(一) 供应商准入

共享后准入流程如图 4-8 所示。

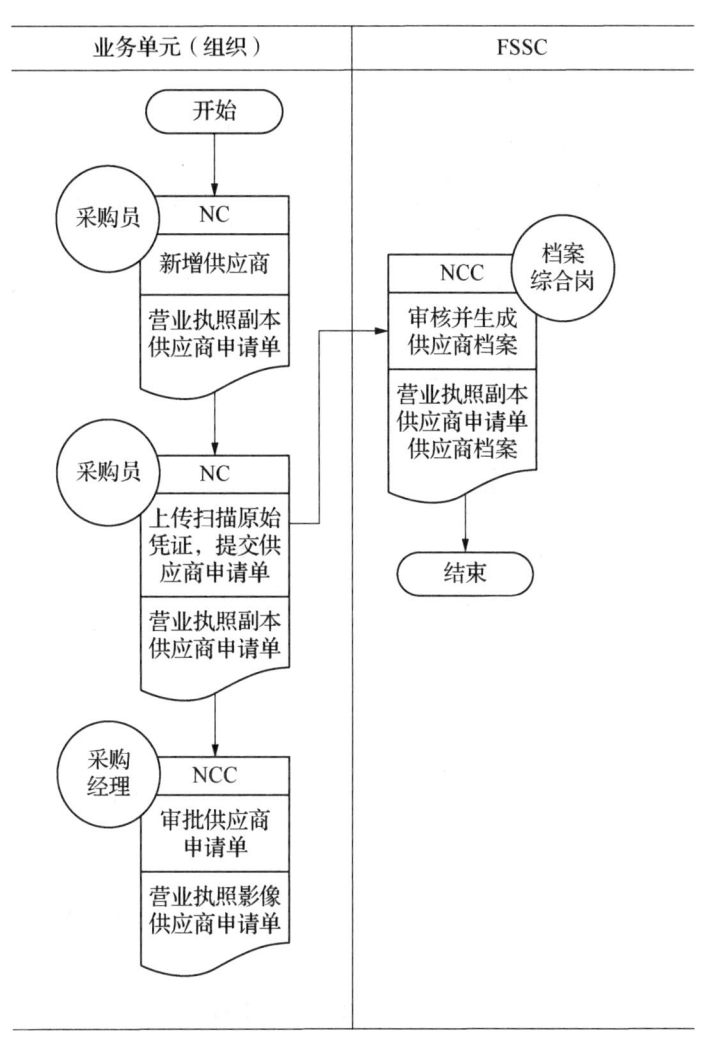

图 4-8 供应商准入流程图(共享后)

(二) 询价

共享后询价流程如图 4-9 所示。

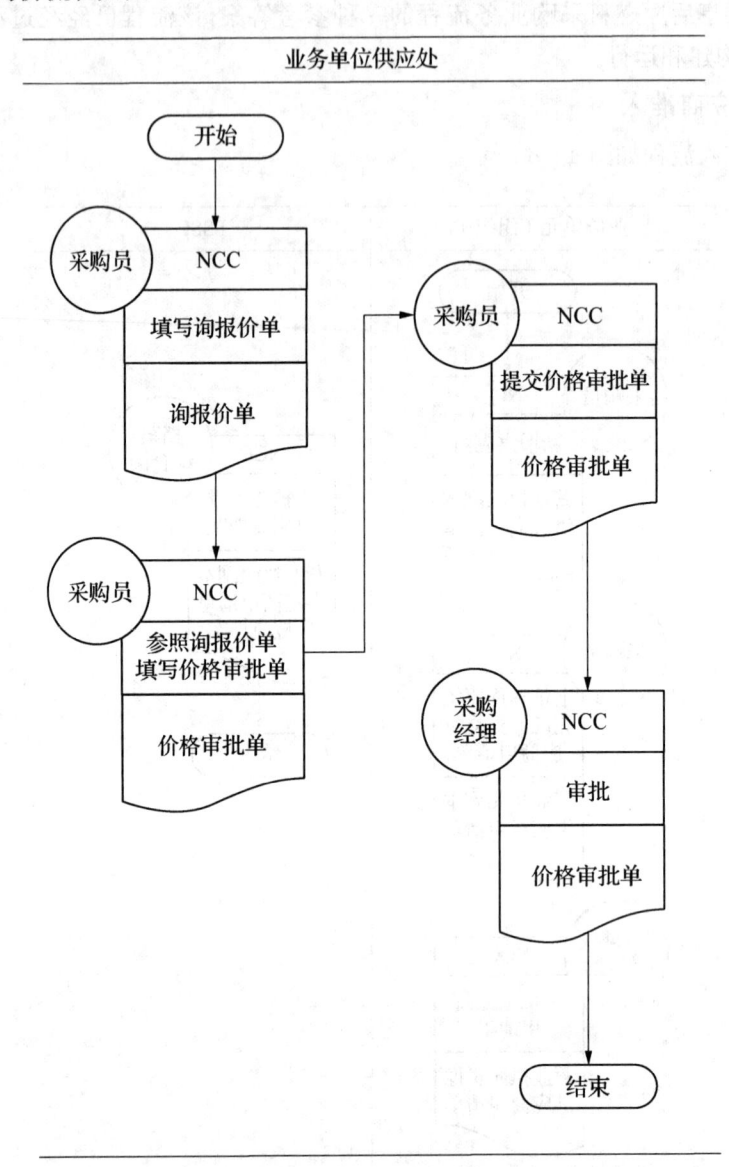

图 4-9 询价流程图(共享后)

（三）签订采购合同

共享后签订采购合同流程如图 4-10 所示。

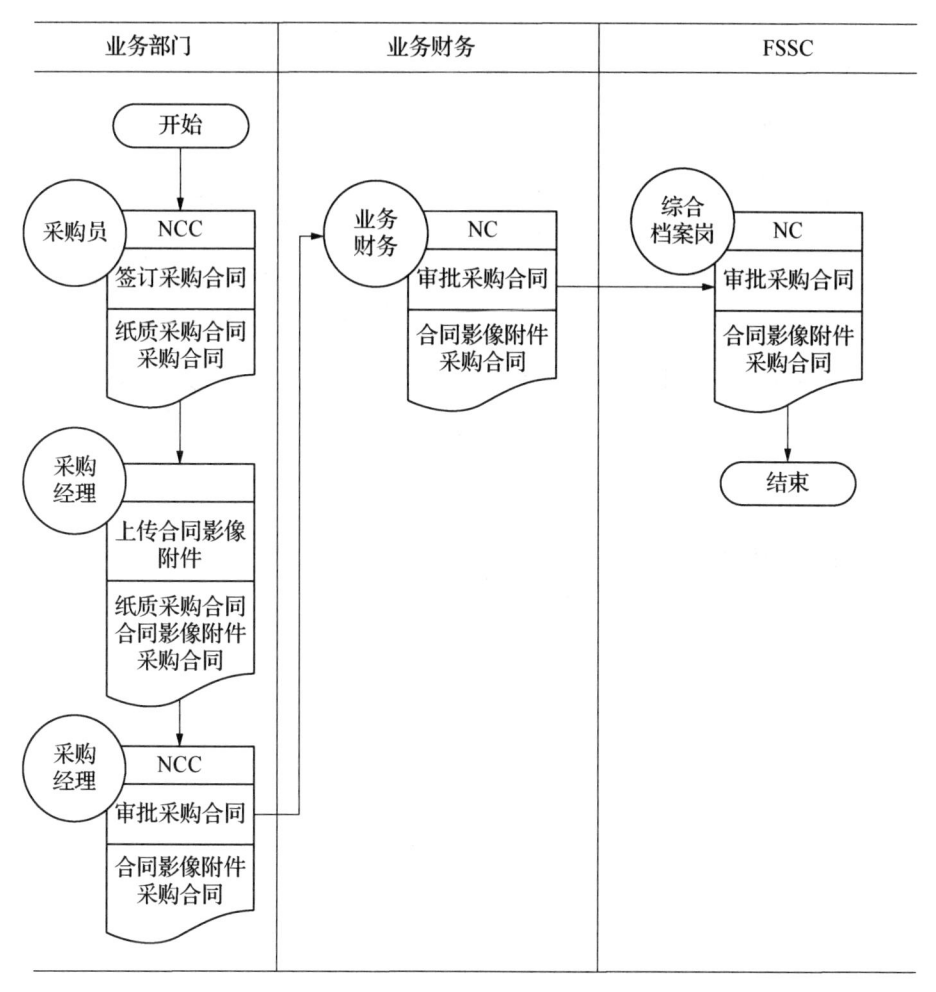

图 4-10 签订采购合同流程图(共享后)

（四）采购到货入库

共享后采购到货入库流程如图 4-11 所示。

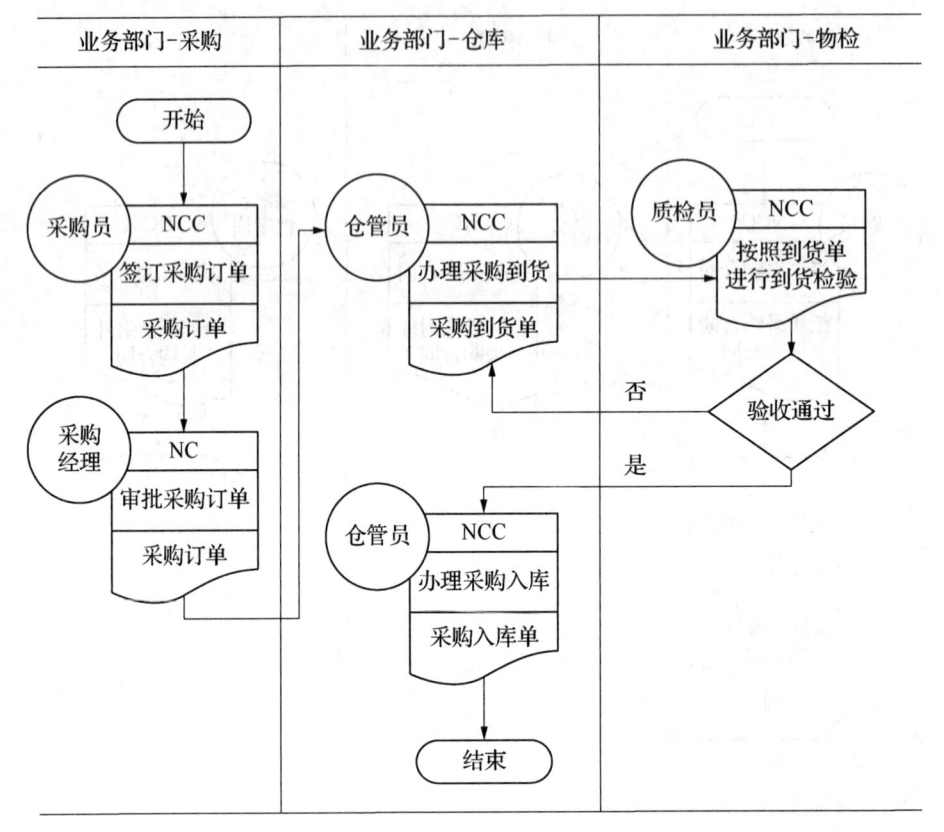

图 4-11 采购到货入库流程图（共享后）

(五) 应付挂账

共享后应付挂账流程如图 4-12 所示。

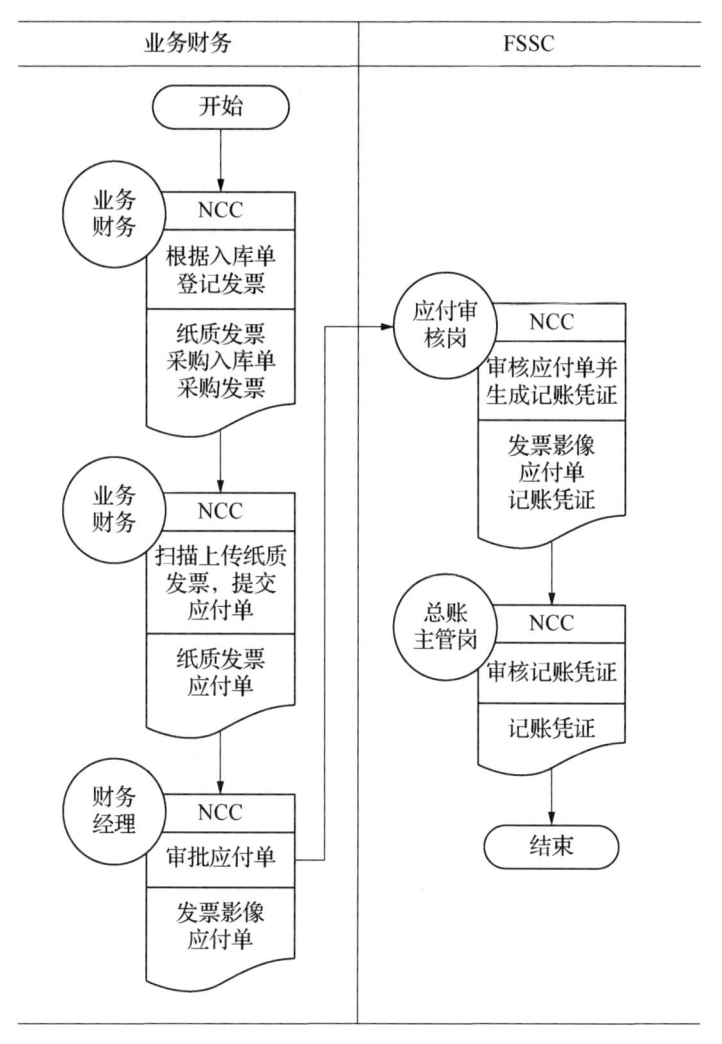

图 4-12 应付挂账流程图(共享后)

（六）应付付款

共享后应付付款流程如图 4-13 所示。

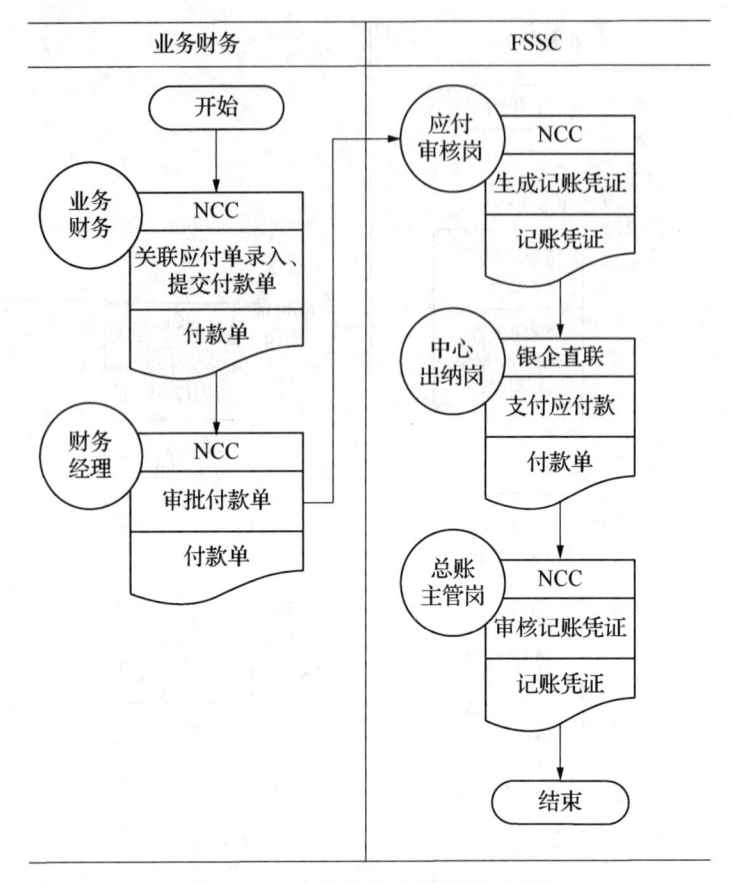

图 4-13 应付付款流程图（共享后）

四、采购应付业务构建测试

（一）供应商准入

2019 年 7 月 3 日，鸿途集团水泥有限公司根据业务需要，申请新增一家石膏供应商：郑州瑞龙有限公司（联系人：刘捷；职位：销售代表；手机联系方式：182×××4432），连带此供应商的营业执照副本（复印件）提交审批。经过审定，决定将此供应商纳入公司正式供应商名录（供应商准入目的组织为集团；供应商编码：G300550），有效期截至 2019 年 12 月 31 日。

（二）询价

2019 年 7 月 5 日，公司进行下半年原煤价格评估，下半年计划采购量 6 000 吨，并在找煤网上进行询价，有三家供应商发来价格信息（见表 4-1）。

表 4-1 供应商报价表

供应商	含税单价
陕西黑龙沟矿业有限责任公司	553.70 元/吨
中煤集团有限公司	565 元/吨
神华乌海能源有限公司	621.50 元/吨

最后,经过综合评估,将下半年的原煤价格确定为 565 元/吨(含税单价,税率为 13%),由中煤集团有限公司负责供应,并签订原煤供应合同。

(三) 签订采购合同

2019 年 7 月 10 日,鸿途集团水泥有限公司与中煤集团有限公司签署《采购合同(合同编码:PC20190100)》,签约信息详见纸质合同。

(四) 采购到货入库

(1) 2019 年 7 月 15 日,鸿途集团水泥有限公司提出物资采购订单需求,订单信息如表 4-2 所示。

表 4-2 鸿途集团采购订单

项目名称	需求数量	供应商
原煤	1 000 吨	中煤集团有限公司

(2) 2019 年 7 月 21 日,"原煤"过磅,到货并检验入库,发票随货同到。原煤订货信息如表 4-3 所示。

表 4-3 原煤订货信息

项目名称	需求数量	含税单价	价税合计	税率	税额	供应商
原煤	1 000 吨	565 元	565 000 元	13%	65 000 元	中煤集团有限公司

(五) 应付挂账

2019 年 7 月 29 日,公司确认应付账款。

(六) 应付付款

2019 年 7 月 31 日,公司完成付款。付款信息如表 4-4 所示。

表 4-4 付款信息

供应商名称	付款金额	收款账户
中煤集团有限公司	565 000 元	中国工商银行股份有限公司东城支行

五、案例分析

(一) 供应商准入

1. 采购员(新增供应商申请单)

(1) 右侧登录日期改为 2019 年 7 月 3 日。

(2) 打开"供应商申请单"(见图 4-14),新增供应商申请信息(见图 4-15)。

图 4-14 供应商申请单

图 4-15 供应商资料审核

表 4-5 供应商申请单的信息表

申请组织	鸿途集团水泥有限公司
申请类型	新增
目的组织	集团
供应商编码	G300550+组号
供应商名称	郑州瑞龙有限公司
供应商简称	郑州瑞龙
供应商基本分类	02 外部供应商

(3) 往下找到"供应商联系人",新增联系人,名称:刘捷,性别:女,职位:销售代表,手机:182×××4432。

以上信息检查确认无误后,点"保存",然后将原始凭证通过"影像扫描"扫描至影像系统中,最后点"提交"。

2. 采购经理(审核供应商申请单)

采购经理在审批中心中未处理,点开单据(见图4-15),然后通过影像查看审核,核对无误后,点"采购经理角色<批准>"。

3. 档案综合岗(审核和维护供应商资料)

在"我的作业",打开"待提取1"后可以看到供应商申请单,通过影像查看并结合审核填写的单据,确认无误后点"批准",如图4-16～图4-18所示。

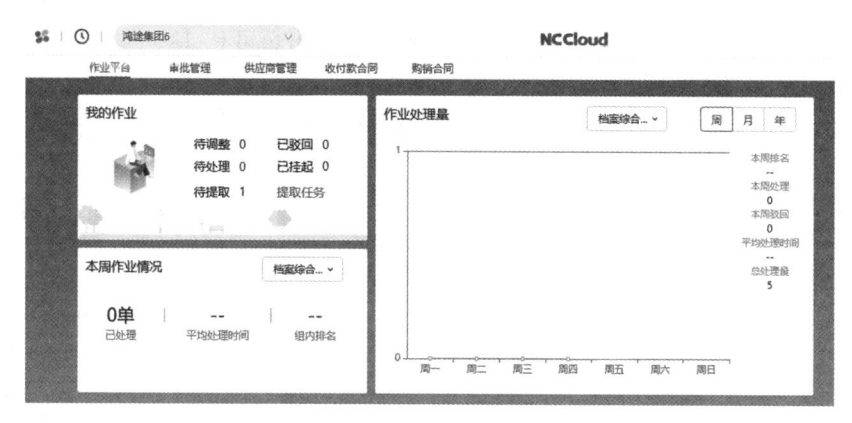

图4-16 作业平台

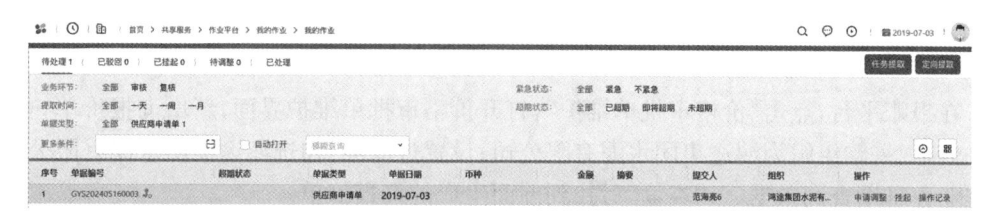

图4-17 提取供应商申请单

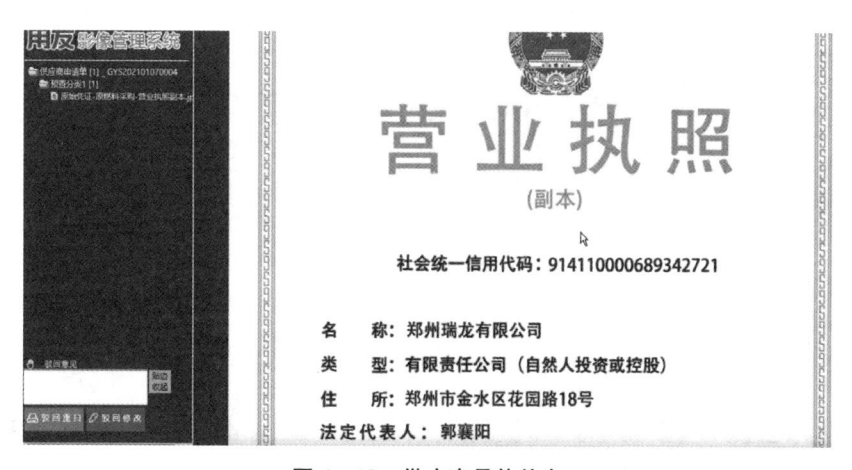

图4-18 供应商具体信息

(二) 询价

1. 采购员（录入询报价单）

采购员将右上角的日期改为 2019 年 7 月 5 日，然后打开"采购询报价"→"询报价单"，在询报价单页面，点"新增—自制"，采购组织：鸿途集团水泥有限公司，询报价类型：普通询报价。询报价单录入完毕后，一定要保存（见图 4-19）。

询报价单的录入信息如表 4-6 所示。

表 4-6 询报价单信息

行号	物料编码	物料名称	主数量	供应商	税率	含税单价	无税单价
1	0101	原煤	1 000	陕西黑龙沟矿业有限责任公司	13	553.7	490
2	0101	原煤	1 000	中煤集团有限公司	13	565	500
3	0101	原煤	1 000	神华乌海能源有限责任公司	13	621.5	550

图 4-19 录入询报价单

2. 采购员（录入价格审批单）

在报账平台，点击"价格审批单维护"，打开价格审批单维护界面，新增询报价单，查询条件如下：采购组织为鸿途集团水泥有限公司；设置过滤项：勾选鸿途集团水泥有限公司，根据业务日期查询单据，点"查询"后找到前面生成的询报价单。

选择询报价单，点击"生成价格审批单"（见图 4-20）。

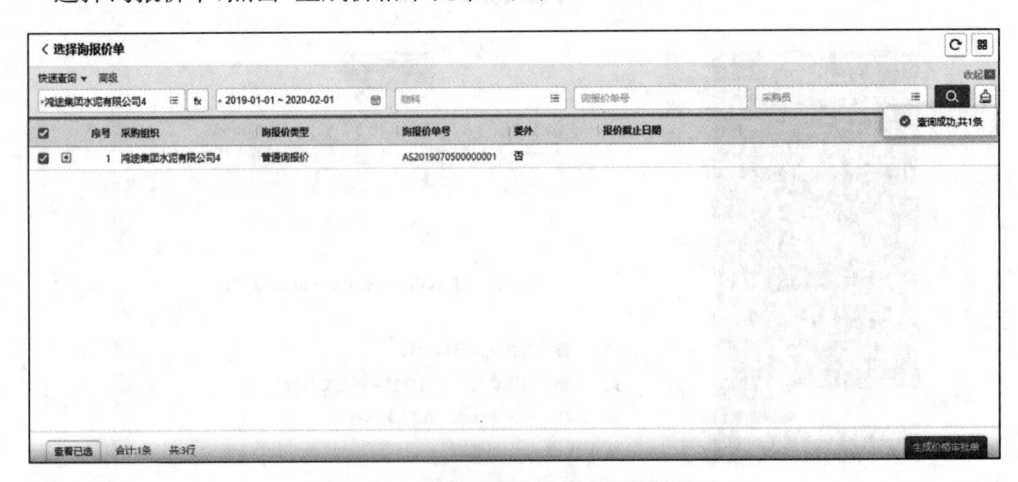

图 4-20 通过询报价单生成价格审批单

在"价格审批单维护"界面,找到中煤集团的询报价单后,点"展开",根据测试用例的数据进行订货,数据输入完毕后,点"保存提交"(见图4-21、图4-22)。

图4-21 价格审批单

图4-22 录入询报价具体信息

3. 采购经理(审批价格审批单)

采购经理打开"审批中心",可以看到待审批的价格审批单,打开查看,审核价格审批单的具体内容,确认无误后点"批准"。

(三)签订采购合同

1. 采购员(录入采购合同)

打开"采购业务"→"采购合同维护",在打开的界面右侧点"新增",选择"价格审批单"(见图4-23),采购组织选择"鸿途集团水泥有限公司",可以查询到一张价格审批单(见图4-24)。

图4-23 通过询报价单生成价格审批单

图4-24 选择价格审批单

选择价格审批单,点击右下角"生成采购合同"按钮(见图4-25)。

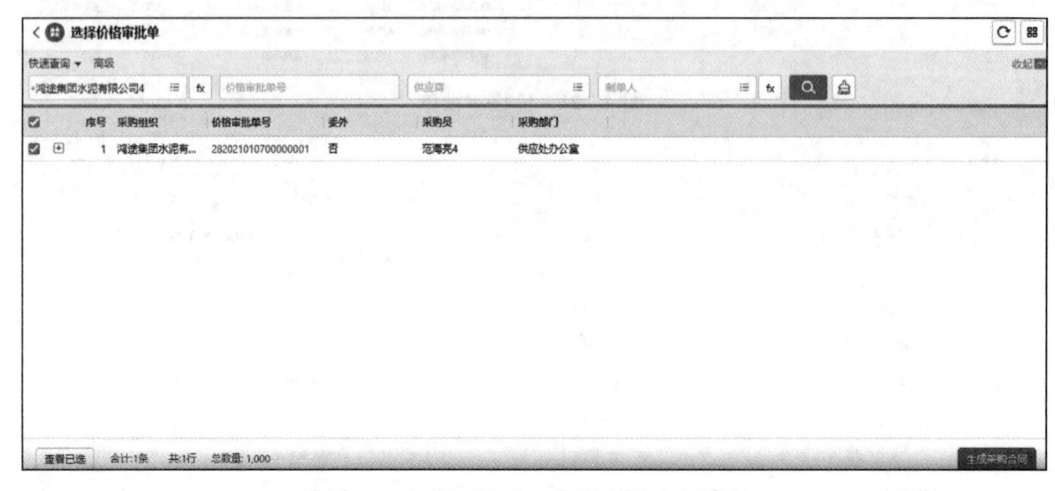

图4-25 通过价格审批单生成采购合同

在"采购合同维护"窗口。根据测试用例输入合同信息,"采购合同维护"录入信息如下:

合同编码:PC20190100+组号;

合同名称:原煤采购合同;

计划生效日期:2019年7月10日;

计划终止日期:2019年12月31日。

以上信息确认无误后,点"保存"(见图4-26);合同信息确认无误后,点"提交"(见图4-27)。

图4-26 采购合同维护

图 4‐27 采购合同影像扫描

在"采购合同维护"界面,点击"影像",选择"影像扫描",系统会打开 TBrowser 应用程序,可以通过扫描仪扫描上传或者导入原始凭证,原始凭证准备完毕后点"保存"并"提交"。最后回到"采购合同维护"界面,点"提交",完成采购合同的维护。

2. 采购经理(审批采购合同)

采购经理打开"审批中心—未处理",可以看到待审批的合同,双击打开,检查审核合同信息,无误后,点"批准"。

3. 业务财务(审批采购合同)

业务财务打开"审批中心—未处理",可以看到待审批的合同,双击打开,查看合同信息,同时还要点击"影像",选择"影像查看",检查审核单据信息和影像是否正确,确认无误,点"批准"。

4. 档案综合岗(审核采购合同)

打开"审批中心—未处理",可以看到待审批的合同,双击打开,查看合同信息,同时还要点击"影像",选择"影像查看",检查审核单据信息和影像是否正确,确认无误,点"批准"。

打开"购销合同"→"采购合同维护",进入"采购合同维护"界面,输入公司信息后,可以查询到刚刚审批通过的合同,如图 4‐28 所示,然后点"生效",使合同生效。

图 4‐28 采购合同维护

(四) 采购到货入库挂账

1. 采购员(签订采购订单)

采购员打开"采购订单维护",进入"采购订单维护"界面,点击"新增",选择"采购合同生成订单",输入相关信息后,可以查询到前面已经审核的采购合同(见图4-29)。

图 4-29 选择采购合同生成订单

选择采购合同,点击右下角的"生成采购订单",进入"采购订单维护"界面(见图4-30),检查确认信息无误后,点"保存提交"。(备注:"保存"按钮为系统默认选项,一般点"保存"后会出现"提交"按钮。为了简化操作,直接点"保存提交"。)

图 4-30 采购订单维护

2. 采购经理(审批采购订单)

采购经理打开"审批中心—未处理",可以看到待审批的采购订单,双击打开,检查审核订单信息,无误后,点"批准"。

3. 仓管员(办理采购到货)

仓管员打开"业务处理"→"到货单维护",在到货单维护界面点击"收货",在"选择订单"界面,根据业务日期查询到单据,然后选择订单,点击界面右下角"生成到货单"(见图4-31)。

图 4-31 选择订单生成到货单

在"到货单维护"界面,根据测试用例填写相关信息,检查无误后点"保存提交"(见图4-32)。

图 4-32 到货单维护

4.质检员(按照到货单到货检验)

质检员打开"到货单检验",在"到货单检验"界面,根据业务日期查询到单据,确认到货单信息无误后,选择到货单,点击"检验"(见图 4-33)。

图 4-33 到货单检验

5.仓管员(办理采购入库)

仓管员点击"采购入库",在"采购入库"界面,点击"新增",选择"采购业务入库"(见图4-34)。

图 4-34 采购到货入库

在"选择订单/到货单"界面,输入测试用例的信息,根据业务单据日期查询单据,查询到单据后选择"到货单",点击"生成入库单"(见图 4-35)。

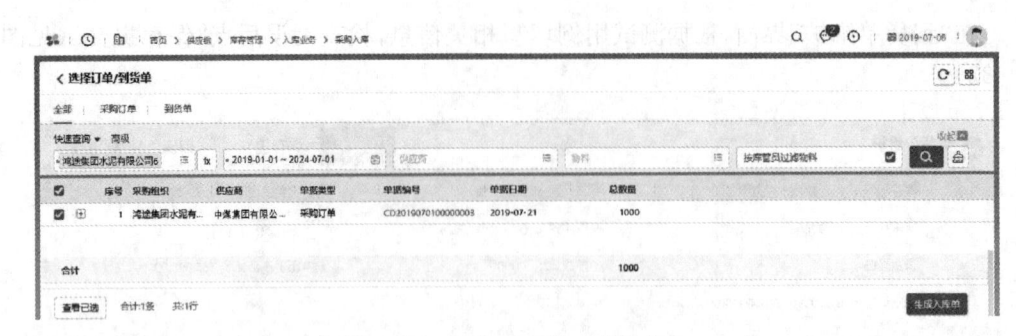

图 4-35 选择到货单生成入库单

在"采购入库"界面,点击"自动取数",自动取数后,展开单据,可以看到实收数量已经有数据了,确认无误后点击"保存"(见图 4-36)。入库信息如图 4-37 所示。

图 4-36 采购到货自动取数

图 4-37 入库信息

在"采购入库"界面,点击"签字"(见图 4-38)。

图 4-38 采购入库签字

6. 业务财务(根据入库单登记发票)

业务财务点击"采购发票维护",在"采购发票维护"界面,点击"新增",选择"采购收票"(见图 4-39)。

图 4-39 采购收票

在"选择订单/入库单"界面,根据业务日期查询单据,查询到单据后,选择采购入库单,点击右下角的"生成发票"(见图 4-40)。

图 4-40 选择采购入库单生成发票

在"采购发票维护"界面,根据测试用例补全发票其他信息(见图 4-41),检查确认无误后,点击"保存提交"。

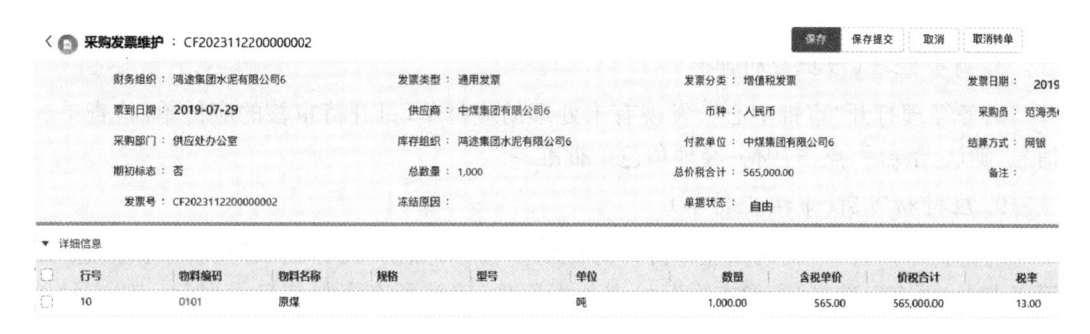

图 4-41 采购发票维护

7. 业务财务(上传影像提交应付单)

业务财务打开"我的报账",待提交,可以查询到一张待提交的应付单(见图 4-42)。

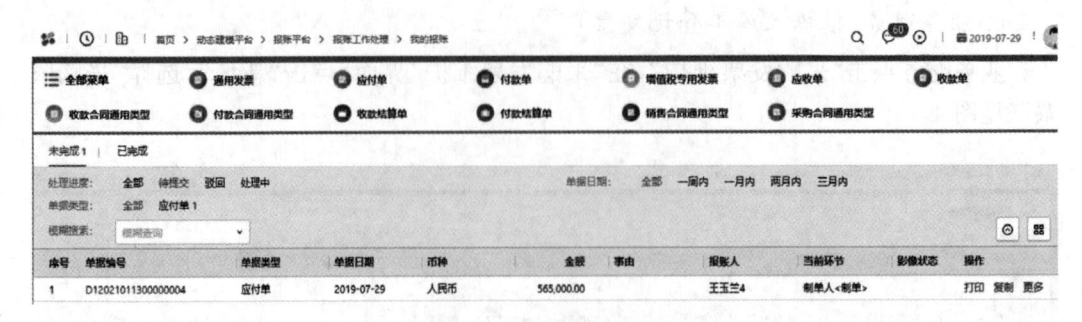

图 4-42　查询应付单

点开这张应付单,可以展开查看应付单的具体信息,在应付单录入界面右侧,点"更多",选择"影像扫描"(见图 4-43),可以将发票对应的原始凭证扫描上传或导入,完成后点击"保存""提交"。返回到应付单录入界面,点"提交"。

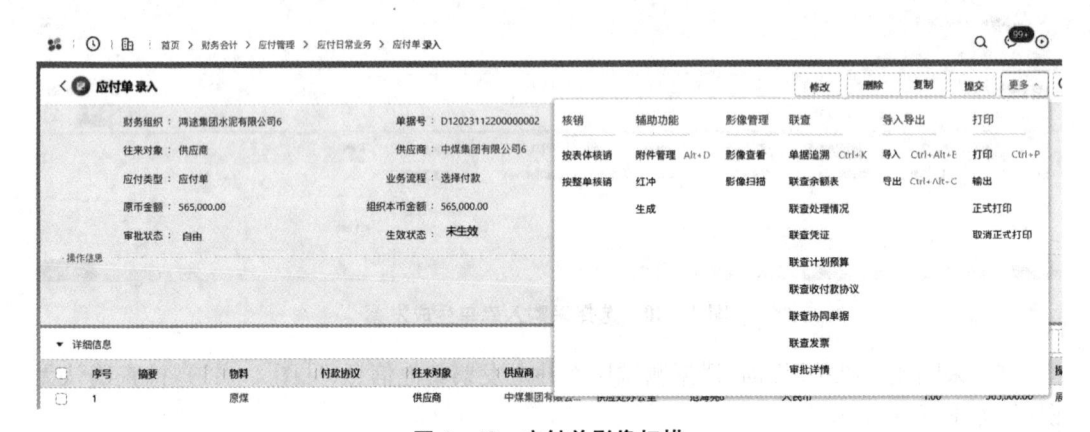

图 4-43　应付单影像扫描

8. 财务经理(审批应付单)

财务经理打开"审批中心",发现有未处理的应付单,打开待审核的应付单,检查单据信息,确认无误后,点击"财务经理角色<批准>"。

9. 应付初审岗(审核应付单)

应付初审岗打开"我的作业",打开待提取的任务,点击"任务提取"查看单据信息,还可以点击"更多",选择"影像查看",检查单据原件,确认所有资料信息无误后,点"应付单审批"界面上的"批准"。

10. 应付复核岗(复核应付单)

应付复核岗打开"我的作业",打开待提取的任务,点击"任务提取"查看单据信息,还可以点击"更多",选择"影像查看",检查单据原件,确认所有资料信息无误后,点"应付单审批"界面上的"批准"。

11. 总账主管岗(审核记账凭证)

总账主管岗打开"凭证审核",在"凭证审核"界面,根据业务日期查询凭证,可以查询到对应业务的凭证,打开之后,检查无误后,点"审核"(见图4-44)。

图 4-44 凭证审核

第三节 备品备件采购业务

所有与设备有关的零件都可以用作备品备件。备品备件属于鸿途集团分公司的 D 类物资,属于一般物资、自采业务的范围。

一、流程现状概述

鸿途集团备品备件采购整体流程如图4-45所示。

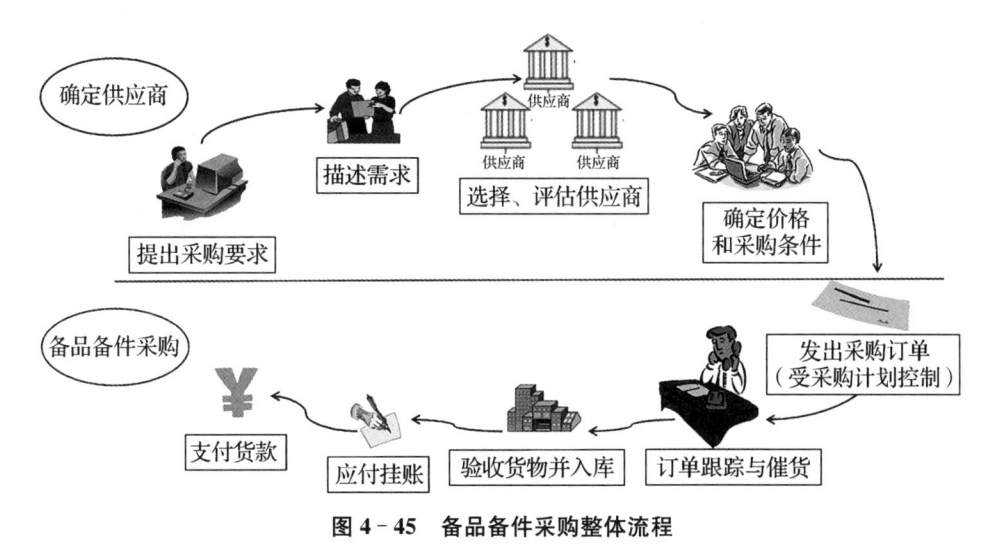

图 4-45 备品备件采购整体流程

二、流程现状图

(一) 采购订货

共享前采购订货流程如图 4-46 所示。

(二) 订货入库

共享前订货入库流程如图 4-47 所示。

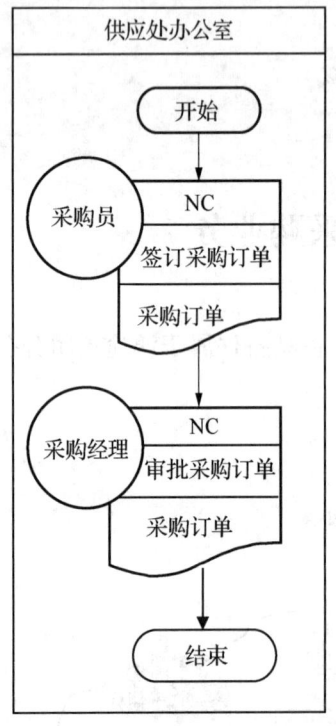

图 4-46 采购订货流程(共享前)

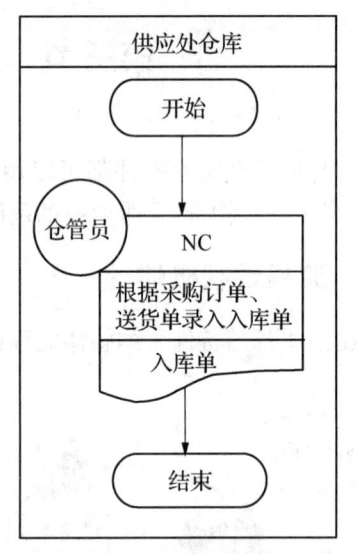

图 4-47 订货入库流程(共享前)

（三）应付挂账

共享前应付挂账流程如图 4-48 所示。

（四）应付付款

共享前应付付款流程如图 4-49 所示。

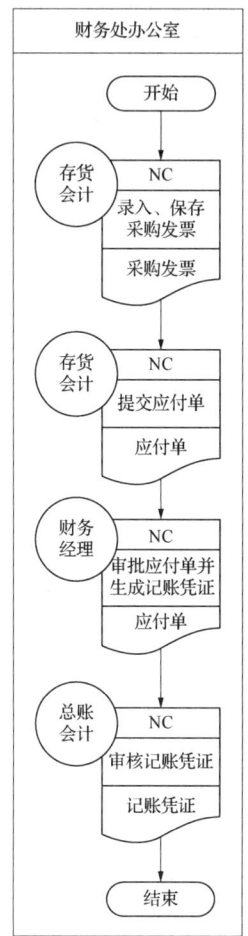

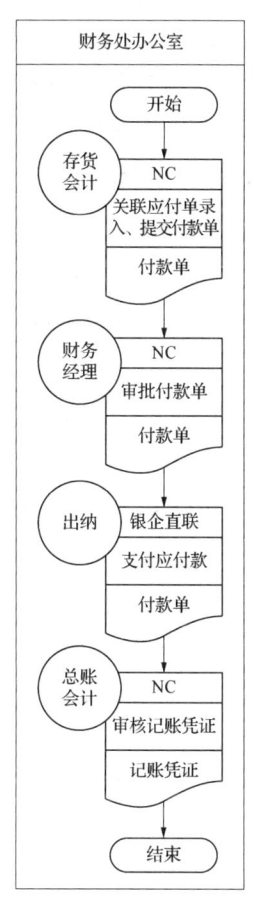

图 4-48　应付挂账流程（共享前）　　图 4-49　应付付款流程（共享前）

在集团企业实现共享前，典型的痛点有：
（1）总部与分子公司之间无法实现采购数据、供应商与采购价格的共享。
（2）采购数量的控制比较严格，需依据采购计划采购，一般不按照经济批量来采购。
（3）欠缺对采购计划的跟踪，只关注库存数量，不关注采购计划执行后是否使用。
（4）采购计划分配到多个部门，流程烦琐、效率不高。

三、财务共享流程规划设计

（一）需求假设

建立财务共享服务中心后，尽量保持业务流程现状的稳定性。

（1）根据传递到 FSSC 的业务单据，确定流程中业务单位与 FSSC 的边界，该业务单据都需要经过 FSSC 的审核或初审。

（2）FSSC 接收业务单据所随附的原始凭证，均由制单人在制单后立即扫描上传；此后需要审核该业务单据的环节，均同时审核该业务单据的原始单据影像。

（3）保留在业务单位的工作，流程和职责不变，但原业务单位财务部的工作除财务经理职责外均由业务财务承担。案例企业鸿途集团的所有收付款，均以网银（银企直联）方式完成；案例企业鸿途集团最终选择的是单共享中心模式。

为了让共享中心审核有据，所有进入 FSSC 审核的业务单据，必须随附外部原始凭证的影像。为了简化学生的构建测试工作，共享后流程中审批环节最高只设计到子公司总经理。

（二）共享后的流程设计

1. 采购挂账

共享后采购挂账流程如图 4-50 所示。

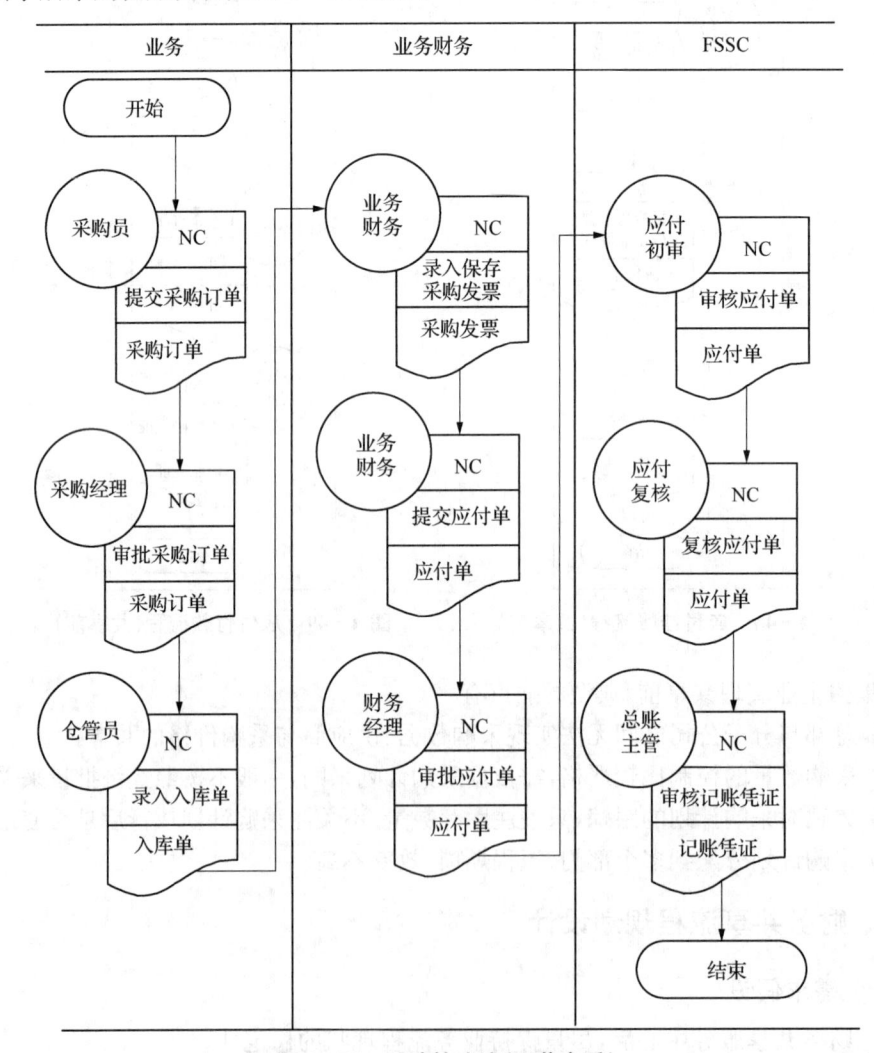

图 4-50　采购挂账流程（共享后）

2. 应付付款

共享后应付付款流程如图 4-51 所示。

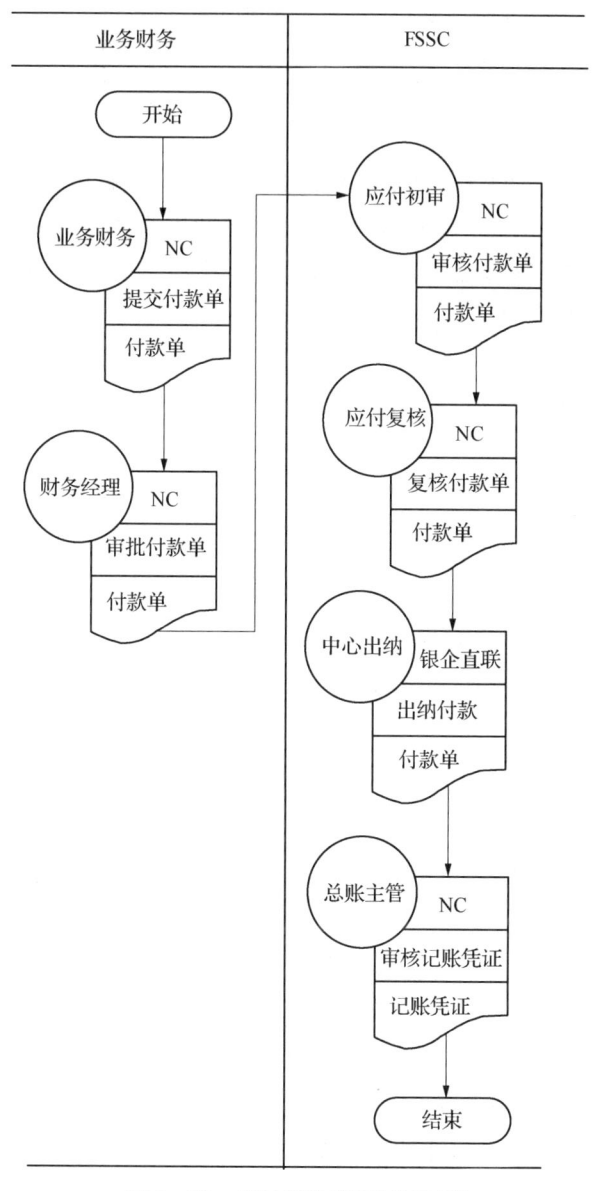

图 4-51 应付付款流程(共享后)

四、财务共享流程构建测试

(一) 案例资料

1. 采购物资

2019年7月1日,鸿途集团水泥有限公司提出物资采购需求,请购信息如表 4-7 所示

(其中单价含有13%的增值税)。

表4-7 请购信息表

物料名称	需求数量	单价	供应商
公制深沟球轴承	100个	1 130元	东莞市大朗昌顺五金加工厂

2. 应付挂账

2019年7月10日,公制深沟球轴承到货并检验入库,采购发票随货同到。

备注:发票中的购货单位全称:东莞市大朗昌顺五金加工厂;纳税人识别号:6456××××××××××2084;地址电话:东莞市大朗镇美景中路65号0769-22××××21;开户行及账号:中国工商银行东莞大朗支行3455××××××××4560。

3. 支付货款

2019年7月15日,公司完成该笔款项支付。

(二)案例分析

1. 备品备件挂账

(1)采购员(录入采购订单)。

采购员根据测试用例更改业务日期为2019年7月1日,点击"采购订单维护"。在"采购订单维护"界面,点击"新增",选择"自制",根据测试用例填写相关信息,完成后的结果如图4-52所示,检查确认没有问题后,点击"保存提交"。

图4-52 采购订单维护

(2)采购经理(审批采购订单)。

采购经理打开"审批中心",可以看到待审批的采购订单,打开查看采购订单的具体内容,确认无误后点"批准"。

(3)仓管员(录入入库单)。

仓管员点击"采购入库"。在"采购入库"界面,点击"新增",选择"采购业务入库",在"选择订单/到货单"界面,选择"采购订单",点击右下角"生成入库单"(见图4-53)。

在"采购入库"界面,根据测试用例补全相关信息,然后点"自动取数",点采购入库单信息右侧的"展开",可以看到入库的数据已经自动填写,确认无误后,点"保存"并签字(见图4-54),入库信息如图4-55所示。入库单签字如图4-56所示。

图 4-53　选择采购订单生成入库单

图 4-54　采购入库自动取数

图 4-55　入库信息

图 4-56　入库单签字

（4）业务财务（录入保存采购发票）。

业务财务点击"采购发票维护"，在"采购发票维护"界面，点击"新增"，选择"采购收票"，然后进入"选择订单/入库单"界面，选择"采购入库单"，根据测试用例可以查询到采购入库单信息,然后点击右下角"生成发票"(见图4-57)。

图4-57 选择采购入库单生成发票

在"采购发票维护"界面,检查单据信息是否正确,确认无误后点击"保存提交"(见图4-58)。

图4-58 采购发票维护

(5)业务财务(提交应付单)。

业务财务点击"我的报账",打开"待提交",在"我的报账"界面,可以看到一张待提交的应付单,打开应付单,在"应付单"界面右侧,点击"更多",选择"影像扫描",通过扫描仪扫描上传或导入原始凭证,完成后返回"应付单录入"界面点击"提交"(见图4-59)。

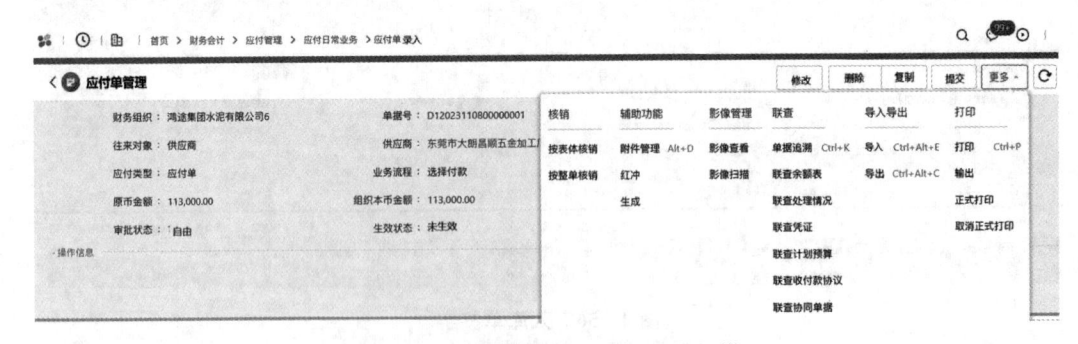

图4-59 查询应付单并进行影像扫描

(6)财务经理(审批应付单)。

财务经理打开"审批中心",可以看到待审批的应付单,打开查看应付单的具体内容,确认无误后点"财务经理角色＜批准＞"。

(7) 应付初审岗(审核应付单)。

应付初审岗打开"我的作业",可以看到待提取的作业,点击"待提取",进入界面后点击"任务提取",可以看到一张应付单,打开查看应付单的具体内容,可以通过影像查看,审核单据的影像,确认单据信息及影像无误后点"批准"。

(8) 应付复核岗(复核应付单)。

应付复核岗打开"我的作业",可以看到待提取的作业,点击"待提取",进入界面后点击"任务提取",可以看到一张应付单,打开查看应付单的具体内容,可以通过影像查看,审核单据的影像,确认单据信息及影像无误后点"批准"。

(9) 总账主管岗(审核记账凭证)。

总账主管岗打开"凭证审核",在"凭证审核"界面,根据业务日期查询凭证,可以查询到对应业务的凭证,打开之后,检查无误后,点"审核"。

2. 备品备件应付付款

(1) 业务财务(提交付款单)。

业务财务打开"付款单管理"。在"付款单管理"界面,点击"新增",选择"应付单",根据测试用例信息查询到应付单,然后选择这张应付单,点击右下角"生成下游单据"(见图4-60)。

图 4-60　选择应付单生成下游单据

在"付款单管理"界面,根据测试用例补充相关信息,完毕后检查无误后点"保存提交"(见图4-61)。

图 4-61　填制付款单

(2) 财务经理(审批付款单)。

财务经理打开"审批中心",可以看到待审批的付款单,打开查看,审核付款单的具体内容,确认无误后点"财务经理角色<批准>"。

(3) 应付初审岗(审核付款单)。

应付初审岗打开"我的作业",可以看到待提取的作业,点击"待提取",进入界面后点击"任务提取",可以看到一张付款单,打开查看,审核付款单的具体内容,确认单据信息无误后点"批准"。

(4) 应付复核岗(复核付款单)。

应付复核岗打开"我的作业",可以看到待提取的作业,点击"待提取",进入界面后点击"任务提取",可以看到一张付款单,打开查看,审核付款单的具体内容,确认单据信息无误后点"批准"。

(5) 中心出纳岗(出纳付款)。

中心出纳岗点击"结算",在"结算"界面根据业务日期查询单据(见图4-62),查询到单据后,点击"待结算"并打开单据。

图4-62 打开结算单据

打开单据具体信息后,在"结算"界面右侧,点击"支付"并选择"网上转账"(见图4-63)。

图4-63 支付结算

(6) 总账主管岗(审核记账凭证)。

总账主管岗打开"凭证审核",在"凭证审核"界面,根据业务日期查询凭证,可以查询到对应业务的凭证,打开检查无误后,点"审核"。

第五章 销售管理

> 通过学习本章,认知销售业务的一般理论,了解案例企业销售业务管理的现状,能够分析案例企业销售业务存在的问题并能够进行共享后的销售流程设计,掌握销售业务处理的方法。

第一节 认知销售管理

一、销售管理概述

(一)销售类型

1. 直销与分销

直销:生产者不经过中间环节,把自己的产品直接卖给消费者。

分销:有中间组织代理生产者/品牌商的产品,中间组织有经销商(视同买断)、代理商(不买断)。

2. 单组织销售与跨组织销售

单组织销售:票货属于同一组织。如 A 公司接单向甲客户卖自己的货、开自己的票、自己收钱。

跨组织销售:票货不属于同一财务组织,如某集团的 A 销售中心向甲客户卖集团内 B 工厂的货,由 B 工厂发货,但由 A 销售中心开票、收款。

3. 接单销售与销售补货

接单销售:先有明确的客户采购订单。

销售补货:先铺货后销售,如沃尔玛的自动补货系统能使供应商自动跟踪补充各个销售点的货源。

4. 现销与赊销

现销:先全额收款,再进行后续开票和出库活动。

赊销:以信用为基础的销售,卖方与买方签订购货协议后,卖方让买方取走货物,而买方按照协议在规定日期付款或以分期付款形式付清货款。

(二) 接单销售(赊销)总体流程

签订合同或订单→销售发货安排→销售开票登记→出库或发票立账→销售收款。

二、鸿途集团销售管理现状

(一) 总体概况

鸿途集团为多元化经营的企业集团,主营业务为水泥及熟料销售,另外生产领域有铸造、焦化、发电等业务,在旅游板块有旅游景点、酒店及娱乐业务。

主营销售应收业务包括以下内容:水泥销售、熟料销售、铸件销售、酒店客房销售、景点门票销售等(见图5-1)。

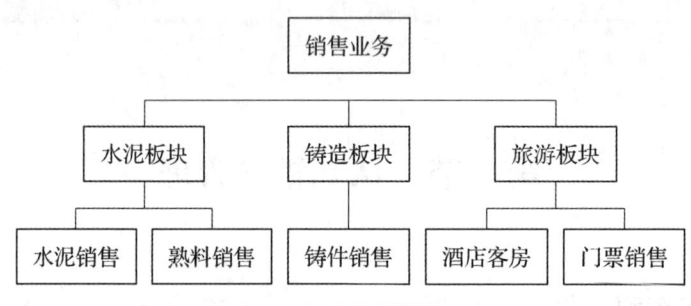

图5-1 鸿途集团销售业务

1. 水泥板块

目前销售管理业务的现状如下:

已实施ERP系统的企业基本已实现供应链业务的业务财务一体化;

销售业务流程基本一致,业务关键控制点略有不同;

销售价格多样化,审批、执行及监管不便捷;

手工工作量大,较易出现错误(客户余额计算、返利计算);

工厂布局、硬件不同,发货流程无固定形式、单据格式不同、流转不统一,不便于统一化和精细化管理;

统计报表以手工为主,工作量大,及时性较差。

2. 其他板块

旅游板块的销售收入核算采用票务软件与NCC系统对接,根据票务软件中的收入报表进行推单,推单生成内容不涉及供应链中的物资,即不通过供应链单据进行核算。其他板块,除水泥板块销售业务使用ERP系统供应链模块外,均采用手工录入应收单核算的方式进行销售核算。

鸿途集团销售业务与核算流程如图5-2所示。

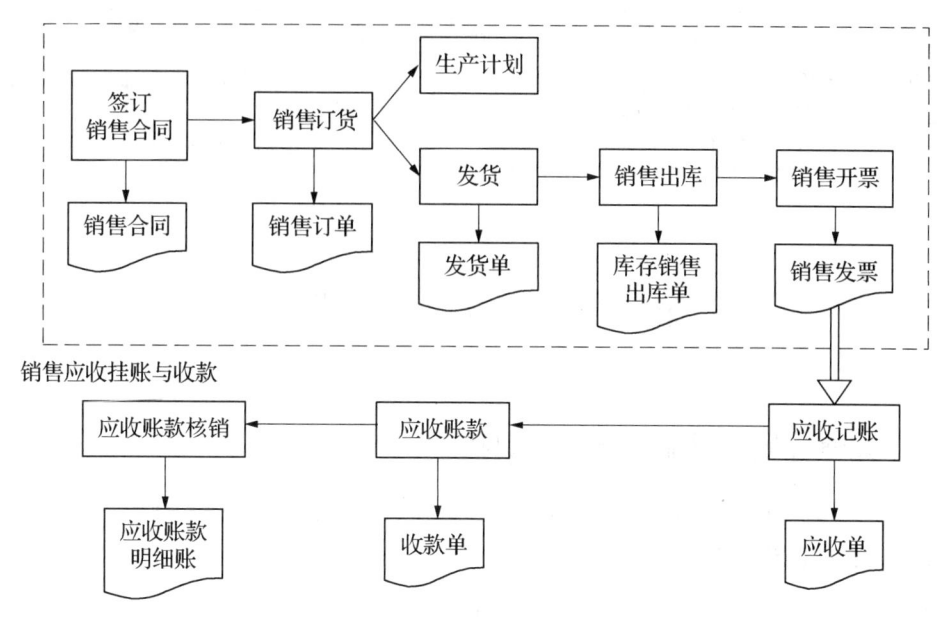

图 5-2　鸿途集团销售业务与核算流程

赊销销售流程如图 5-3 所示。

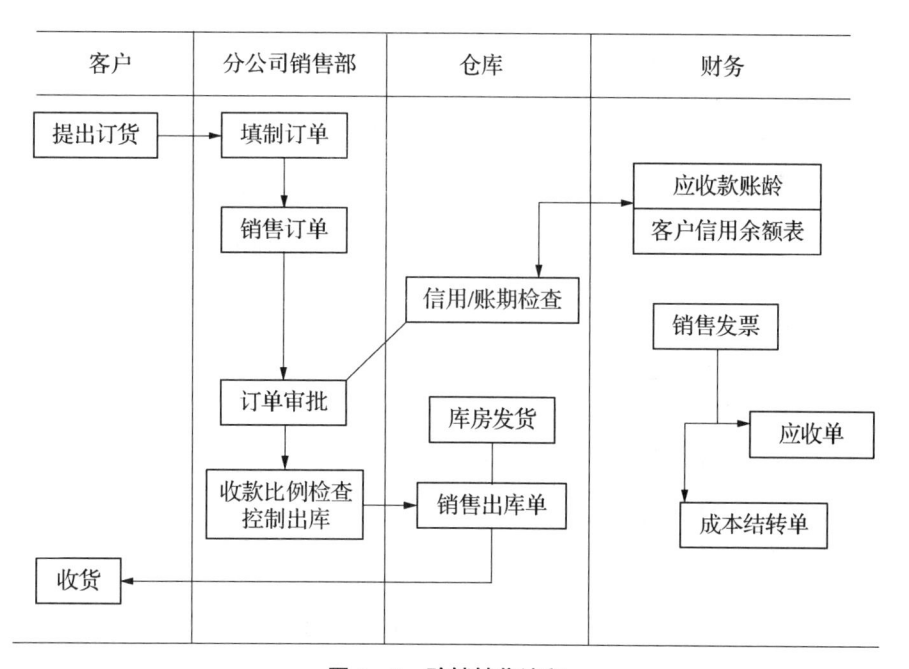

图 5-3　赊销销售流程

（二）销售到应收管控

销售到应收管控点如表 5-1 所示。

表 5-1 销售到应收管控点

客　户	销　售	仓　库	财　务
客户准入:信用等级评价,信用检查	销售订单审批 销售价格:询价、最低售价	发货流程的配置	应收账款的管理:账期、账龄分析、应收催款 资金相关内容:资金占用、资金计息

第二节　产成品销售业务

一、鸿途集团产成品销售流程现状

现有的产成品销售的流程为签订销售合同→销售发货出库→应收挂账→应收收款。

(一) 签订销售合同

共享前签订销售合同流程如图 5-4 所示。

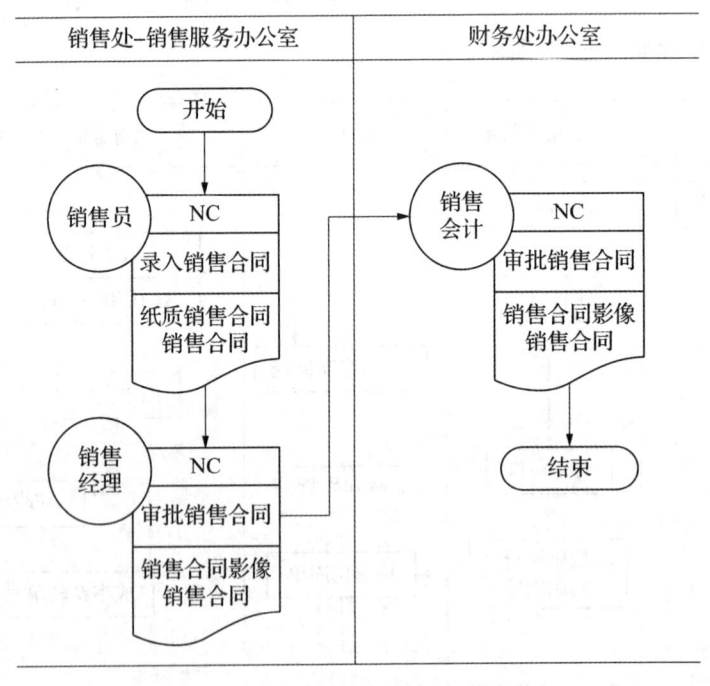

图 5-4　签订销售合同流程(共享前)

(二) 销售发货出库

共享前销售发货出库流程如图 5-5 所示。

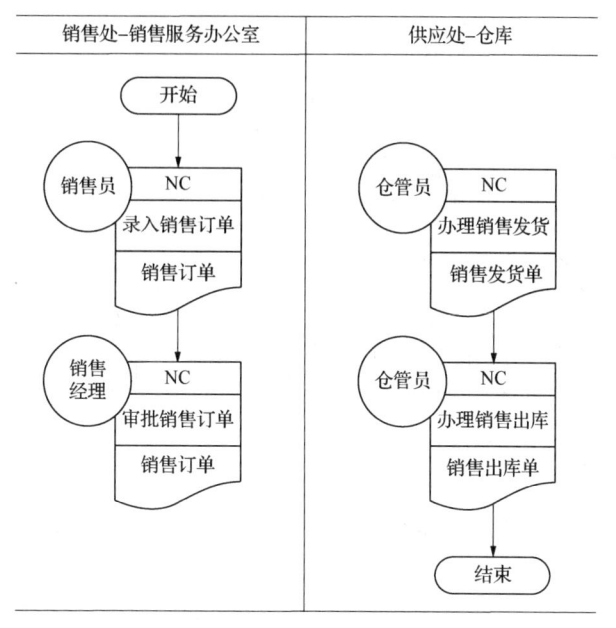

图 5-5 销售发货出库流程(共享前)

(三) 应收挂账

共享前应收挂账如图 5-6 所示。

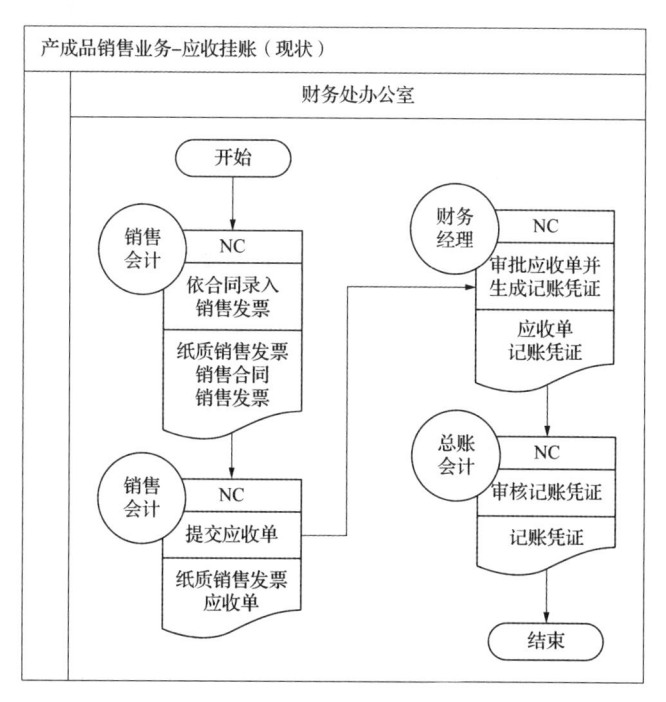

图 5-6 应收挂账流程(共享前)

(四) 应收收款

共享前应收收款流程如图 5-7 所示。

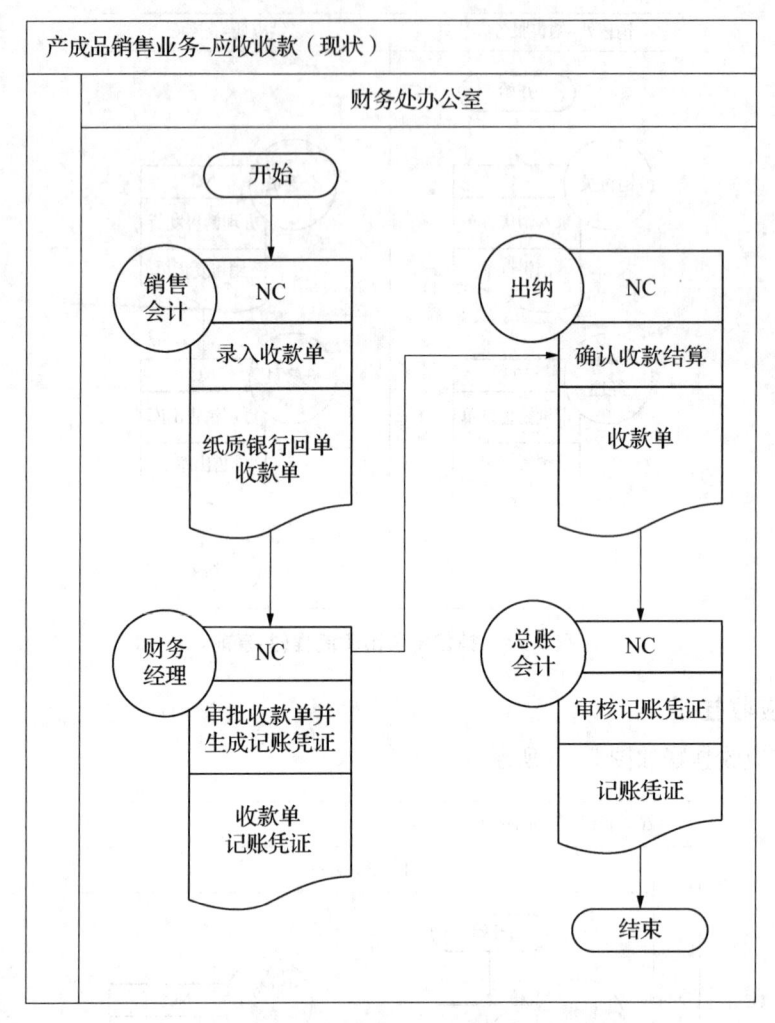

图 5-7 应收收款流程(共享前)

二、共享后流程设计

以下是共享后产成品销售业务流程的一种参考答案,该流程已经经过测试,可以在 NCC 中成功构建和运行。

(一) 签订销售合同

共享后签订销售合同流程如图 5-8 所示。

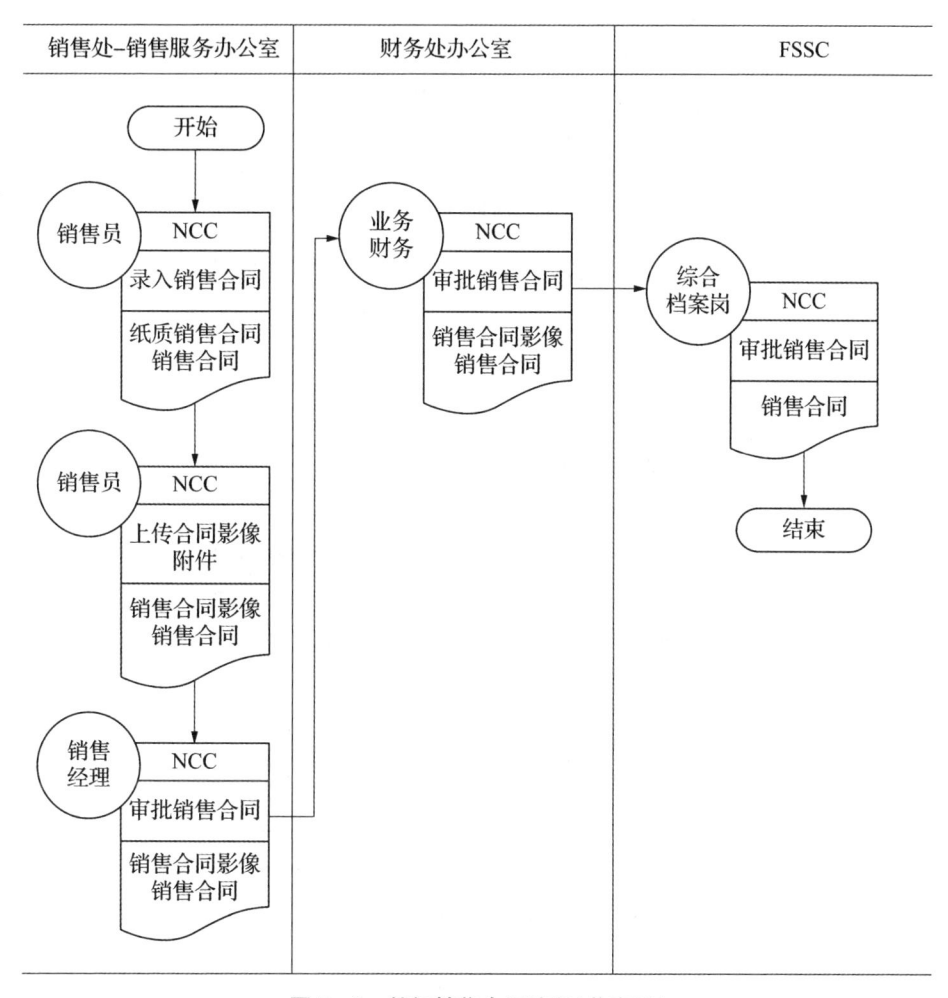

图 5-8 签订销售合同流程(共享后)

(二) 销售发货出库

共享后销售发货出库流程如图 5-9 所示。

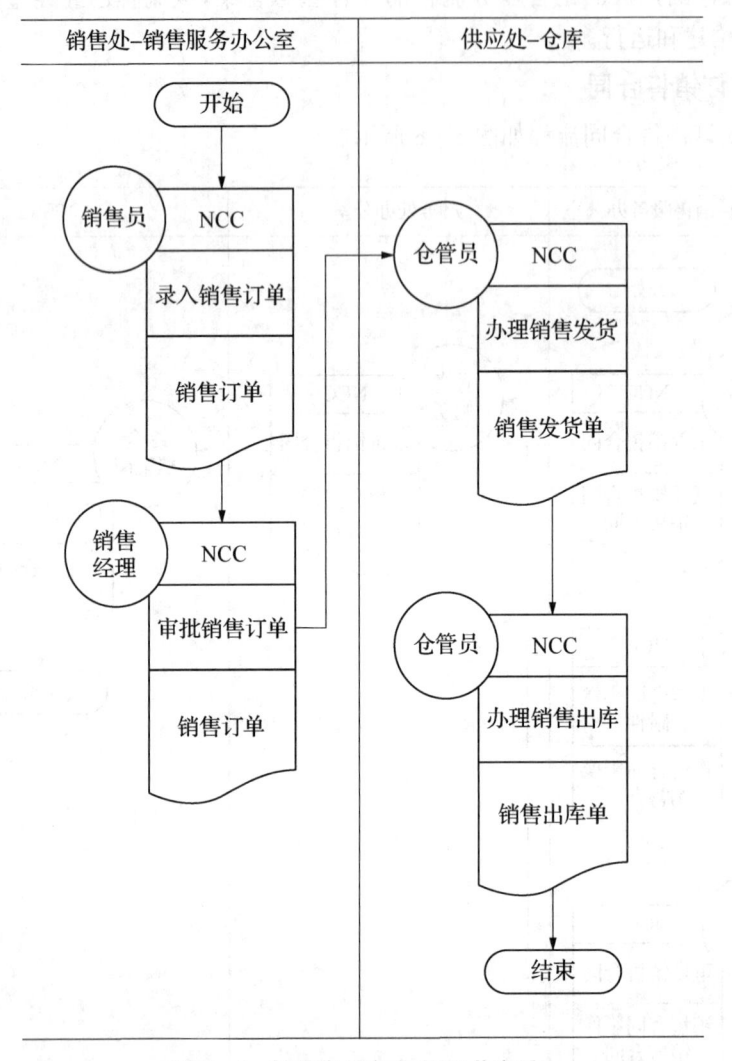

```
销售处-销售服务办公室          |  供应处-仓库
                              |
         开始                  |
          ↓                    |
    ┌─────────┐                |
    │销售员│NCC│                |
    │     ├───┤                |    ┌─────────┐
    │     │录入│                |    │仓管员│NCC│
    │     │销售│                |    │     ├───┤
    │     │订单│                |    │     │办理│
    │     ├───┤                ├──→ │     │销售│
    │     │销售│                |    │     │发货│
    │     │订单│                |    │     ├───┤
    └─────┴───┘                |    │     │销售│
          ↓                    |    │     │发货单│
    ┌─────────┐                |    └─────┴───┘
    │销售│NCC │                |          ↓
    │经理├───┤                 |    ┌─────────┐
    │    │审批│─────────────→  |    │仓管员│NCC│
    │    │销售│                |    │     ├───┤
    │    │订单│                |    │     │办理│
    │    ├───┤                 |    │     │销售│
    │    │销售│                |    │     │出库│
    │    │订单│                |    │     ├───┤
    └────┴───┘                 |    │     │销售│
                              |    │     │出库单│
                              |    └─────┴───┘
                              |          ↓
                              |         结束
```

图 5-9 销售发货出库流程(共享后)

（三）应收挂账

共享后应收挂账流程如图 5-10 所示。

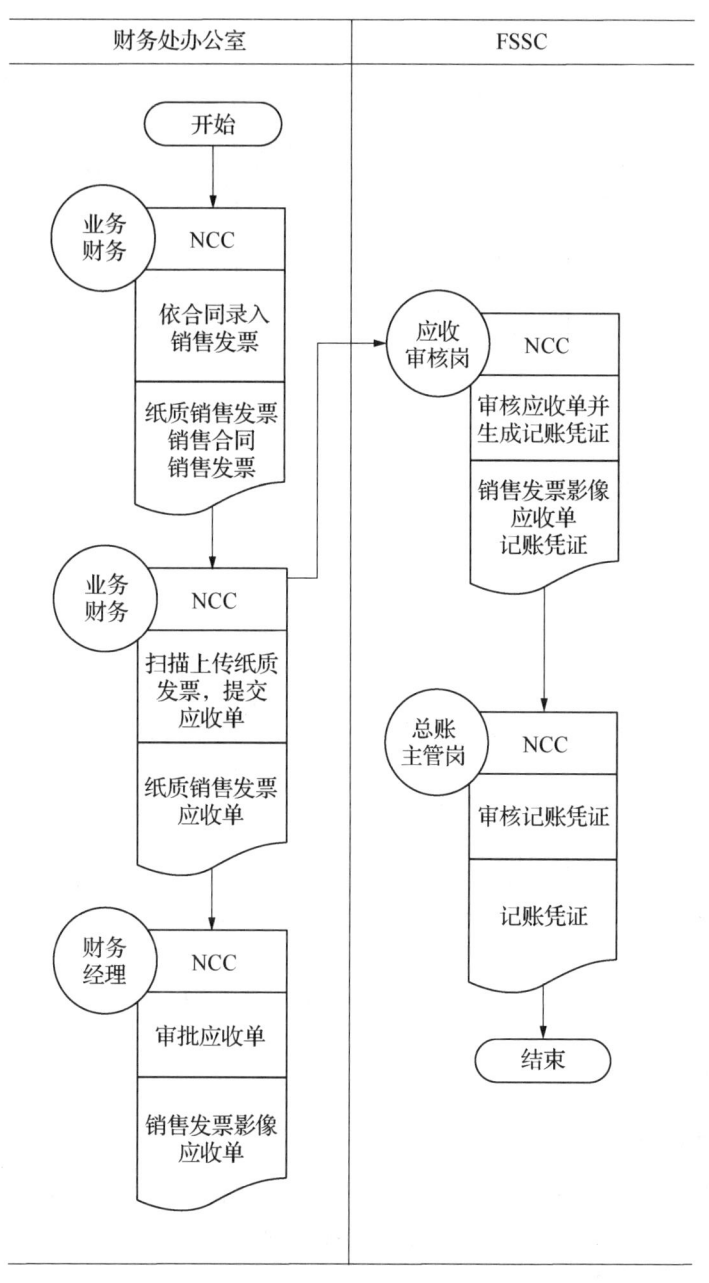

图 5-10　应收挂账流程(共享后)

(四) 应收收款

共享后应收收款流程如图 5-11 所示。

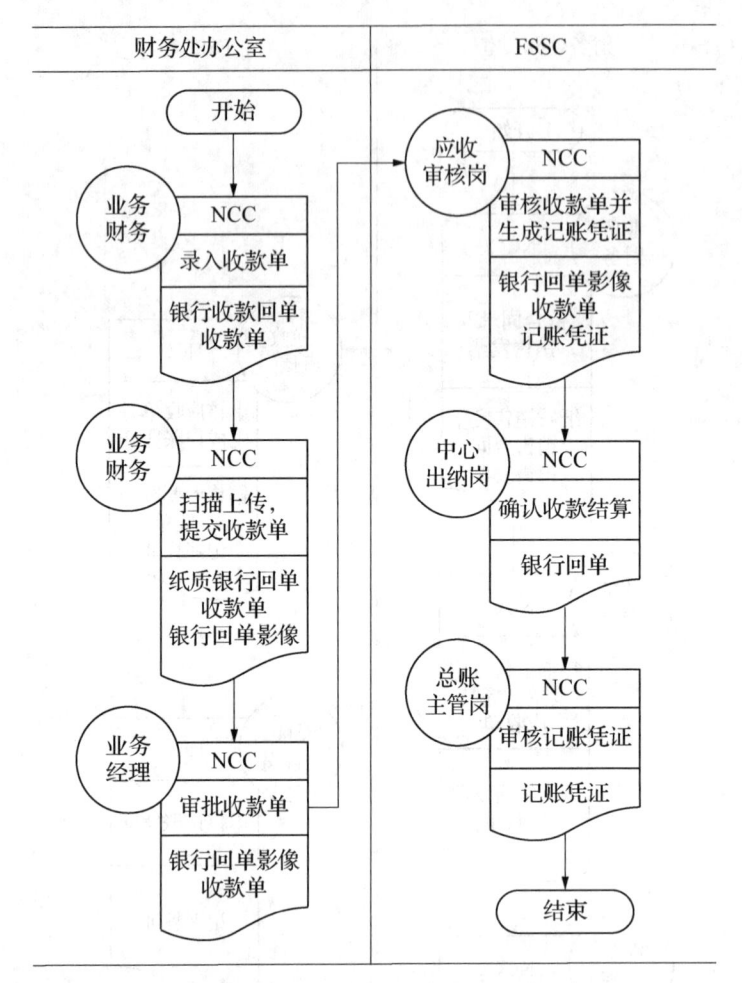

图 5-11 应收收款流程(共享后)

三、案例

(一) 签订销售合同

2019年7月1日鸿途集团水泥有限公司与天海集团总公司签署《销售合同(合同编码:SC20190182)》,签约信息如下(详细信息参见纸质合同):

合同甲方:天海集团总公司。

合同乙方:鸿途集团水泥有限公司。

乙方为甲方提供通用水泥产品,供应天海集团的袋装 PC 32.5 水泥价格为300元/吨,月供应数量为1 000吨左右,实际数量依据每月的要货申请。发票随货,并于当月底完成收款结算。

此合同有效期为 2019 年 7 月 1 日～2019 年 12 月 31 日。

(二) 销售发货出库

2019 年 7 月 5 日,鸿途集团水泥有限公司与天海签订一笔销售订单并录入系统。相关信息如表 5-2 所示。

表 5-2 销售订单

项目名称	需求数量	单　价	客　户
PC32.5 水泥	1 000 吨	300 元	天海集团总公司

销售订单审批通过后,2019 年 7 月 6 日,办理"PC32.5 水泥"出库,并通过公路运输发货。

(三) 应收挂账

2019 年 7 月 6 日,针对"PC32.5 水泥"发货,鸿途集团水泥有限公司开具增值税专用发票,票随货走。表 5-3 是相关开票信息。

表 5-3 水泥开票信息

项目名称	需求数量	含税单价	价税合计	税　率	税　额	客　户
PC32.5 水泥	1 000 吨	300 元	300 000 元	13%	34 513.27 元	天海集团总公司

开具发票的同日,鸿途集团水泥有限公司完成了应收挂账流程。

(四) 应收收款

2019 年 7 月 31 日,客户打款 30 万元。

四、案例分析

(一) 签订销售合同

1. 销售员(录入销售合同)

将业务日期修改为 2019 年 7 月 1 日,进入报账平台,打开"我的报账—销售合同通用类型",根据测试用例的信息完成销售的填写,合同的信息如表 5-4 所示。

表 5-4 合同具体信息

销售组织	鸿途集团水泥有限公司
合同名称	水泥销售合同
合同类型	销售合同通用类型
合同签订日期	2019 年 7 月 1 日
计划生效日期	2019 年 7 月 1 日
计划终止日期	2019 年 12 月 31 日
客户	天海集团总公司

表体部分的信息如下(见表 5-5)。

表 5-5 合同表体部分的信息

物料编码	名称	数量	无税单价	含税单价	扣税类别
060101000001	PC32.5水泥袋装	1 000 吨	265.49元	300元	应税外加

合同的信息填写完成后,通过影像扫描的方法录入合同原件,然后返回点"提交"(见图 5-12)。未配置扫描仪的,可点击"辅助功能"按纽下的"附件"按纽,上传合同图片。

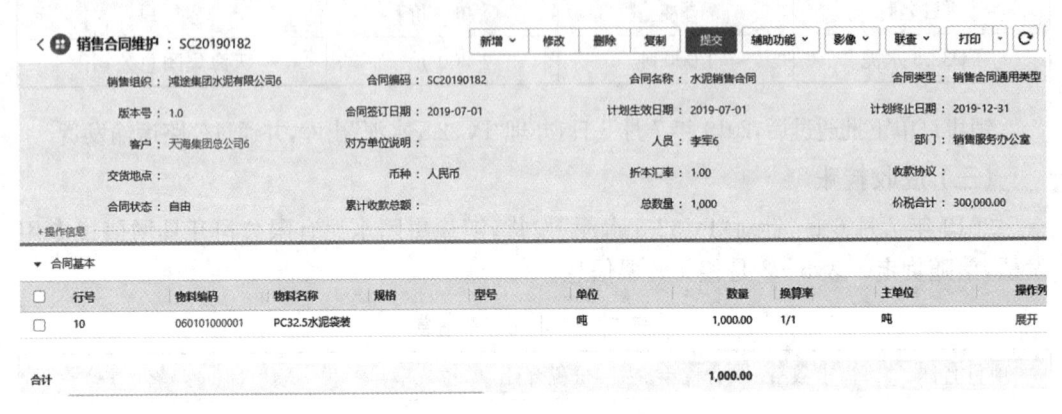

图 5-12 销售合同维护

2. 销售经理(审批销售合同)

销售经理打开"审批中心",查看未处理事项,发现有一份待审批销售合同,点开该销售合同后,由销售经理查看合同具体信息,结合影像查看审核纸质销售合同,确定没有问题后点"批准"通过。

3. 业务财务(审批销售合同)

业务财务打开"审批中心",查看未处理事项,发现有一份待审批销售合同,点开该销售合同后查看合同具体信息,结合影像查看审核纸质销售合同,确定没有问题后点"批准"通过。

4. 档案综合岗(销售合同归档并执行生效)

档案综合岗打开"审批中心",查看未处理事项,发现有一份待审批销售合同,点开该销售合同后,结合影像查看审核纸质销售合同,确定没有问题后点"批准"通过。

档案综合岗进入"销售合同维护"(见图 5-13),查询到合同后,点开合同查看具体信息,无误后点"生效"。

图 5-13 让合同生效

(二) 销售发货出库并记应收

1. 销售员（录入销售订单）

将业务日期改为 2019 年 7 月 5 日。

销售员打开"销售订单维护"，在右侧点击"新增"，选择"销售合同生成订单"，查询到合同后，勾选窗口右下角的"生成销售订单"（见图 5-14），在"销售订单维护"界面，检查补全订单信息，确认无误后点"保存提交"（见图 5-15）。

图 5-14 选择合同生成销售订单

图 5-15 销售订单维护

2. 销售经理（审批销售订单）

销售经理打开"审批中心"，查看未处理事项，发现有一份待审批销售订单，点开该销售订单后，经审核确定没有问题后点"批准"通过。

3. 仓管员（办理销售发货和出库）

仓管员打开"发货单维护"，在"发货单维护"界面（见图 5-16），点击"发货"，然后进入"选择销售订单/调拨订单"界面，查询该业务的销售订单并生成发货单（见图 5-17）。

图 5-16 "发货单维护"界面

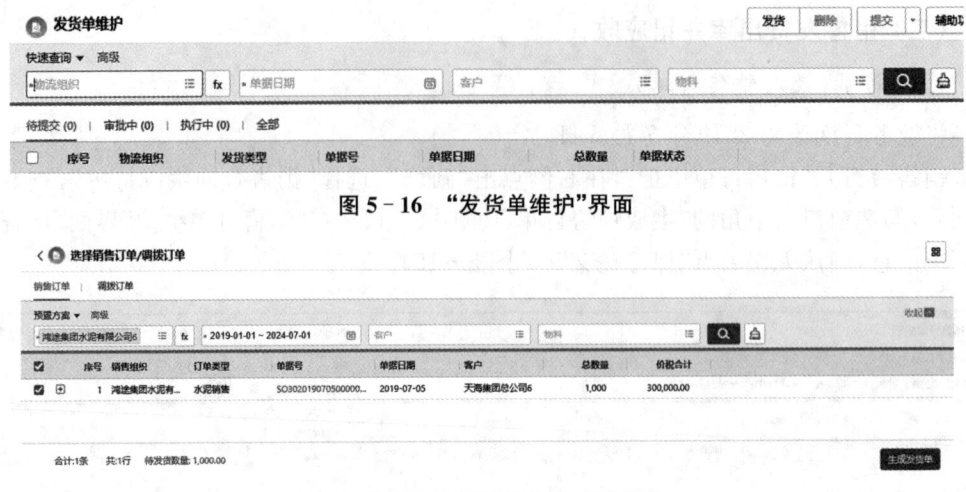

图 5-17 选择销售订单生成发货单

在"发货单维护"界面,将相关业务内容填入后,点击"保存提交"(见图 5-18)。

图 5-18 完善发货单

仓管员打开"销售出库",进入"销售出库"界面,在界面右侧点击"新增",选择"销售业务出库"(见图 5-19),在"选择销售订单/发货单"界面,将查询到的销售订单/发货单生成出库单(见图 5-20)。

图 5-19 销售业务出库

图 5-20 选择销售订单生成出库单

在"销售出库"界面，根据销售的商品填制其所属仓库和出入库类型(见图 5-21)，通过自动取数显示实发数量，展开单据信息，查看无误后点"保存"，然后点击"签字"(见图 5-22)。

图 5-21　填制销售出库单

图 5-22　对销售出库单签字

4. 业务财务(依合同录入销售发票)

将业务日期改为 2019 年 7 月 6 日，业务财务进入"销售发票维护"，在"销售发票维护"界面，点击"销售开票"(见图 5-23)。

图 5-23　销售发票维护

进入"选择订单/出库单"界面，输入组织和业务日期后，将查询到的出库单生成销售发票(见图 5-24)。

图 5-24　选择出库单生成销售发票

在"销售发票维护"界面,填制好发票后,点击"保存提交"(见图5-25)。

图 5-25　填制销售发票

5. 业务财务(扫描发票提交应收单)

业务财务进入"应收单管理",在"应收单管理"界面,输入组织和日期后,进入查询到的该业务的应收单,点击"更多",选择"影像扫描"(见图5-26),将销售发票的扫描件上传到系统中,完成后返回该界面点击"提交"。

图 5-26　应收单扫描

6. 财务经理(审批应收单)

财务经理打开"审批中心",查看未处理事项,发现有一份待审批应收单,点开该应收单后,查看应收单具体信息,结合影像内容查看是否与单据相符,审核确定没有问题后点"批准"通过。

7. 应收审核岗(审核应收单)

应收审核岗打开"我的作业",查看未处理事项,发现有一份待提取的作业,提取点开该应收单后,查看应收单具体信息,结合影像内容,审核其是否与单据相符,确定没有问题后点"批准"通过。

8. 总账主管岗(审核记账凭证)

总账主管岗打开"凭证审核",在"凭证审核"界面,根据业务日期查询凭证,可以查询到对应业务的凭证,打开之后,检查无误后,点"审核"。

(三) 应收收款

1. 业务财务(新增并提交收款单,扫描上传收款单影像)

将业务日期改为 2019 年 7 月 31 日,进入"收款单管理",在"收款单管理"界面,点击"新增",选择"应收单"。在"选择应收单"界面,将查询到的应收单生成下游单据(见图 5‑27)。

图 5‑27　选择应收单生成下游单据

在"收款单管理"界面,填写必填项,检查无误后即可保存(见图 5‑28)。

图 5‑28　填写收款单

在"收款单管理"界面,点击"更多",选择"影像扫描",将原始凭证扫描上传到系统中,完成后回到该界面,点击"提交"。

2. 财务经理(审批收款单)

财务经理打开"审批中心",查看未处理事项,发现有一份待审批收款单,点开该收款单后,查看收款单具体信息,结合影像内容查看审核是否与单据相符,确定没有问题后点"批准"通过。

3. 应收审核岗(审核收款单)

应收审核岗打开"我的作业",查看未处理事项,发现有一份待提取的作业,提取点开该收款单后,查看收款单具体信息,结合影像内容查看审核是否与单据相符,确定没有问题后点"批准"通过。

4. 中心出纳(确认收款结算)

中心出纳岗点击"结算",在"结算"界面,根据业务日期查询单据,查询到单据后,点击"待结算"并打开单据,打开单据具体信息后,在"结算"界面右侧点击"结算",确认收款结算。

5. 总账主管岗(审核记账凭证)

总账主管岗打开"凭证审核",在"凭证审核"界面,根据业务日期查询凭证,可以查询到对应业务的凭证,打开之后,检查无误后,点"审核"。

第三节 其他商品销售业务

其他商品销售,是指除了产成品外的普通商品销售。

一、其他商品销售流程现状

其他商品销售流程为销售订货出库→应收挂账→应收收款。

(一)销售订单出库

共享前销售订单出库业务流程如图5-29所示。

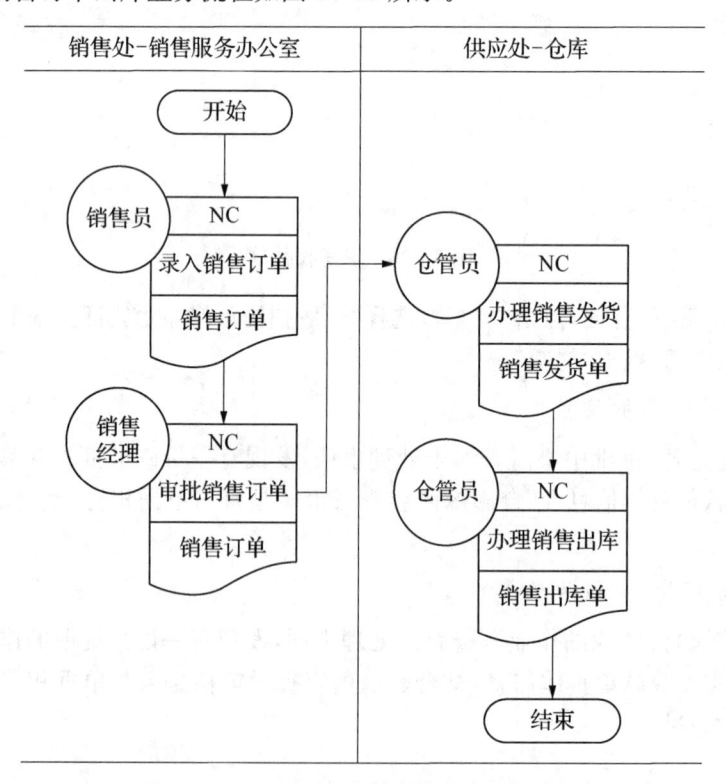

图5-29 销售订单出库业务流程(共享前)

（二）应收挂账

共享前应收挂账流程如图 5-30 所示。

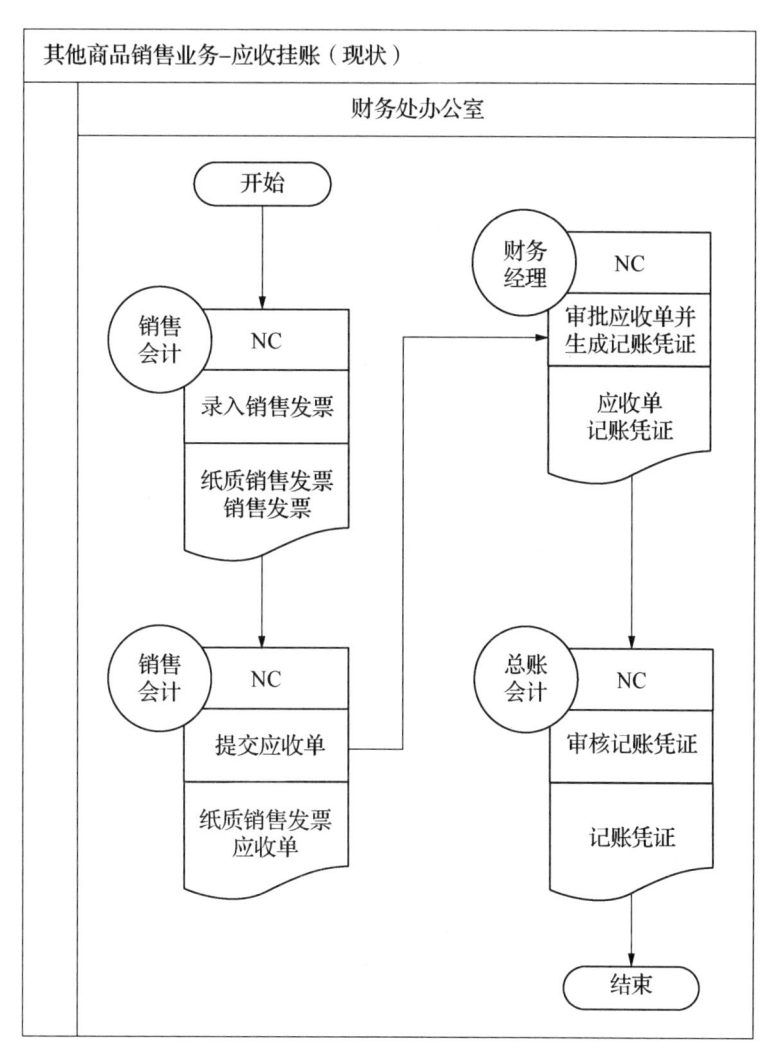

图 5-30　应收挂账流程(共享前)

(三) 应收收款

共享前应收收款流程如图 5-31 所示。

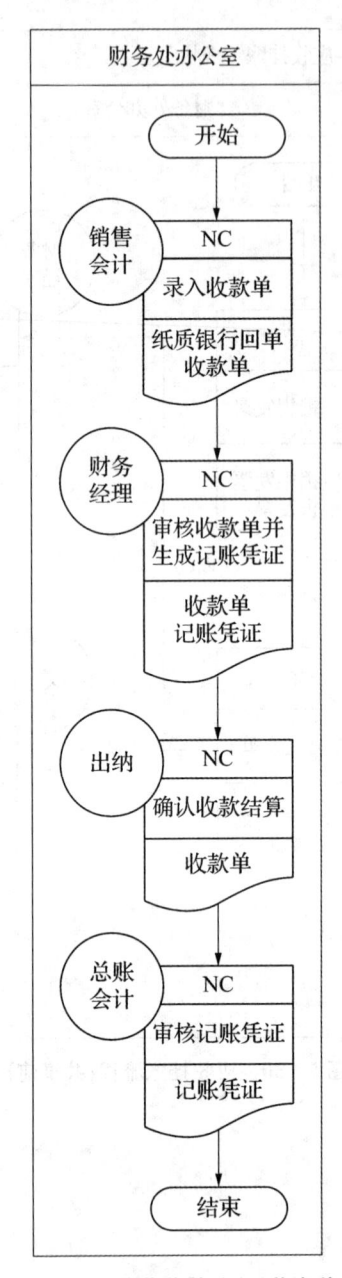

图 5-31 应收收款流程(共享前)

二、共享后流程设计

以下是共享后其他商品销售业务流程的一种参考答案,该流程已经经过测试,可以在NCC中成功构建和运行。

(一) 销售订货出库

共享后销售订货出库流程如图5-32所示。

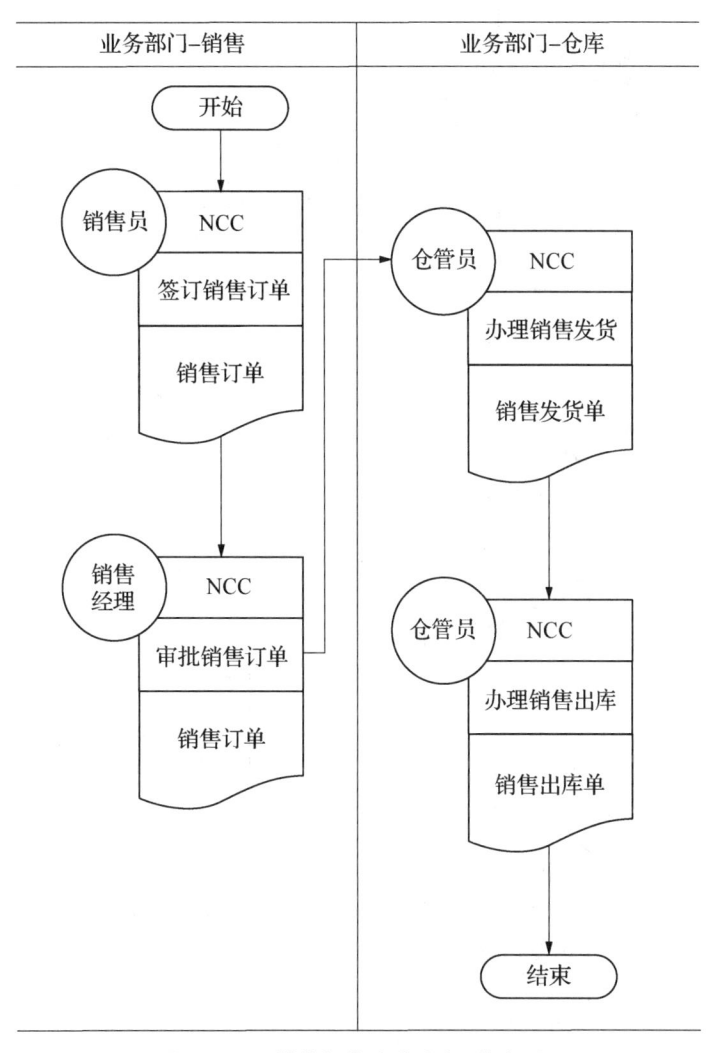

图5-32 销售订货出库流程(共享后)

（二）应收挂账

共享后应收挂账流程如图 5-33 所示。

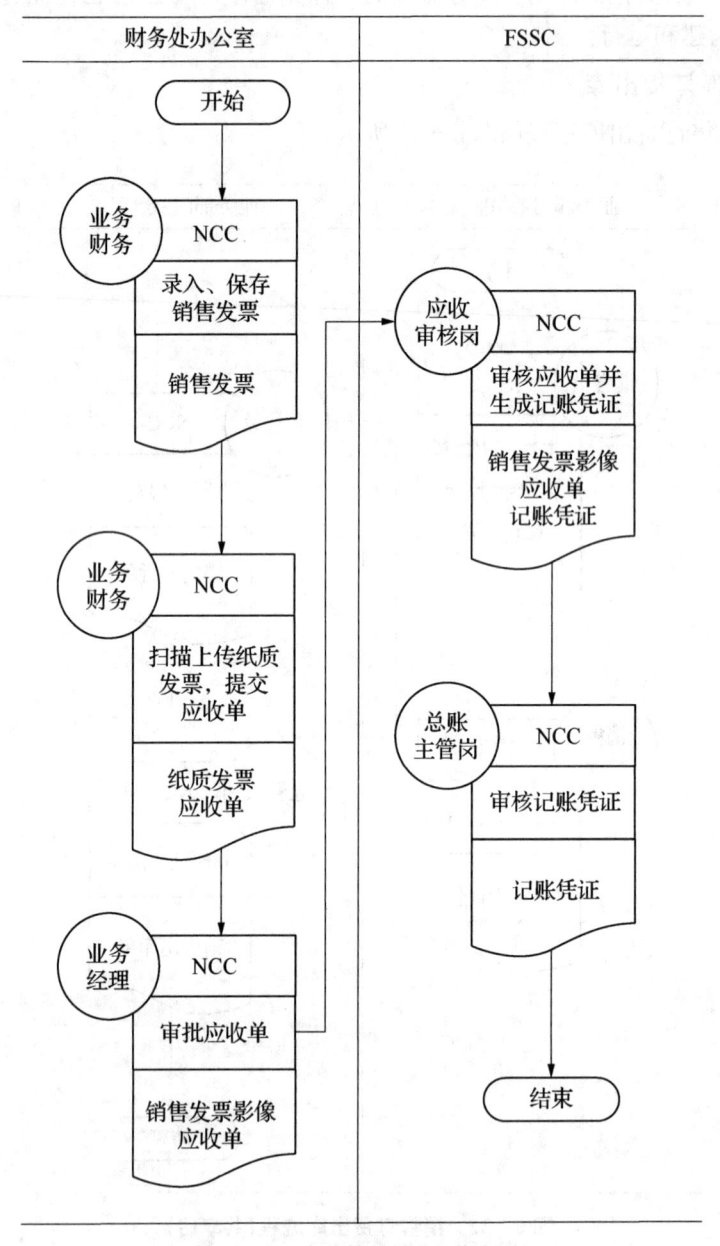

图 5-33 应收挂账流程（共享后）

(三) 应收收款

共享后应收收款流程如图5-34所示。

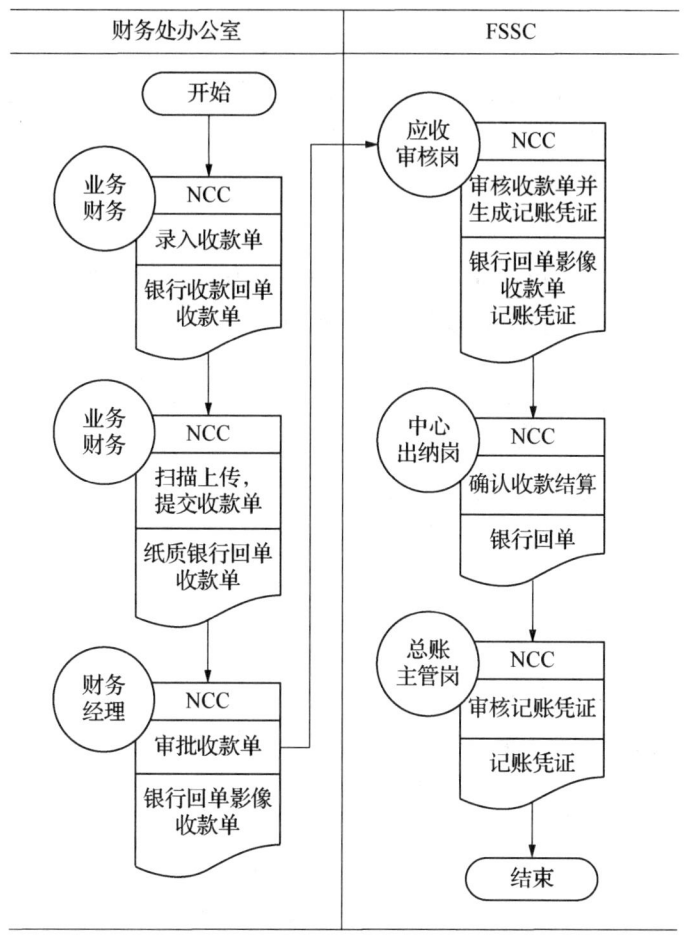

图5-34 应收收款流程(共享后)

三、案例

(一) 销售发货出库

2019年7月5日,鸿途集团水泥有限公司与天海中天精细化工有限公司签订一笔材料销售订单,信息如表5-6所示。发货时间为7月11日,价格为226元/吨(含增值税),并生成销售发货。

表5-6 销售订单信息表

项目名称	需求数量	客户
天然石膏	1 000 吨	天海中天精细化工有限公司

2019年7月11日,"天然石膏"发货出库。

（二）应收挂账

2019年7月11日，针对"天然石膏"发货开具增值税专用发票（见表5-7），票随货走。当日完成了后续的应收挂账流程。

表5-7 开票信息

项目名称	需求数量	含税单价	价税合计	税 率	税 额	客 户
天然石膏	1 000 吨	226元	226 000元	13%	26 000元	天海中天精细化工有限公司

（三）应收收款

2019年7月31日，客户打款。收到客户通知并从网银系统获得银行收款电子回单的打印件后，在系统里录入该笔收款单。收款信息如表5-8所示。

表5-8 收款信息

客户名称	收款金额
天海中天精细化工有限公司	226 000元

四、案例分析

（一）销售订货出库

1. 销售员（签订销售订单）

将业务日期修改为2019年7月5日，销售员进入"销售订单维护"，在"销售订单维护"界面，点"新增"，选择"自制"，根据具体业务自制一张销售订单并填入内容。确认无误后，点击"保存提交"（见图5-35）。

图5-35 销售订单维护

2. 销售经理（审批销售订单）

销售经理打开"审批中心"，查看未处理事项，发现有一份待审批销售订单，点开该销售订单后，审核单据内容是否与业务相符，确定没有问题后点"批准"通过。

3. 仓管员（办理销售发货和出库）

将业务日期修改为2019年7月11日，然后进入"发货单维护"，在"发货单维护"界面,点击"发货"进入订单查询页面,将查询到的业务订单生成发货单(见图5-36),检查生成的发货单,确认无误后,点击"保存提交",提交后的发货单如图5-37所示。

图5-36 选择业务订单生成发货单

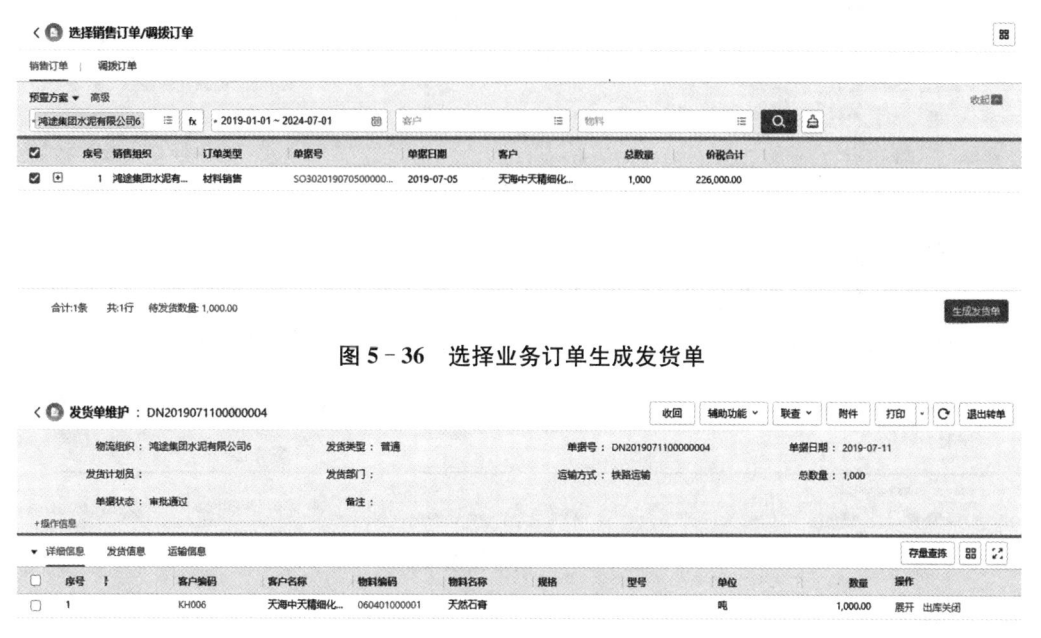

图5-37 发货单维护

进入"销售出库",根据业务新增出库单,点击"新增",选择"销售业务出库",将查询到的发货单生成出库单,根据案例资料补全出库单,然后通过自动取数显示实发数量,填制完成后保存并签字(见图5-38~图5-40)。

图5-38 选择发货单生成出库单

图5-39 完善发货单信息

图 5-40 对发货单签字

4. 业务财务(录入保存销售发票)

业务财务进入"销售发票维护",根据业务进行"销售开票",进入"选择订单/出库单"界面,将查询到的订单生成销售发票,销售发票填制完成后保存并提交(见图 5-41～图 5-43)。

图 5-41 销售发票维护

图 5-42 选择订单生成销售发票

图 5-43 销售发票保存、提交

5. 业务财务(上传影像提交应收单)

业务财务进入"应收单管理",在"应收单管理"界面,根据业务日期查询单据,点开查询到的单据,然后点右侧"更多",选择"影像扫描",将原始凭证扫描上传到系统(见图 5-44)。

图 5-44 应收单影像扫描

6. 财务经理(审批应收单)

财务经理打开"审批中心",查看未处理事项,发现有一份待审批应收单,点开该收款单后,查看收款单具体信息,结合影像内容查看审核是否与单据相符,确定没有问题后点"批准"通过。

7. 应收审核岗(审核应收单)

应收审核岗打开"我的作业",查看未处理事项,发现有一份待提取的作业,提取点开该应收单后,查看应收单具体信息,结合影像内容查看审核是否与单据相符,确定没有问题后点"批准"通过。

8. 总账主管岗(审核记账凭证)

总账主管岗打开"凭证审核",在"凭证审核"界面,根据业务日期查询凭证,可以查询到对应业务的凭证,打开之后,检查无误后,点"审核"。

(二) 销售应收收款

1. 业务财务(提交收款单)

将业务日期修改为 2019 年 7 月 31 日,进入"收款单管理",在"收款单管理"界面,点击"新增",选择"应收单"。在"选择应收单"界面,根据查询到的应收单生成下游单据(见图 5-45)。

图 5-45 选择应收单生成下游单据

进入"收款单管理"界面,补充收款单信息,检查无误后保存,点界面右侧"更多",选择"影像扫描",上传原始凭证扫描件到系统后,返回原界面进行单据提交(见图5-46)。

图5-46 保存并提交收款单

2. 财务经理(审批收款单)

财务经理打开"审批中心",查看未处理事项,发现有一份待审批收款单,点开该收款单后,查看收款单具体信息,结合影像内容查看审核是否与单据相符,确定没有问题后点"批准"通过。

3. 应收审核岗(审核收款单)

应收审核岗打开"我的作业",查看未处理事项,发现有一份待提取的作业,提取点开该收款单后,查看收款单具体信息,结合影像内容查看审核是否与单据相符,确定没有问题后点"批准"通过。

4. 中心出纳(确认收款结算)

中心出纳岗点击"结算",在"结算"界面,根据业务日期查询单据,查询到单据后,点击"待结算"并打开单据,打开单据具体信息后,在"结算"界面右侧点击"结算",确认收款结算。

5. 总账主管岗(审核记账凭证)

总账主管岗打开"凭证审核",在"凭证审核"界面,根据业务日期查询凭证,可以查询到对应业务的凭证,打开之后,检查无误后,点"审核"。

第六章　资金结算

> 通过学习本章,能够描述企业资金(收付款)结算的含义,能够根据财务共享服务中心的建设规划,设计财务共享服务中心建成后的企业资金结算流程,能够通过分岗协同的方式,在NCC中对本组设置的企业资金结算流程进行测试验证,并将验证结果录屏上传、分享、进行学生间互评。

第一节　企业资金结算

一、企业资金结算的含义

企业资金结算业务,用来处理不涉及往来的收付款,即不涉及供应链合同或收付款合同的收付款业务,主要包括以下几个方面:

(1) 不涉及往来的收款,从业务发生到审批以及结算完成的整个业务流程。例如,罚没收入,直接收到现金。

(2) 不涉及往来的收款,从银行获得到账信息后及时进行核算确认。例如,对方采用网银转账等方式支付的款项,进行收款到账认领。

(3) 不涉及往来的内部划账,公司内外部账户之间的划账业务。

(4) 不涉及往来的付款,从业务发生到审批以及结算完成的整个业务流程。例如,水电费支出,银行主动扣款,进行付款到账认领。

(5) 不涉及往来的付款,从业务发生到审批以及直联支付完成的整个业务流程。例如,日常支出,通过银企直联向供应商支付款项。

(6) 不涉及往来的付款。例如,薪资发放,发放上月职工薪酬。

二、鸿途资金结算业务现状及痛点

(一) 鸿途集团资金结算业务现状

鸿途集团的资金结算业务,用来处理不涉及往来的收付款,即不涉及供应链合同或收付款合同的收付款业务。目前都是由各业务单位自行完成资金结算业务。

付款结算单,主要用于处理不涉及往来的资金流出业务,如水电费支出、银行手续费支出等。通常由业务单位出纳或者会计人员操作完成。

收款结算单,主要用于处理不涉及往来的资金流入业务,如利息收入等。通常由业务单位财务人员或者业务人员操作完成。

(二) 鸿途集团资金结算业务痛点

不能进行集团级统一的结算处理,无法满足付款应用的方便性。

不能将资金支付与审批流程、CA 认证和数字签名等进行有效整合,无法满足付款的安全性。

成员单位每天都会有大量的银行对账单来生成到账通知,共享中心也需要对各个成员单位的到账通知进行发布,这将耗费共享中心出纳大量的精力,且容易出错。

三、鸿途资金结算的应用场景

(一) 薪资发放

薪资发放的流程如图 6-1 所示。

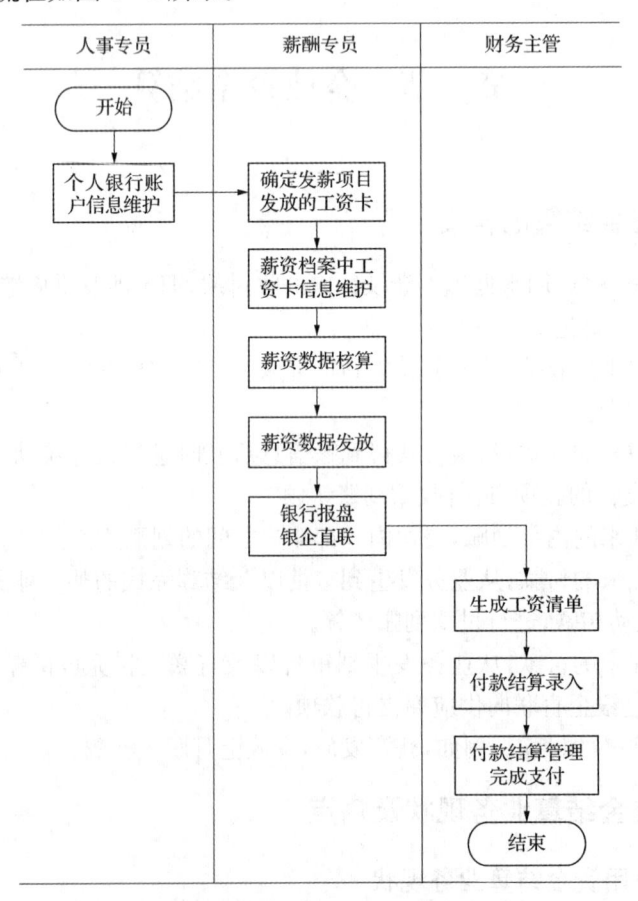

图 6-1 薪资发放流程

注意:
人员的工资卡信息必须完整才能够生成工资清单。

薪资发放节点执行"发放"操作之后才能执行"银企直联"操作向资金结算共享里传递工资清单。

工资清单生成并提交审批后在"现金管理"模块生成付款结算单，可通过付款结算单发起工资网银支付。支付完成后在"工资清单"部分可看到网银支付状态。

为保证工资清单一经生成后不被篡改，系统提供了数字签名保障，即工资清单提交后，如果因不明原因被篡改数据，在审核时会自动弹出警告界面；如在审核后发生篡改，则后续资金支付单据无法启动支付流程。

在后续支付流程中，点击"支付"后，系统强制弹出CA认证框，需操作人员插入CA硬件证书正确输入CA密钥后才能发起网银电子支付，保障电子支付安全。

(二) 到账通知发布及认领

1. 应用场景

到账通知是根据银企直联模块中的银行对账单生成，对于成员单位委托共享中心办理结算的业务，共享中心出纳需要将到账通知发布给各个成员单位，成员单位对到账通知进行认领并补填相关信息后，共享中心根据认领的到账通知生成单据。

成员单位每天都会有大量的银行对账单来生成到账通知，共享中心也需要对各个成员单位的到账通知进行发布，这将耗费共享中心出纳大量的精力，且容易出错。那么，这一困扰如何解决呢？

到账通知自动发布机器人可以查询出指定单位的未发布的到账通知进行自动发布操作。

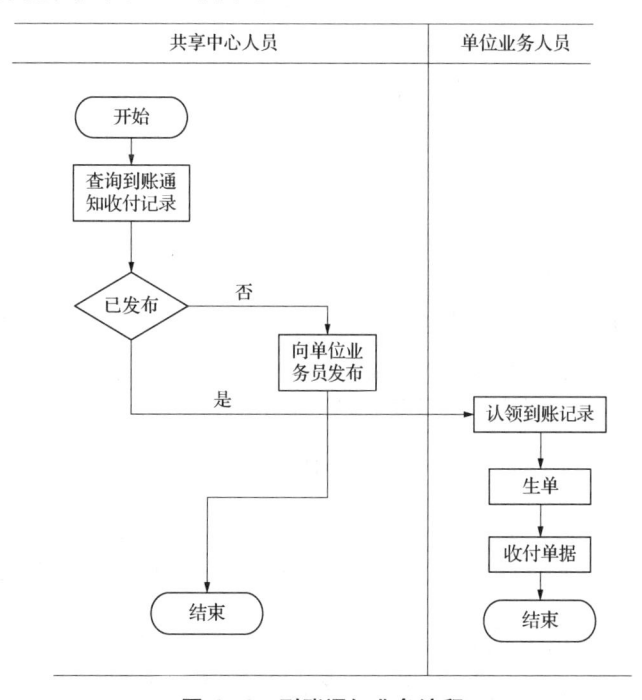

2. 到账通知业务流程

到账通知业务流程如图6-2所示。

图6-2 到账通知业务流程

3. 到账通知自动发布机器人配置及运行

到账通知自动发布机器人工作流程如图6-3所示。

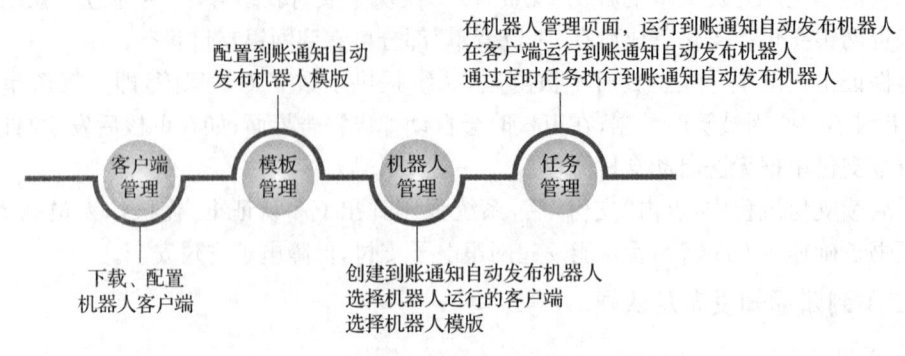

图6-3 到账通知自动发布机器人工作流程

第二节 收付款合同结算业务

一、鸿途集团收付款合同结算的现状

(一) 鸿途集团业务系统合同管理现状

鸿途集团在业务系统部署了多个合同管理模块,包括销售合同、采购合同、项目合同等。在结算环节,需要整合业务表单,实现合同控制,在供应链、项目管理录入的合同,在结算时单据根据客户/供应商名称自动带出同一客户/供应商的系统合同(合同订单)供制单人选择。各级审核人员根据合同编号查询系统合同,结算时不再需要业务人员上传合同复印件。

(二) 鸿途集团收付款合同管理现状

未实行业务系统录入的合同,如总部管理的合同、下属公司的服务合同,由各级财务人员在收付款合同模块录入合同,自动控制结算。

财务系统(收付款)合同执行中的相关岗位及工作内容如表6-1所示。

表6-1 收付款合同执行中的相关岗位及工作内容

岗位名称	工作内容
总账会计	总账管理,审核记账,月末结账
结算会计	票据审核、费用结算及统计
出纳	资金系统管理及银行对账、融资等业务

(三) 收付款合同结算痛点

(1) 收付款合同的签订流程,各子公司各自为政、流程不统一;

(2) 集团无法及时获得准确的收付款合同执行情况;

(3) 对于超合同金额的收付款控制,集团没有统一的控制点,增加了合同执行风险。

二、共享前鸿途集团收款/付款结算的流程

(一) 收款合同结算

现有的工作流程如图 6-4 所示。

图 6-4 收款合同结算业务流程

1. 收款合同签订

共享前收款合同签订业务流程如图 6-5 所示。

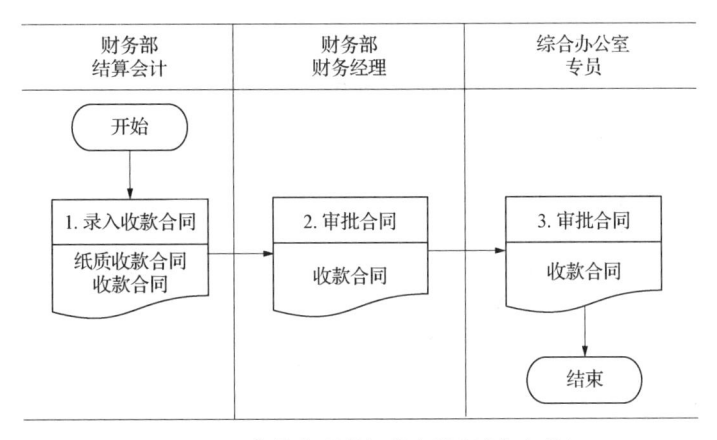

图 6-5 收款合同签订业务流程(共享前)

2. 收款合同应收挂账

共享前收款合同应收挂账业务流程如图 6-6 所示。

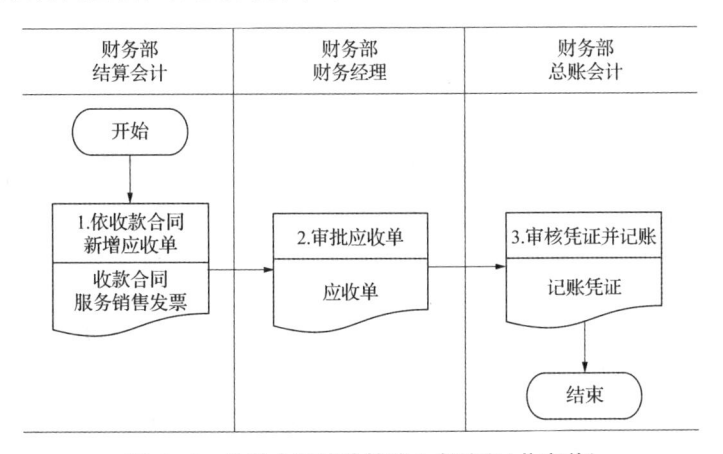

图 6-6 收款合同应收挂账业务流程(共享前)

3. 收款合同收款结算

共享前收款合同收款结算业务流程如图6-7所示。

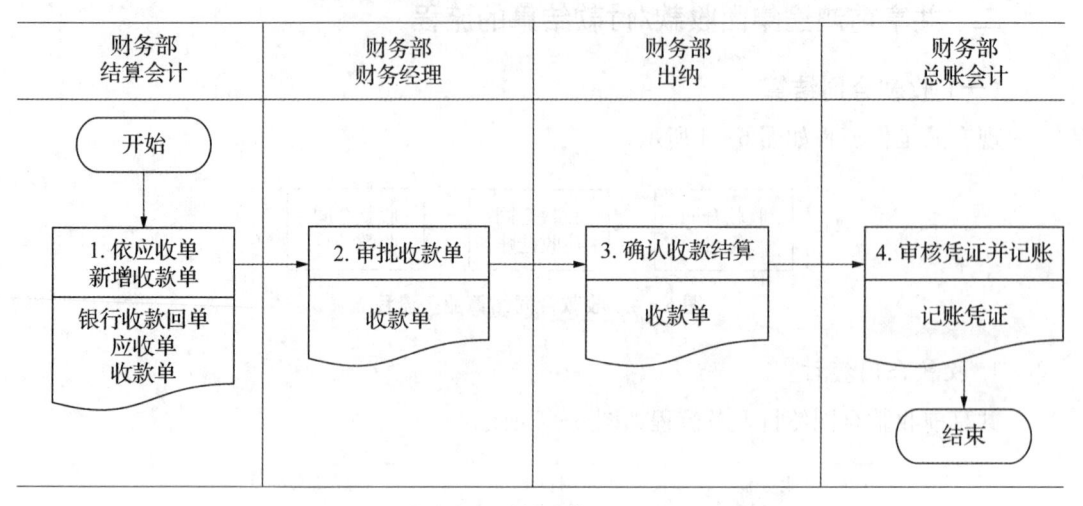

财务部 结算会计	财务部 财务经理	财务部 出纳	财务部 总账会计
开始 ↓ 1. 依应收单 新增收款单 银行收款回单 应收单 收款单	2. 审批收款单 收款单	3. 确认收款结算 收款单	4. 审核凭证并记账 记账凭证 ↓ 结束

图6-7 收款合同收款结算业务流程(共享前)

(二) 付款合同结算

现有的工作流程如图6-8所示。

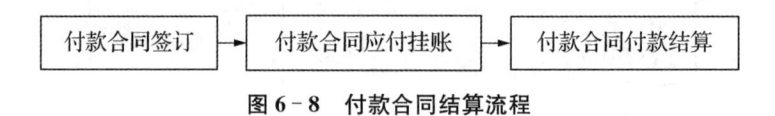

付款合同签订 → 付款合同应付挂账 → 付款合同付款结算

图6-8 付款合同结算流程

1. 付款合同签订

共享前付款合同签订业务流程如图6-9所示。

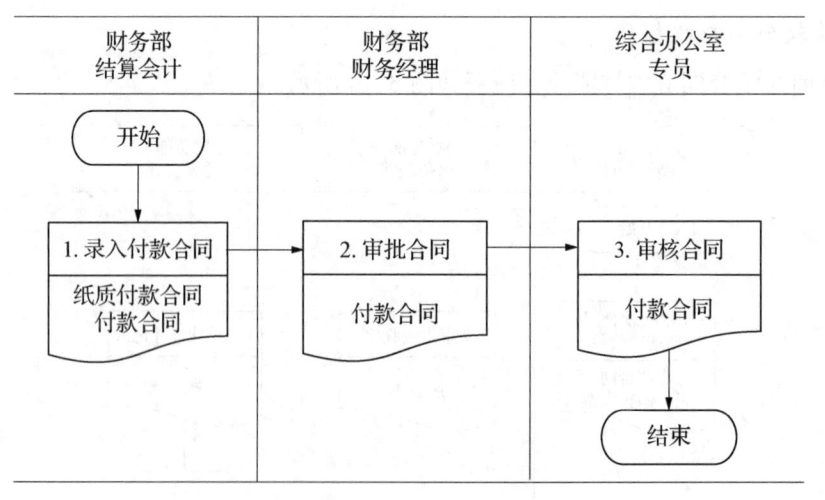

财务部 结算会计	财务部 财务经理	综合办公室 专员
开始 ↓ 1. 录入付款合同 纸质付款合同 付款合同	2. 审批合同 付款合同	3. 审核合同 付款合同 ↓ 结束

图6-9 付款合同签订业务流程(共享前)

2. 付款合同应付挂账

共享前付款合同应付挂账业务流程如图 6-10 所示。

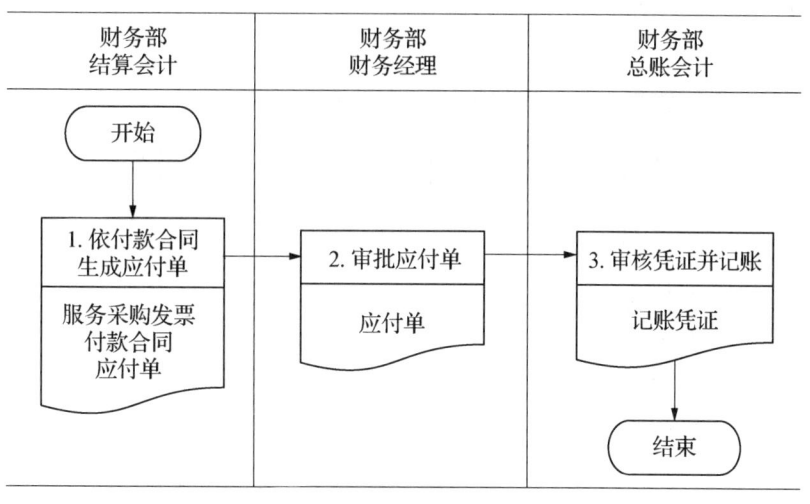

图 6-10 付款合同应付挂账业务流程(共享前)

3. 付款合同付款结算

共享前付款合同付款结算业务流程如图 6-11 所示。

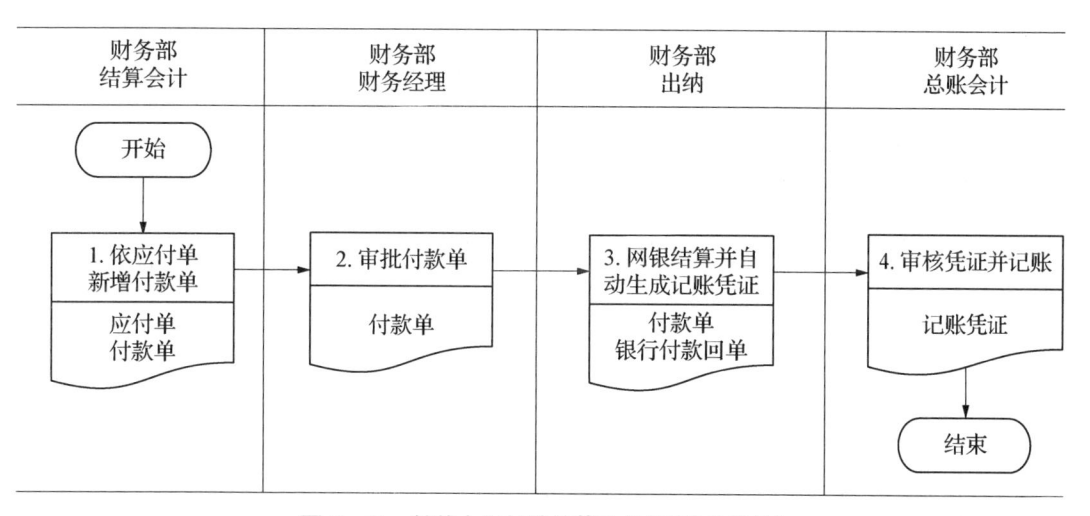

图 6-11 付款合同付款结算业务流程(共享前)

三、共享后的流程设计

(一) 付款合同结算

1. 付款合同签订

共享后付款合同签订业务流程如图 6-12 所示。

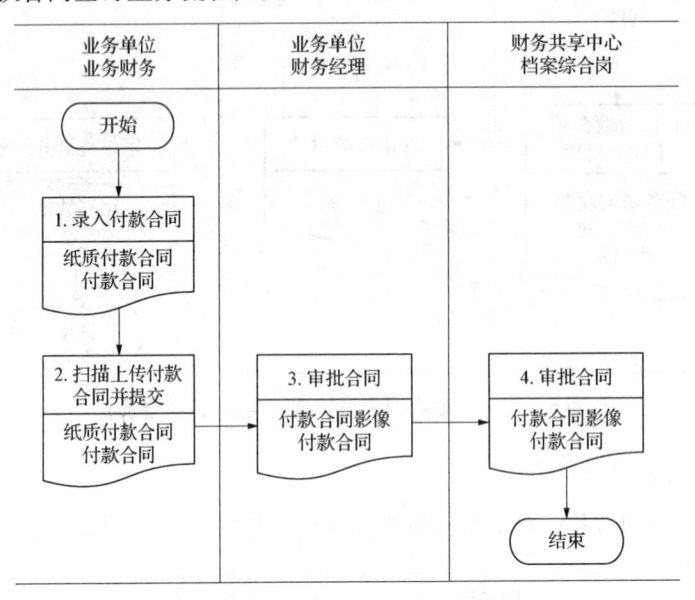

图 6-12 付款合同签订业务流程(共享后)

2. 付款合同应付挂账

共享后付款合同应付挂账业务流程如图 6-13 所示。

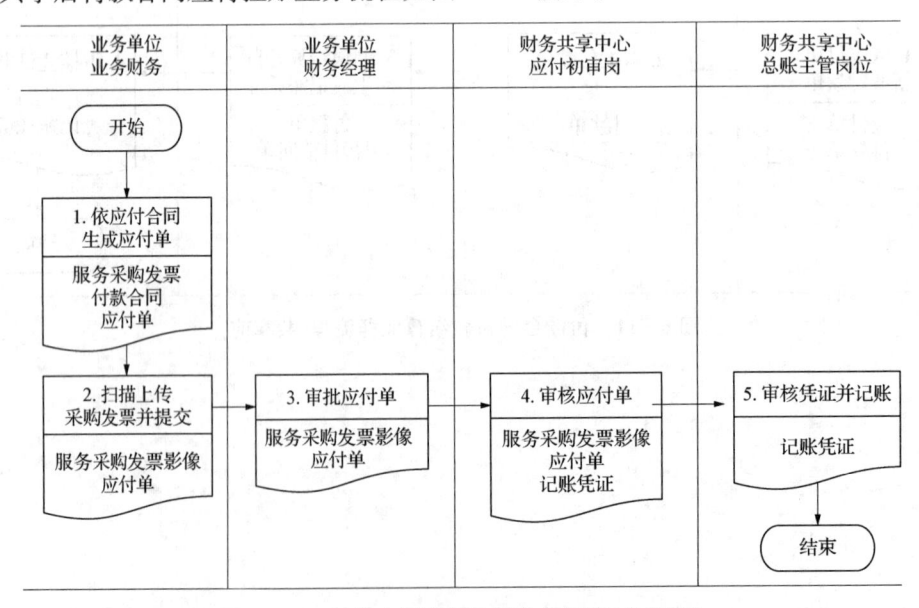

图 6-13 付款合同应付挂账业务流程(共享后)

3. 付款合同付款结算

共享后付款合同付款结算业务流程如图 6-14 所示。

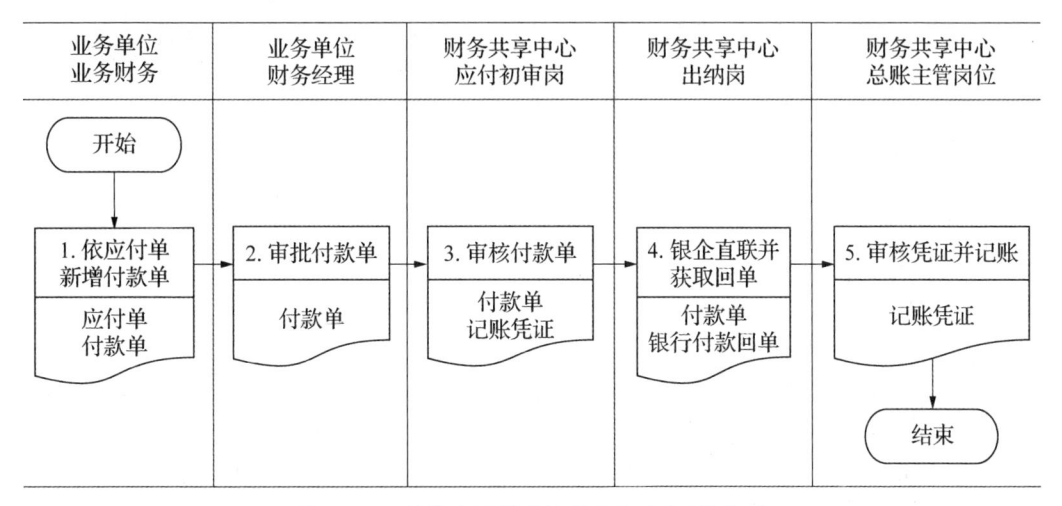

图 6-14 付款合同付款结算业务流程(共享后)

(二) 收款合同结算

1. 收款合同签订

共享后收款合同签订业务流程如图 6-15 所示。

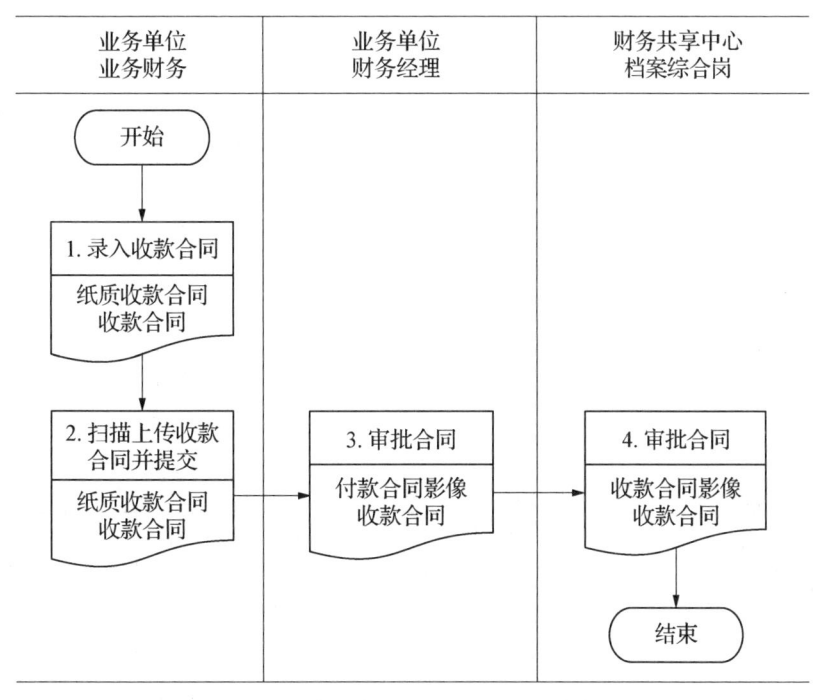

图 6-15 收款合同签订业务流程(共享后)

2. 收款合同应收挂账

共享后收款合同应收挂账业务流程如图 6-16 所示。

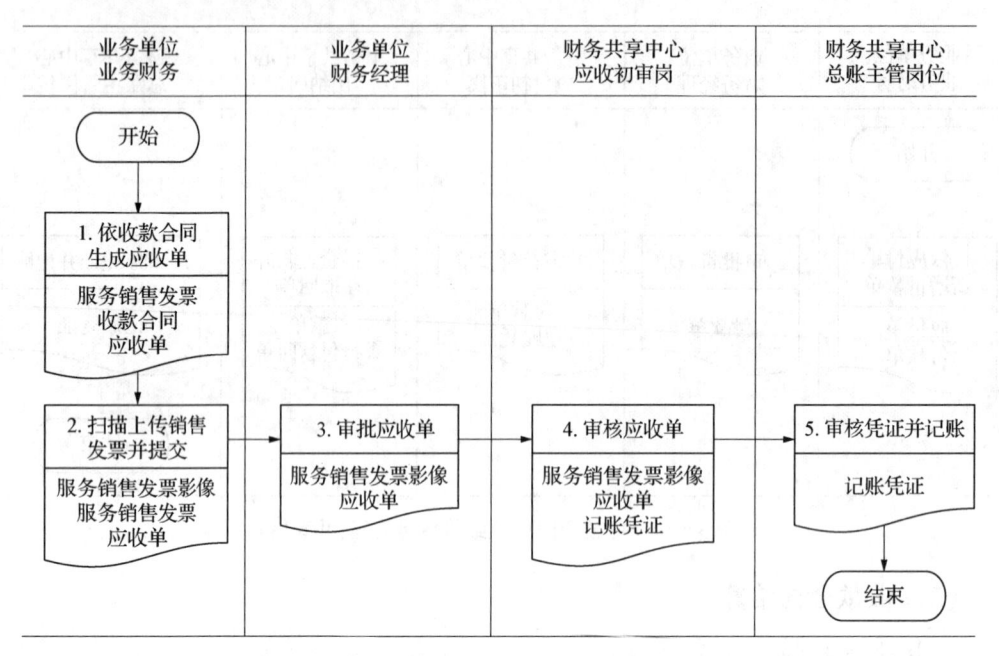

业务单位 业务财务	业务单位 财务经理	财务共享中心 应收初审岗	财务共享中心 总账主管岗位
开始 ↓ 1. 依收款合同生成应收单 服务销售发票 收款合同 应收单 ↓ 2. 扫描上传销售发票并提交 服务销售发票影像 服务销售发票 应收单	3. 审批应收单 服务销售发票影像 应收单	4. 审核应收单 服务销售发票影像 应收单 记账凭证	5. 审核凭证并记账 记账凭证 ↓ 结束

图 6-16　收款合同应收挂账业务流程（共享后）

3. 收款合同收款结算

共享后收款合同收款结算业务流程如图 6-17 所示。

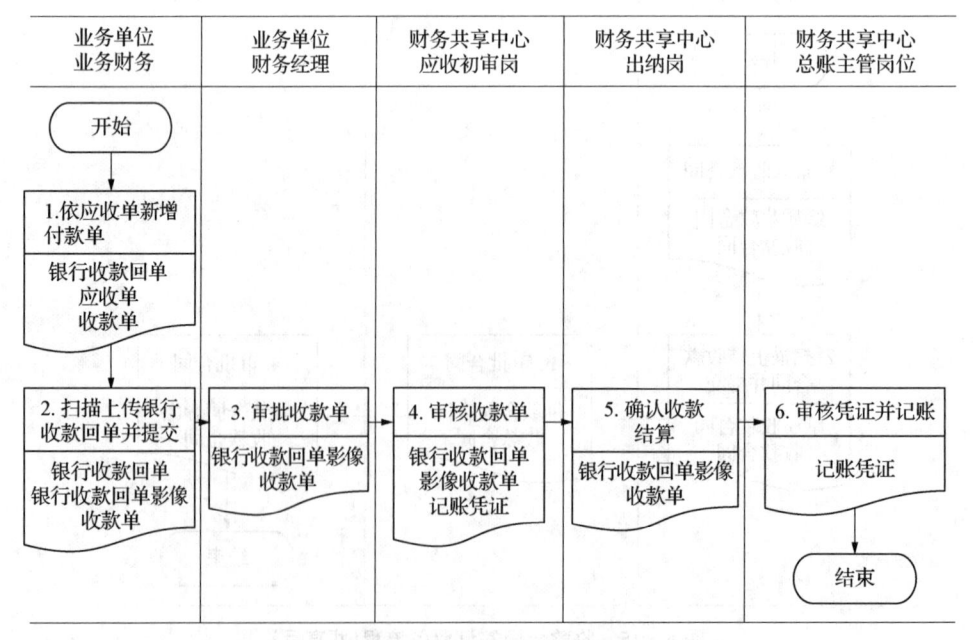

业务单位 业务财务	业务单位 财务经理	财务共享中心 应收初审岗	财务共享中心 出纳岗	财务共享中心 总账主管岗位
开始 ↓ 1. 依应收单新增付款单 银行收款回单 应收单 收款单 ↓ 2. 扫描上传银行收款回单并提交 银行收款回单 银行收款回单影像 收款单	3. 审批收款单 银行收款回单影像 收款单	4. 审核收款单 银行收款回单影像 收款单 记账凭证	5. 确认收款结算 银行收款回单影像 收款单	6. 审核凭证并记账 记账凭证 ↓ 结束

图 6-17　收款合同收款结算业务流程（共享后）

四、案例

(一) 付款合同结算业务

1. 付款合同签订

鸿途集团水泥有限公司销售处拟聘请广东万昌印刷包装有限公司为服务方,为本公司设计新产品广告文案,双方签订了设计服务合同。

(1) 合同标的内容:

新产品广告文案设计服务。

(2) 合同信息:

合同名称:设计服务合同,合同编码:FK-201907012。

合同甲方:鸿途集团水泥有限公司。

合同乙方:广东万昌印刷包装有限公司。

(3) 合同金额:

合同金额为5.30万元,其中包括增值税额0.30万元(增值税税率为6%)。

(4) 付款方式:

在项目验收后一次性支付。

2. 付款合同结算

在NCC中测试完成"(一)付款合同签订"中"4.付款方式"条款进行付款的流程。

签订合同日期:2019年7月1日。

设计方案通过验收并收到发票日期:2019年7月15日。

付款日期:2019年7月20日。

注意事项:"物料"在NCC中要选用"541601设计服务"。

(二) 收款合同结算业务

1. 收款合同签订

天海中天精细化工有限公司要设计和试制一种新型水泥石,特聘请鸿途集团水泥有限公司为其提供水泥石研制方法培训,合同金额为4.24万元(其中增值税税率为6%、增值税额为0.24万元),期限一周。合同详细信息参见原始凭证。

(1) 合同信息:

合同名称:培训服务合同,合同编码:SK-201907005。

合同甲方:天海中天精细化工有限公司。

合同乙方:鸿途集团水泥有限公司。

(2) 合同标的与金额:

乙方为甲方提供水泥石研制方法培训,培训结束后收取含税金额4.24万元。

(3) 收款方式:

培训结束后一次性收取。

2. 收款合同结算

合同登记日：2019 年 7 月 8 日。

开票确立应收日：2019 年 7 月 22 日。

收款日：2019 年 7 月 30 日。

注意事项："物料"在 NCC 中要选用"541701 培训服务"。

五、案例分析

(一) 付款合同结算业务

1. 付款合同签订

（1）业务财务（录入付款合同）。

将业务日期改为 2019 年 7 月 1 日，打开"付款合同管理"，在"付款合同管理"界面，点"新增"，根据测试用例补充相关信息，完成后点击"保存"（见图 6-18），然后点击"更多"，选择"影像扫描"，将原始凭证扫描上传到系统，完成后在原界面点"提交"。

图 6-18 付款合同管理

（2）财务经理（审批付款合同）。

打开"审批中心"，在未处理位置可以看到需要审核的付款合同，点开此合同可以看到具体的合同信息，财务经理结合纸质合同，经审核无误后点"财务经理角色＜批准＞"。

（3）档案综合岗（付款合同归档）。

档案综合岗打开"审批中心"，查看未处理事项，发现有一份待审批付款合同，点开该付款合同后，结合影像查看审核纸质付款合同，确定没有问题后点"批准"通过。

档案综合岗进入付款合同维护，查询到合同后，点开合同查看具体信息，无误后点击"生效"。

2. 付款合同应付挂账

（1）业务财务（生成应付单）。

业务财务将业务日期改为 2019 年 7 月 15 日，打开"采购业务—应付单管理"，在"应付单"界面,点击"新增",选择"付款合同"。在"选择合同"界面,查询到付款合同后,勾选此项记录,然后点右下角"生成单据"。接下来进入"应付单管理"界面,补充相关信息,确认无误后点"保存"。点"更多",选择"影像扫描",将纸质版的应付单扫描上传至系统,然后点"提交"。

(2) 财务经理(审批应付单)。

财务经理在"审批中心—未处理"位置,点开可以看到待审核的应付单的具体信息,财务经理结合纸质单据,审查系统中的应付单无误后,点"财务经理角色＜批准＞"。

(3) 应付初审岗(审核应付单)。

应付初审岗在"我的作业"中提取任务,打开待提取任务,在"待处理"界面,打开单据编号,应付初审岗结合纸质单据,审核应付单无误后,点"批准"。

(4) 总账主管岗(审核记账凭证)。

总账主管岗进入"凭证审核"界面后,查询到系统自动生成的凭证记录,点开此凭证记录,经审查无误后点"审核"。

3. 付款合同结算

(1) 业务财务(新增付款单)。

业务财务将右上角业务日期改为 2019 年 7 月 20 日,打开"付款单管理",点击"新增",选择"应付单",查询并勾选应付单,然后点右下角的"生成下游单据"。

在"付款单管理"界面,根据测试用例填写相关信息,确认信息无误后,点"保存",然后点击"更多",选择"影像扫描",将原始凭证扫描上传到系统中,完成后返回"付款单管理"界面点"提交"。

(2) 财务经理(审批付款单)。

财务经理打开"审批中心",点开"付款单",审核无误后,点"财务经理角色＜批准＞"。

(3) 应付初审岗(审核付款单)。

应付初审岗在"我的作业",点开"提取任务",打开"付款单",审核无误后点"批准"。

(4) 中心出纳岗(出纳付款并获取回单)。

将右上角日期改为 2019 年 7 月 1 日。打开"结算",查询到付款单后,勾选付款单,右上角选"支付—网上转账",然后执行网上支付。

(5) 总账主管(审核记账凭证)。

总账主管将右上角日期改为 2019 年 7 月 1 日,打开"凭证审核",查询到凭证后,点开凭证,审核无误后点右上角"审核"。

(二) 收款合同结算业务

具体业务流程和付款合同结算业务类似,可收款合同结算业务参考"付款合同结算业务"的操作步骤。

第三节 其他收付款结算业务

一、其他收付款结算业务

鸿途集团其他收付款业务是指不涉及往来业务且不需签订合同的收付款业务。

二、鸿途集团资金结算的现状

(一) 收款结算

共享前收款结算业务流程如图 6-19 所示。

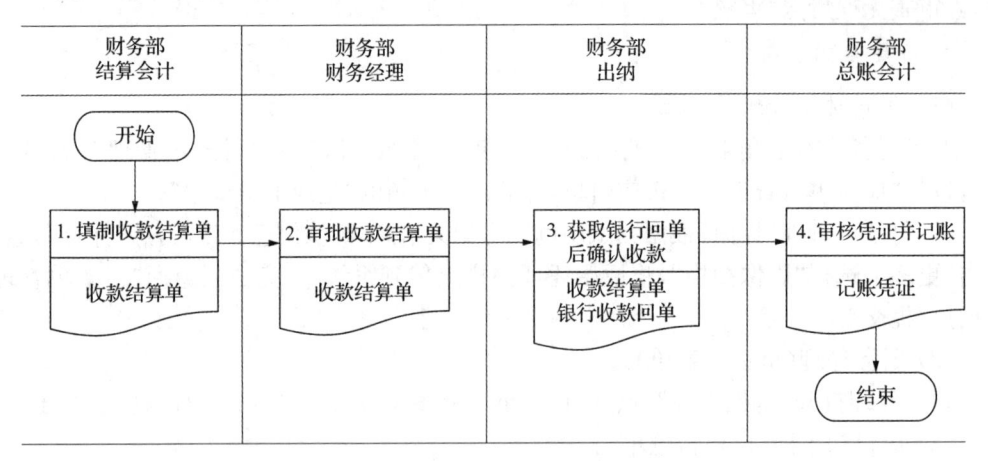

财务部 结算会计	财务部 财务经理	财务部 出纳	财务部 总账会计
开始 ↓ 1. 填制收款结算单 收款结算单	2. 审批收款结算单 收款结算单	3. 获取银行回单后确认收款 收款结算单 银行收款回单	4. 审核凭证并记账 记账凭证 ↓ 结束

图 6-19 收款结算业务流程(共享前)

(二) 付款结算

共享前付款结算业务流程如图 6-20 所示。

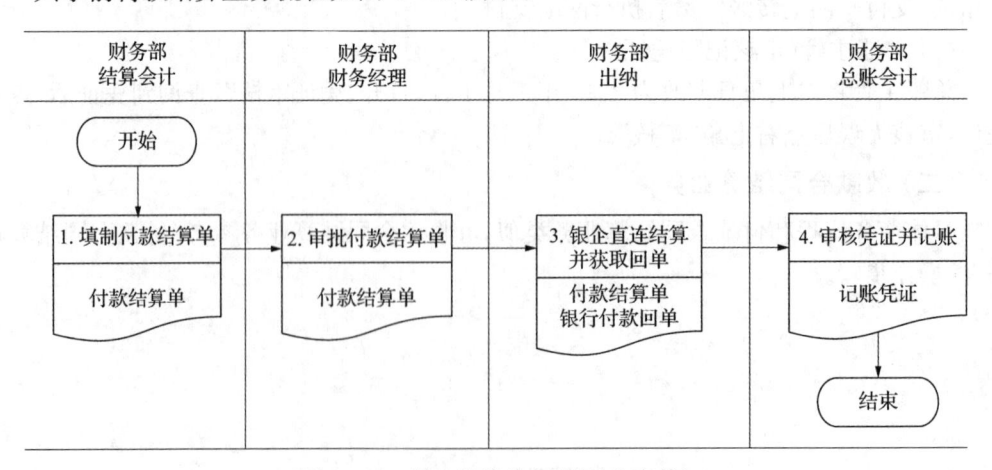

财务部 结算会计	财务部 财务经理	财务部 出纳	财务部 总账会计
开始 ↓ 1. 填制付款结算单 付款结算单	2. 审批付款结算单 付款结算单	3. 银企直连结算并获取回单 付款结算单 银行付款回单	4. 审核凭证并记账 记账凭证 ↓ 结束

图 6-20 付款结算业务流程(共享前)

三、共享后流程设计

(一) 收款结算

共享后收款结算业务流程如图 6-21 所示。

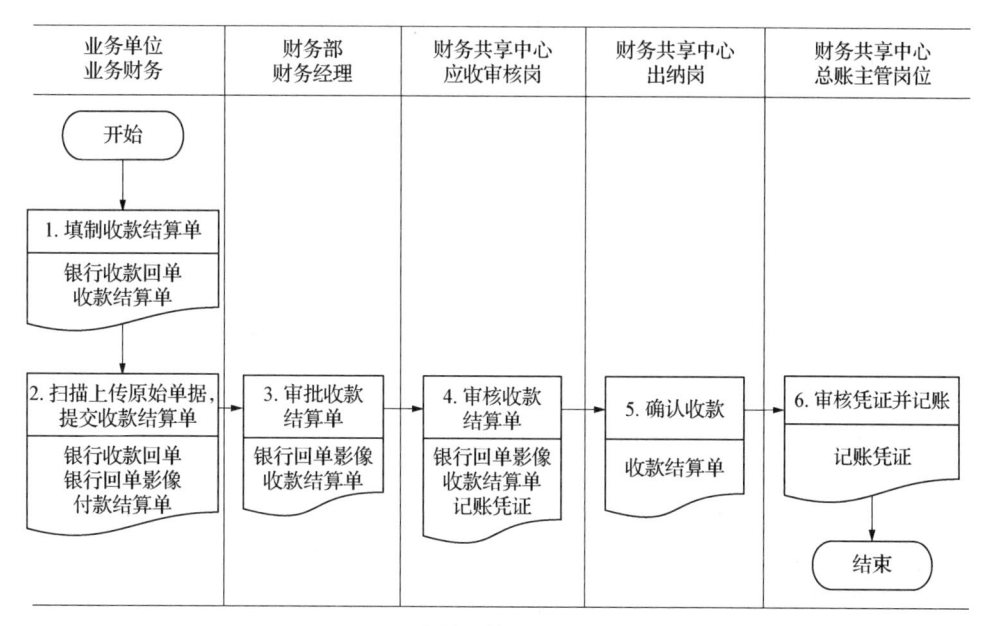

业务单位 业务财务	财务部 财务经理	财务共享中心 应收审核岗	财务共享中心 出纳岗	财务共享中心 总账主管岗位
开始 ↓ 1. 填制收款结算单 银行收款回单 收款结算单 ↓ 2. 扫描上传原始单据，提交收款结算单 银行收款回单 银行回单影像 付款结算单	3. 审批收款结算单 银行回单影像 收款结算单	4. 审核收款结算单 银行回单影像 收款结算单 记账凭证	5. 确认收款 收款结算单	6. 审核凭证并记账 记账凭证 ↓ 结束

图 6-21 收款结算业务流程(共享后)

(二) 付款结算

共享后付款结算业务流程如图 6-22 所示。

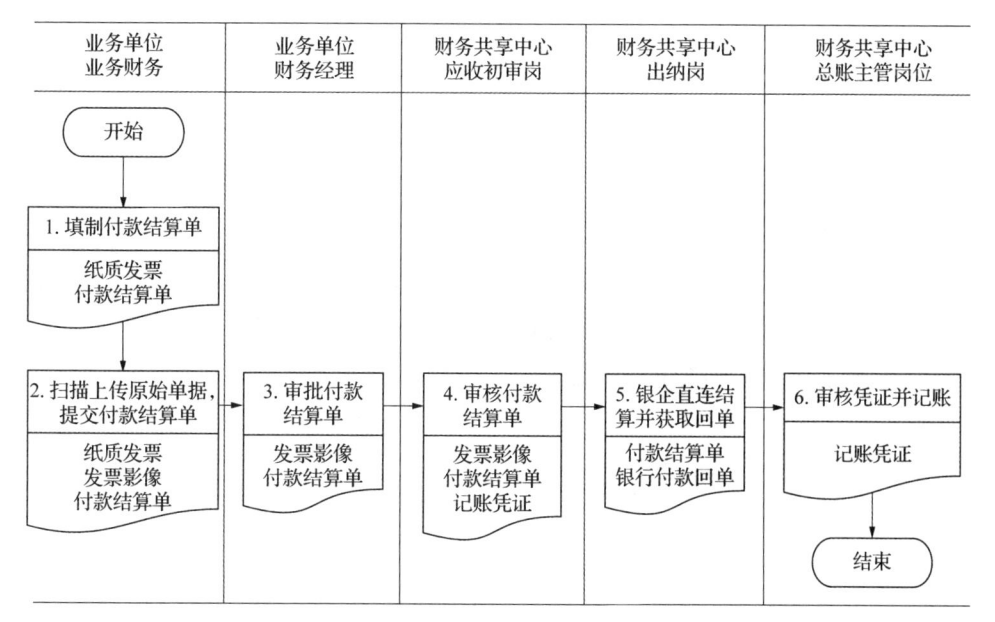

业务单位 业务财务	业务单位 财务经理	财务共享中心 应收初审岗	财务共享中心 出纳岗	财务共享中心 总账主管岗位
开始 ↓ 1. 填制付款结算单 纸质发票 付款结算单 ↓ 2. 扫描上传原始单据，提交付款结算单 纸质发票 发票影像 付款结算单	3. 审批付款结算单 发票影像 付款结算单	4. 审核付款结算单 发票影像 付款结算单 记账凭证	5. 银企直连结算并获取回单 付款结算单 银行付款回单	6. 审核凭证并记账 记账凭证 ↓ 结束

图 6-22 付款结算业务流程(共享后)

四、案例

(一) 付款结算业务

2019年7月5日,鸿途集团水泥有限公司向绿城物业服务集团有限公司缴纳上个月公司行政办公大楼水费,后者已经开具增值税专用发票,税率(征收率)为3%。根据发票所记载的情况,上个月应缴纳的水费总金额为36 676.24元(不含税金额为35 608.00元)。

(二) 收款结算业务

鸿途集团水泥有限公司综合办公室经理杨天波,在公司2019年7月8日召开中层干部工作会议时无故缺席,被罚款300元。7月8日,杨天波已经通过网银将罚款转入公司收入账户。

五、案例分析

以下以收款结算业务为例讲解资金结算业务的处理。

(一) 业务财务(增加收款结算单)

业务财务将日期修改为2019年7月8日。打开"现金管理—收款结算",打开"收款结算"界面,点"新增",财务组织选"鸿途集团水泥有限责任公司",结算方式选"网银",收款银行账户选尾号为309的那个,交易对象类型选"人员",业务员选"办公的杨天波",付款银行账号选杨天波的个人账号,部门选"0101办公室"。然后转入下方的详细信息,收支项目选"010202营业外收入——罚款净收入",资料检查无误后,点"保存"。然后点"更多",选择"影像扫描"上传纸质版的收款单据后点"提交"。

(二) 财务经理(审批收款结算单)

财务经理打开"审批中心",点开"收款结算单",审核无误后,点"财务经理角色<批准>"。

(三) 应收初审岗(审核收款结算单)

应收初审岗在"我的作业"中点开提取任务,打开"收款结算单",审核无误后点"批准"。

(四) 中心出纳(确认收款)

中心出纳将右上角日期改为2019年7月8日。在"结算"界面,财务组织选"鸿途集团水泥有限公司",时间选"去年~今年",查询,可以看到收款单,然后点"结算"。

(五) 总账主管岗(审核记账凭证)

总账主管岗进入"凭证审核"界面后,点"查询"后会显示系统自动生成的凭证记录,点开此凭证记录,经审查无误后点"审核"。

第七章 财资管理

> 通过学习本章,认识财资管理的一般理论,了解案例企业资金管控的现状,能够分析案例企业资金管控存在的问题并能够进行共享后资金管控流程的设计,掌握资金上收下拨以及外部委托付款业务处理的方法。

第一节 认知财资管理

一、基本知识

(一) 资金管理的概念

在企业生产经营过程中,企业管理者利用各种管理工具与方法,实现对"人、财、物"的有效控制与管理。其中"财"即"资金",既是企业生存所需的资源,也是企业的经营成果,贯穿于企业整个生产经营活动过程中,是企业管理活动的核心。

资金管理是企业(财务)管理的重要组成部分,是通过精确的组织、计划、控制、信息和考核等管理手段,对企业资金运动的全过程进行有效的管理,包括合理地筹集资金,高效率地运用资金,有效地控制资金、降低资金成本,进而帮助企业获得竞争优势、实现企业价值最大化。

(二) 资金管理的职能框架

资金管理的职能框架如图7-1所示。

资金管理职能框架				
报告分析	预警报告	统计报告	流量分析	存量分析
资金平衡	资金计划	融资管理	付款排程	头寸管理
日常结算	付款管理	收款管理	票据管理	现金管理
基础管理	账户管理	数据设置	银企直联	档案管理

图7-1 资金管理的职能框架

(三) 集团资金管理职能

集团资金管理职能及其在财务职能体系中的定位,如图7-2所示。

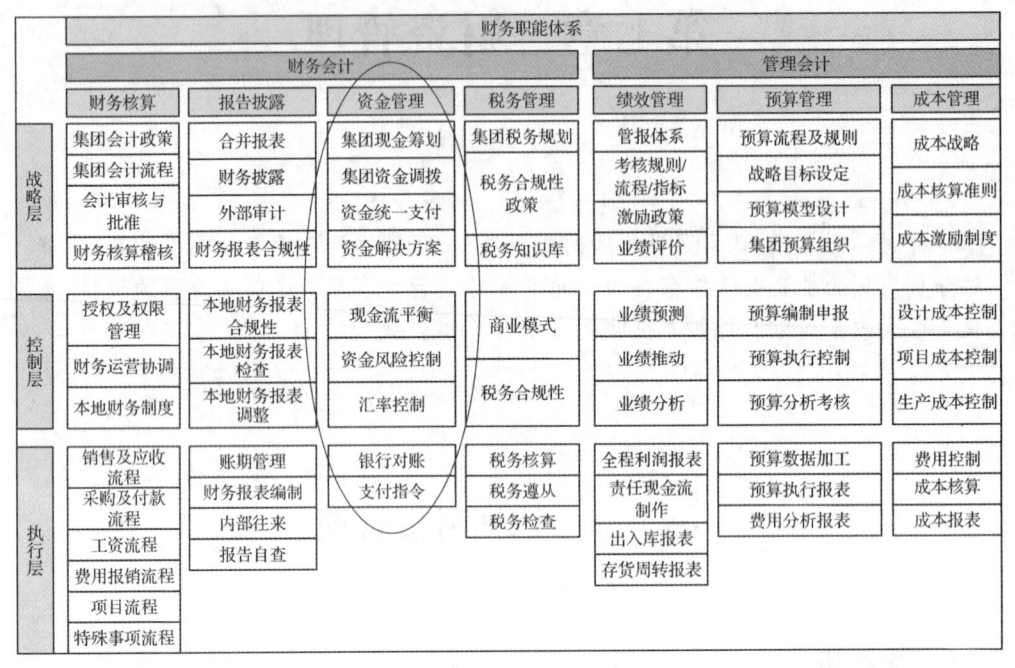

		财务职能体系					
		财务会计			管理会计		
	财务核算	报告披露	资金管理	税务管理	绩效管理	预算管理	成本管理
战略层	集团会计政策	合并报表	集团现金筹划	集团税务规划	管报体系	预算流程及规则	成本战略
	集团会计流程	财务披露	集团资金调拨	税务合规性政策	考核规则/流程/指标	战略目标设定	成本核算准则
	会计审核与批准	外部审计	资金统一支付		激励政策	预算模型设计	成本激励制度
	财务核算稽核	财务报表合规性	资金解决方案	税务知识库	业绩评价	集团预算组织	
控制层	授权及权限管理	本地财务报表合规性	现金流平衡	商业模式	业绩预测	预算编制申报	设计成本控制
	财务运营协调	本地财务报表检查	资金风险控制		业绩推动	预算执行控制	项目成本控制
	本地财务制度	本地财务报表调整	汇率控制	税务合规性	业绩分析	预算分析考核	生产成本控制
执行层	销售及应收流程	账期管理	银行对账	税务核算	全程利润报表	预算数据加工	费用控制
	采购及付款流程	财务报表编制	支付指令	税务遵从	责任现金流制作	预算执行报表	成本核算
	工资流程	内部往来		税务检查	出入库报表	费用分析报表	成本报表
	费用报销流程	报告自查			存货周转报表		
	项目流程						
	特殊事项流程						

图7-2 集团资金管理财务职能体系

(四) 常见的资金集中管理模式

1. 统收统支模式

企业的现金收付活动集中在集团或某一主体的财务部和统一的银行账户,各分支机构或子公司不单独设立账户,所有的收款全部归入统一的银行账户,所有的现金支出都通过财务部指定的账户付出,现金收支完全集中在集团总部。

2. 收支两条线模式

企业的资金收入和资金支出分别使用互相分离的流程、组织或资金流动路径,以达到保证资金安全、有效监控现金流动的目的。收支两条线模式要求收到的资金直接进入回款账户,支付时需要经过审批,才能对外支出,不得"坐收坐支"。

3. 备用金模式

企业按照一定的期限或金额,拨给所属分支机构和子公司一定数额的资金,备其使用。各分支机构或子公司发生实际资金支出后,持有关凭证到企业财务部报销以补足备用金。

4. 结算中心模式

通常在集团财务部门设立结算中心,专门办理集团内部各成员公司的资金收付及往来结算业务。各成员公司根据结算中心预核定的资金存量限额,必须将高于限额的资金转入结算中心的银行账户,结算中心集中管理集团和各成员公司的资金。结算中心核定各成员公司日常所需资金后,统一拨付至各成员公司,监控货币资金的使用。为获得更好的银行服务与融资,结算中心需统一对外协调银行关系和筹措资金,办理各成员公司之间的往来结算,以减少资金沉淀,提高资金利用效率和效益。另外,各成员公司都有自己的财务部门,有独立的账号(通常是二级账号)进行独立核算。因此,结算中心模式并不意味着将各成员公司的全部资金完全集中到集团总部,而是资金流动、投资和融资、关联结算等事项的决策集中化,各成员公司依然拥有较大的资金经营权和决策权。

5. 内部银行模式

这是企业集团下属子公司常用的资金集中管理模式,是较结算中心更为完善的内部资金管理模式。内部银行引进商业银行的信贷、结算、监督、调控、信息反馈职能,发挥计划、组织、协调作用,并成为企业和下属单位的经济往来结算中心、信贷管理中心、货币资金的信息反馈中心。各分子公司与集团实行相对独立核算、自负盈亏。另外,各成员公司无权对外融资,必须由内部银行统一对外筹措资金,并根据集团公司为各成员公司核定的资金和费用定额,结合其实际需要发放贷款,进行统一运作,合理调度资金。

6. 财务公司模式

集团财务公司,是专门从事集团公司内部资金融通业务的非银行性金融机构,须由政府监管机构批准,是大型企业集团或跨国公司投资设立的一个独立的子公司法人实体。财务公司经营的金融业务,大体上可以分为融资、投资和中介三部分。融资业务包括经批准发行财务公司债券、从事同业拆借等;投资业务包括承销成员单位的企业债券、对金融机构的股权投资,成员单位的消费信贷、买方信贷、融资租赁、贷款等;中介业务包括对成员单位交易款项的收付、对成员单位提供担保、办理票据承兑与贴现、办理成员单位之间的内部转账结算等。

7. 资金池(Cash Pooling)模式

或称为现金池模式,是由跨国公司的财务部门与国际银行合作开发的资金管理模式,统一调拨集团的全球资金,以最大限度地降低集团持有的净头寸。资金池管理模式,根据是否实际划拨资金分为两种:"实体资金池"和"名义或虚拟资金池"。在"实体资金池"结构中,企业在同一家银行设立一个母账户和若干个子账户。银行每日定时将子账户的资金余额上划到母账户中,资金上划后,子公司账户上保持零余额(ZBA)或目标余额(TBA)。这个限额的设定,通常是由企业根据自身资金管理的需求和现金存量的额度,与银行协商确定。

(五) 结算中心模式下的内外部账户

结算中心外部账户:它是在集团外部商业银行开立的、结算中心用来统收成员单位资金的总账户,初始金额为0。

成员单位外部账户:它是成员单位在集团外部商业银行开立的、用以对外部进行资金收付的账户。

成员单位内部账户:它是成员单位在结算中心开立的、用以记录成员单位存放于结算中心的资金变动的账户,初始金额为0。

恒等式：
成员单位的银行存款余额＝其外部账户和内部账户余额之和；
结算中心外部账户资金余额＝各成员单位的内部账户资金余额之和。
主要规律：
成员单位委托结算中心进行的外部收支：二者等额增加或等额减少。
上收下拨：二者等额增加或等额减少。
成员单位间通过内部账户进行的结算或调拨：结算中心外部账户资金余额不变，不同成员单位的内部账户等额增减。

二、鸿途集团资金管控现状

鸿途集团目前采用的资金管理模式是以分散管理为主的资金管理模式。在该种模式下，其资金管理现状主要表现为：

各子公司作为独立法人主体，均独立开设银行账户用于各种资金结算业务。

各子公司有权独立办理各种资金结算业务，包括资金的收取、资金的支付等，拥有独立的资金支配权和使用权。

各子公司拥有独立的融资权，可以独立通过银行借款等手段进行融资，并可独立取得银行的授信。

（一）鸿途集团账户情况

集团及下属单位的银行账户分散在多家银行，开户行分别在农业银行、建设银行、交通银行、工商银行、包商银行、农信社、农商行、光大银行等。

各子公司账户的开设、变更、销户业务均需通过集团公司审批通过；各子公司的账户信息需要在集团公司备案。

本次集团纳入资金管理范围的银行账户共计262个账户、76家企业、11个行别，涉及币种均为人民币。

（二）鸿途集团管理目标

（1）建立资金集中监控系统：采用先进的技术手段，通过对集团内部的资金集中管理，做到上级机构对下级机构的资金运行数据的即时查询、及时审计，使资金的运转得到有效监管与控制。为企业搭建起一个跨银行的资金集中监控平台，集中反映整个集团的资金动态情况，掌控资金管理的主动权。

（2）建立一套完整的集团资金操作、管理、分析和决策体系，全面整合集团内结算、融资、票据、预算、投资等各业务条线和各相关系统资源，结合外部商业银行的产品和服务支持，加强集团性企业对集团资金的整体调控能力，降低集团资金运作成本，有效控制财务风险。

（3）成立资金结算中心管理集团资金，资金计划、资金调拨、资金集中、对外结算、内部结算等业务均通过结算中心统筹完成。

（4）建设符合资金结算中心制度要求和管理规范的系统平台，将集团的战略思想和管理思路融合到系统流程中去，规范资金业务，规避风险，提高效率。

(三) 银行手续和流程

1. 银行账户开户

鸿途集团首批仅计划将鸿途水泥板块的各个子公司纳入结算中心模式的集团资金集中管理范围。

鸿途集团各子公司在多家银行均已开立账户，为简化实训起见，现以与工行合作进行结算中心运营为例。

鸿途集团结算中心在工商银行开具资金总账户。

经过鸿途集团结算中心批准，首批纳入集团资金结算中心服务范围的所有子公司均已在工商银行开具基本账户、收入账户，并同时将工商银行开具的基本账户指定为鸿途集团各子公司的支出户。

2. 签署相关协议

结算中心与银行签署《集团账户管理协议》；各纳入集中管理的子公司，与银行签署《集团账户参加管理协议》；结算中心与银行签署《管理单位业务申请书》，基于上述两类协议申请开通银行金融服务。

第二节　资金上收下拨业务

一、相关理论知识

(一) 资金上收下拨的含义

资金上收也称为资金归集，指资金组织或上级组织，将成员单位或下级组织外部银行账户的资金，归集到本组织外部银行账户的业务处理。

资金下拨指资金组织或上级组织，将本组织外部银行账户的资金，划拨到成员单位或下级组织外部银行账户的业务处理。

资金上收和下拨，是集团资金管理中进行资金调度的重要手段。资金下拨时，可以按照资金计划的金额下拨，也可以由业务单位在资金计划范围内申请下拨。

(二) 资金上收下拨的不同业务场景

(1) 按资金计划下拨。结算中心根据资金计划下拨资金到成员单位。

(2) 按付款排程下拨。结算中心根据成员单位已批准的付款排程进行资金下拨。

(3) 自动下拨资金业务。结算中心设置自动下拨规则，系统定时自动下拨资金到成员单位，保证成员单位的资金需求。

(4) 单位申请下拨资金业务。成员单位需要资金时，可通过下拨申请提交到结算中心，结算中心核准、审批后将资金下拨到成员单位。这种场景可解决成员单位的临时资金需要。

（5）委托付款回拨支付下拨资金业务。结算中心先将中心账户的款项下拨到单位账户，同时将下拨到单位账户的资金再支付给单位的客商，既解决了客商款项及时支付问题，又避免了资金在成员单位长期停留甚至被挪用的问题。

二、资金上收下拨业务流程现状

（一）资金上收

共享前资金上收业务流程如图7-3所示。

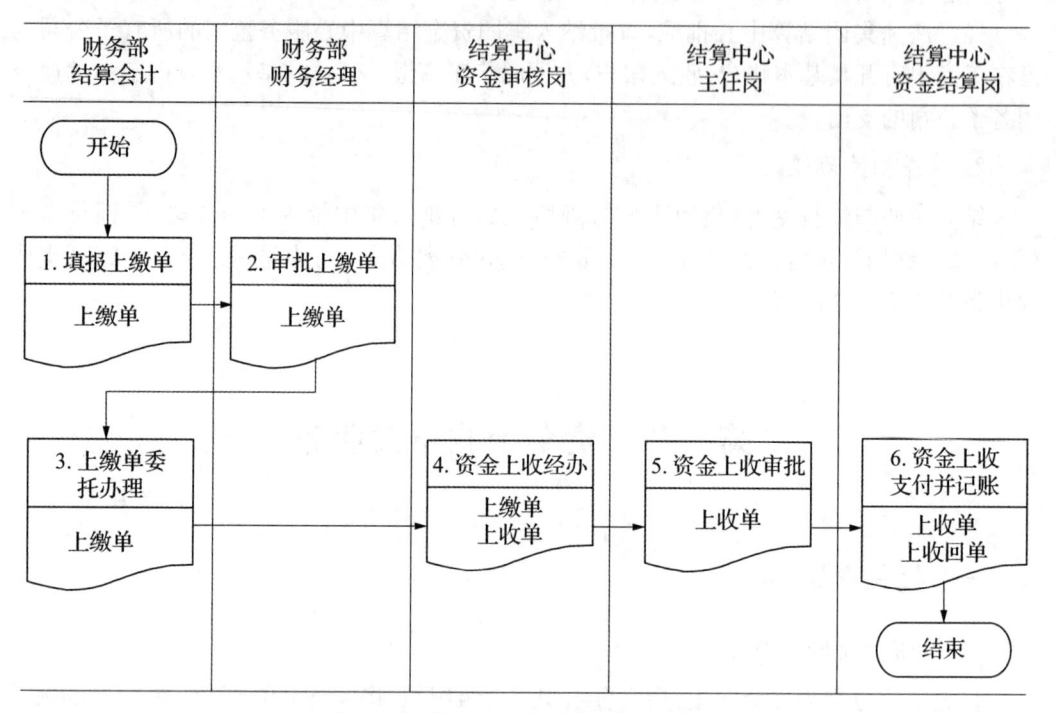

财务部 结算会计	财务部 财务经理	结算中心 资金审核岗	结算中心 主任岗	结算中心 资金结算岗
开始 ↓ 1.填报上缴单 上缴单	2.审批上缴单 上缴单			
3.上缴单委托办理 上缴单		4.资金上收经办 上缴单 上收单	5.资金上收审批 上收单	6.资金上收支付并记账 上收单 上收回单 ↓ 结束

图7-3 资金上收业务流程（共享前）

（二）资金下拨

共享前资金下拨业务流程如图 7-4 所示。

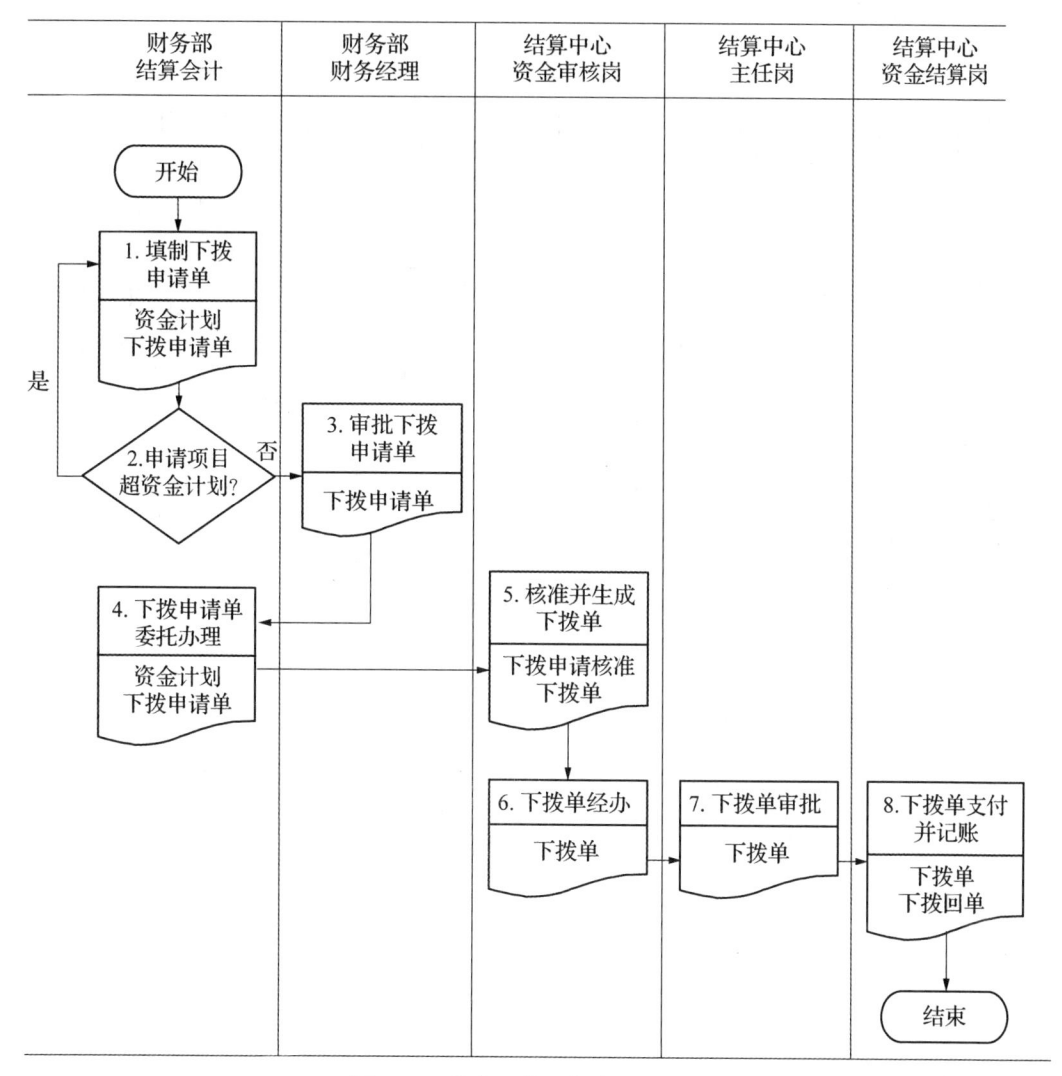

图 7-4　资金下拨业务流程（共享前）

三、共享后流程设计

(一) 资金上收

共享后资金上收业务流程如图 7-5 所示。

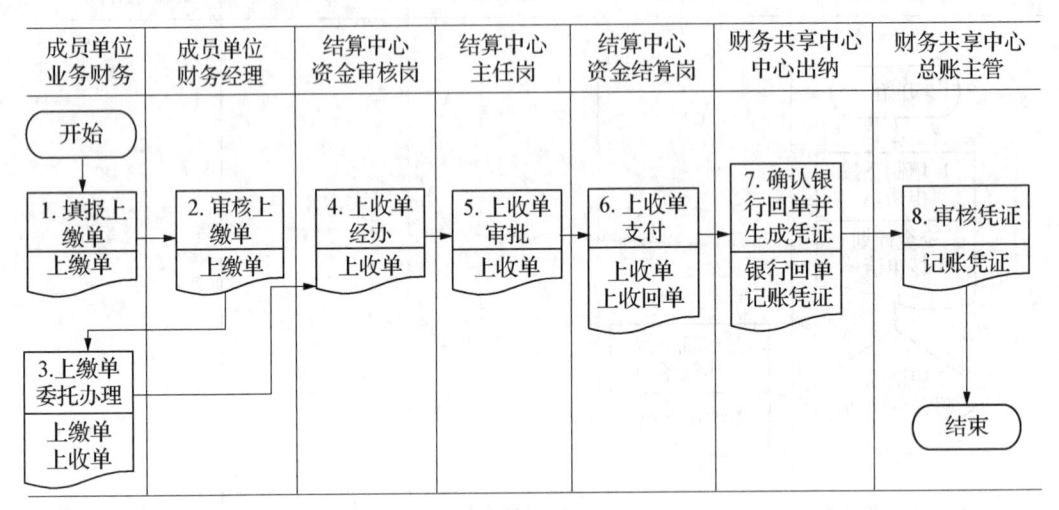

图 7-5 资金上收业务流程(共享后)

(二) 资金下拨

共享后资金下拨业务流程如图 7-6 所示。

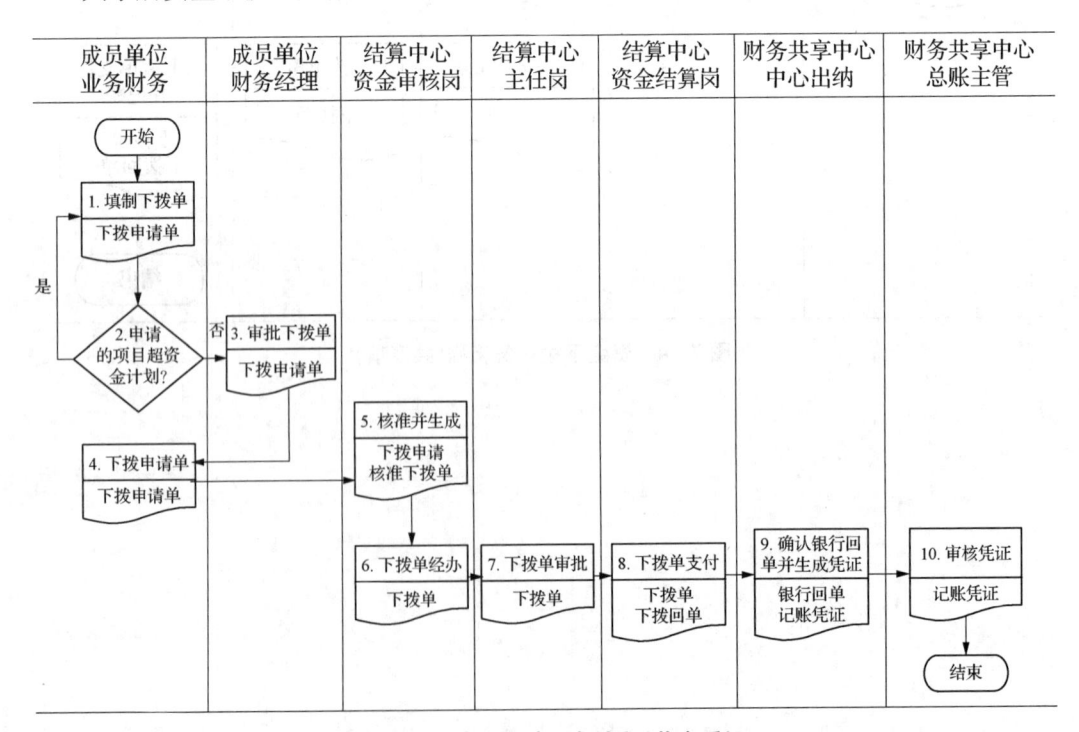

图 7-6 资金下拨业务流程(共享后)

四、案例

(一) 资金计划编制

鸿途集团水泥有限公司2019年7月份的资金计划如表7-1所示。

表7-1 资金计划表

计划项目	计划支出金额
薪酬支出	3 000 000.00 元
费用支出	500 000.00 元

(二) 资金上收

2019年7月10日,鸿途集团各成员公司收到客户回款明细如表7-2所示,各公司收到客户款项后,按照集团资金管理规定,将全部款项归集到各公司在结算中心的总账户。

表7-2 客户回款明细表

业务内容	鸿途集团水泥有限公司
客户名称	天海销售有限责任公司
收到货款	5 231 500.00 元
上缴资金	5 231 500.00 元

注意事项:

(1) 收入户收款入账的银行回单打印件,作为本课程的教辅资源,在上课时以物理单证的形式发放给学生。

(2) 结算中心的资金结算岗在NCC轻量端点击"支付"按钮后,由于教学系统没有真实连接银行,需要增加一个动作:在NCC轻量端桌面的快捷方式"支付指令状态"下,点击"状态确认"按钮并按照界面提示信息操作,最后提交确认,单据才会变成支付成功状态,自动生成成员单位的记账凭证。

(3) 财务共享中心出纳岗在"单位上收回单"界面中点击"记账"完成单位上收凭证生成。

(三) 资金下拨

为满足2019年7月25日薪酬费用支付需求,各成员单位发起申请内部结算账户下拨资金到本地支出户,并在收到下拨款后完成社保支付。薪酬支出表如表7-3所示。

表7-3 薪酬支出表

业务内容	鸿途集团水泥有限公司
薪酬支出	2 500 000 元

五、案例分析

(一) 资金计划编制

1. 业务财务(编制资金计划)

修改右上角日期为 2019 年 7 月 1 日,业务财务打开"资金计划—资金计划编制",在任务中选择"资金支出月度计划(薪酬费用)",下拨付款单位为鸿途结算中心＋组号,下拨收款单位选择"鸿途集团水泥有限公司",选择完毕后,再打开左侧的维度树,可以看到"资金支出月度计划表",在这个表中,我们输入 7 月份的薪酬支出 3 000 000.00 和费用支出 500 000.00(见图 7-7),确认无误后,先点击"保存",再点击"上报"。

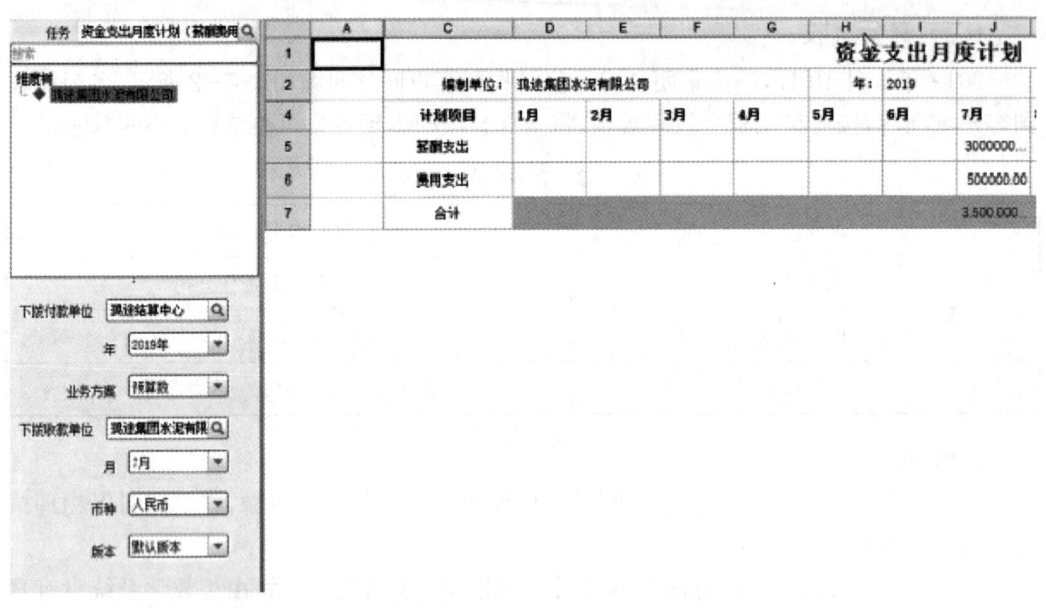

图 7-7 编制资金计划表

2. 财务经理(审核并生效资金计划)

将右上角日期改为 2019 年 7 月 1 日,财务经理打开"资金计划—计划审批",点开"资金计划",确认无误后点"审批"通过。

(二) 资金上收

1. 业务财务(新增上缴单)

业务财务将右上角日期改为 2019 年 7 月 10 日,打开"资金上收下拨—上缴单",在"上缴单"界面,点"新增",根据业务内容填制单据,确认无误后点"保存提交"。

2. 财务经理(审批上缴单)

财务经理在"审批中心—未处理"中打开"数字1",可以看到需要审核的上缴单,点开即可看到上缴单的具体信息,经审核无误后点"批准"。

3. 业务财务（上缴单委托办理）

将右上角日期修改为 2019 年 7 月 10 日，业务财务打开"资金上收下拨—上缴单"，在"待委托"位置查询到上缴单的记录，点开"单据编号"，查看上缴单的具体信息，确认无误后点"委托办理"。

4. 资金审核岗（上收单经办）

将右上角日期修改为 2019 年 7 月 10 日，资金审核打开"资金上收下拨及委托收款—资金上收"，根据业务日期，查询到上缴单的记录，点开"单据编号"，审核资金上收具体信息无误后，先点击"经办"，然后再点击"保存提交"。

5. 结算中心主任（上收单审批）

将右上角日期修改为 2019 年 7 月 10 日，结算中心主任打开审批中心的未处理信息，可以看到资金上收的详细数据，检查无误后点"批准"。

6. 资金结算岗（上收单支付）

资金结算岗打开"资金上收下拨—资金上收支付"，打开"资金上收"界面，查询到需要待支付的单据，打开该单据，审核无误后，进行网银补录后支付。

资金结算岗打开"资金上收下拨—支付指令状态"，查询到待支付的指令，点开"来源单据编号"，在支付指令状态界面点"状态确认"，转到"支付确认单"，在"支付确认单"界面，选择银行确认支付状态并保存、提交。

7. 中心出纳岗（确认银行回单）

将右上角日期修改为 2019 年 7 月 10 日，中心出纳岗打开"资金上收下拨及委托付款—单位上收回单"，查询到上收回单记录，点开"上收回单号"，可以看到单位上收回单的具体信息。点"记账"，系统会自动生成资金上缴的凭证。点击"联查—凭证"，可以看到生成凭证的具体信息。

8. 总账主管岗（审核记账凭证）

总账主管岗进入"凭证审核"界面后，查询出系统自动生成的凭证记录，点开此凭证记录，经审查无误后点"审核"。

（三）资金下拨

1. 业务财务（填制下拨申请单）

业务财务将右上角日期改为 2019 年 7 月 25 日，业务财务打开"资金下拨申请"，在"下拨申请"界面，点击"新增"，根据业务内容填制单据，填制完成后保存并提交。

2. 财务经理（审核下拨申请单）

财务经理在"审批中心—未处理"中打开"数字 1"，可以看到需要审核的下拨申请单，点开即可看到下拨申请单的具体信息，经审核无误后点"批准"。

3. 业务财务（下拨申请单委托办理）

将右上角日期修改为 2019 年 7 月 25 日，业务财务打开"资金上收下拨—下拨申请"，在"待委托"位置查询到下拨申请的记录,点开"单据编号"查看具体信息,确认无误后点"委托办理"。

4. 资金审核岗(核准并生成下拨单并进行下拨单经办)

将右上角日期修改为 2019 年 7 月 25 日,资金审核进入"下拨申请核准",根据业务日期查询单据,查询到下拨申请单后打开单据,检查无误后,点击"核准",然后点"保存提交",最后点击"生成下拨单"。

资金审核进入"资金下拨",查询到待提交的下拨单后,点击"经办",然后点"保存提交"。

5. 结算中心主任(下拨单审批)

结算中心主任在"审批中心—未处理"中打开"数字 1",可以看到需要审核的下拨申请单,点开即可看到下拨申请单的具体信息,经审核无误后点"批准"。

6. 资金结算岗(下拨单支付)

将右上角日期修改为 2019 年 7 月 25 日,资金结算岗进入"资金下拨支付",根据业务日期查询单据,查询到单据后点开查看具体信息,点击"网银补录",然后点击"支付",进行资金下拨支付。

资金结算岗进入"支付指令状态",根据业务日期查询单据,勾选需要支付的单据,点击右上角的"状态确认",进行状态确认,选择银行确认支付状态并保存,然后点"提交"并确认已经和柜台确认支付状态。

7. 中心出纳岗(确认银行回单)

将右上角日期修改为 2019 年 7 月 25 日,中心出纳岗进入"单位下拨回单",根据业务日期查询单据,查询到下拨回单后,点击"记账",对下拨回单进行记账,系统会自动生成相关凭证。

8. 总账主管岗(审核记账凭证)

总账主管岗进入"凭证审核"界面后,查询出系统自动生成的凭证记录,点开此凭证记录,经审查无误后点"审核"。

第三节　外部委托付款业务

一、相关理论知识

(一) 外部委托付款的含义

外部委托付款,简称委托付款,是指由成员单位在内部账户上发起的、经审批后由结算中心外部账户实际对外支付的支付方式。外部委托付款需要从内部账户发起,发起后内部账户暂时冻结相应金额;当结算中心外部账户实际付款成功时,扣减委托方内部账户相应金额。

(二) 外部委托付款的业务场景

从发起方角度划分,委托付款业务主要包括业务单位发起委托付款、结算中心发起委托付款、多结算中心下的委托付款。

从付款结算方式角度划分,委托付款业务主要包括转账支付、票据支付、现金支付、代发工资等。

二、鸿途集团业务现状

不久前鸿途集团考核了同行业、类似规模的标杆企业状况,拟建立结算中心来进行资金的集中管理。拟参考的标杆企业尚未实施财务共享,其外部委托付款业务流程如图7-8所示。

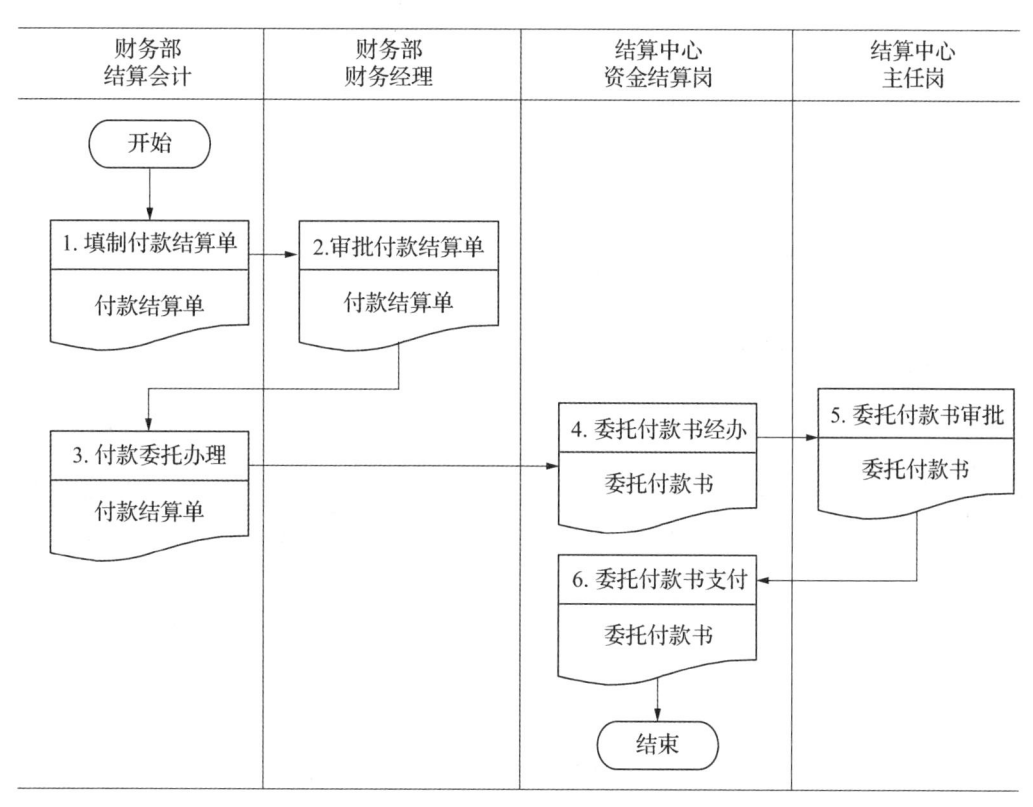

图 7-8 外部委托付款业务流程(共享前)

三、共享后流程设计

以下是共享后外部委托付款业务流程的一种参考答案(见图 7-9),该流程已经经过测试,可以在 NCC 中成功构建和运行。

(1) 业务单位业务财务根据原始凭证填制付款结算单,付款类单据选择"外部委托付款"交易类型,付款单位账户选择成员单位的内部账户。

(2) 业务单位业务财务上传付款原始凭证(如发票等)；

(3) 业务单位财务经理审批付款结算单；

(4) 财务共享中心应付初审岗审核付款结算单；

(5) 业务单位业务财务对"结算"下的付款结算单执行"委托办理"，提交结算中心并自动生成付款委托书；

(6) 结算中心资金审核岗对委托付款书填写支付银行信息等并执行"经办"；

(7) 结算中心主任岗对委托付款书执行"审批"；

(8) 财务共享中心出纳岗对委托付款书执行"支付"，提交银行付款指令。

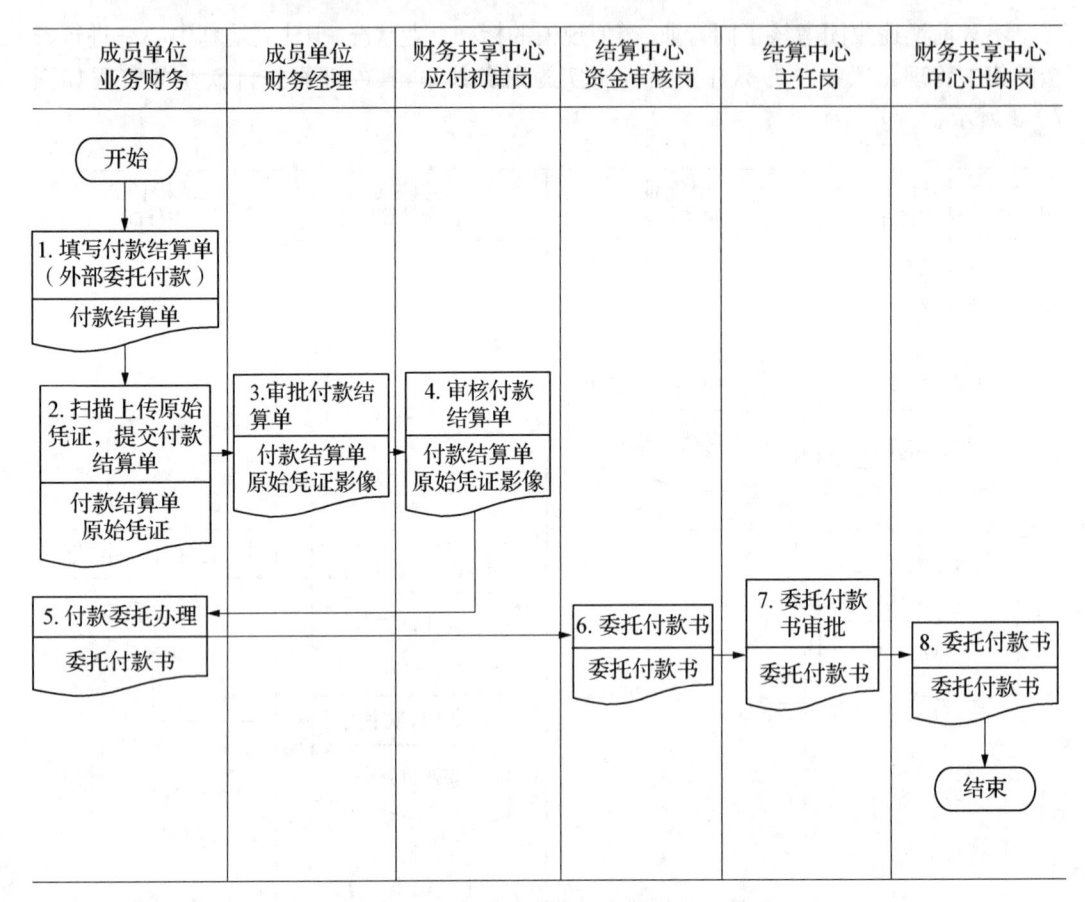

图 7-9 外部委托付款业务流程(共享后)

四、案例

2019年7月5日，卫辉市鸿途水泥有限公司向绿城物业服务集团有限公司缴纳上个月公司行政办公区水费，后者已经开具增值税专用发票，税率(征收率)为3%。根据发票所记载的情况，上个月应缴纳的水费总金额为29 426.07元(不含税金额为28 569.00元)。

因本公司支出户余额不足，卫辉市鸿途水泥有限公司通过外部委托付款流程进行付款。

注意事项：

增值税专用发票作为本课程的教辅资源，在上课时以物理单证的形式发放给学生。

该项业务由综合办公室的办公室（0101）负责。

中心出纳岗在 NCC 轻量端点击"支付"按钮后，由于教学系统没有真实连接银行，需要增加一个动作：在 NCC 轻量端桌面的快捷方式"支付指令状态"下，点击"状态确认"按钮并按照界面提示信息操作，最后提交确认。

五、案例分析

（一）业务财务（填制付款结算单）

业务财务将右上角日期改为 2019 年 7 月 5 日，打开"现金管理—付款结算"，在"付款结算"界面，点击"新增"，填写付款结算单相关信息，填写完毕并确认无误后，点击"保存"，然后点击"更多"，选择"影像扫描"，将相关原始凭证扫描上传到系统，完成后返回原界面点击"提交"（见图 7－10）。

图 7－10 填制付款结算单

（二）财务经理（审批付款结算单）

财务经理在"审批中心—未处理"中打开"数字 1"，可以看到需要审核的付款结算单，点开即可看到付款结算单的具体信息，财务经理通过影像查看付款结算单的原件，经审核无误后点"批准"。

（三）应付初审岗（审核付款结算单）

应付初审岗在"我的作业"中提取任务，打开待提取任务，在"待处理"界面，打开单据编号，应付初审岗结合纸质单据，审核应付单无误后，点"批准"。

（四）业务财务（付款委托办理）

修改业务日期为 2019 年 7 月 5 日，点击"结算"，在"结算"界面，选择公司名称和单据期间，点击"查询"，在待结算区打开查询到的单据，点击"委托"。

(五) 资金审核岗(委托付款书经办)

修改业务日期为 2019 年 7 月 5 日,点击"委托付款",在"委托付款"界面,选择相应的单据期间,点击"查询",打开查询到的单据,点击"经办",填写银行支付账户后点击"保存"。

(六) 结算中心主任(委托付款书审批)

打开"审批中心——未处理",打开并审核单据,检查无误后点击"批准"。

(七) 中心出纳岗(委托付款书支付)

修改业务日期为 2019 年 7 月 5 日,点击"委托付款支付",选择单据期间,点击"查询",找开查询到的单据,点击"网银补录",补充收款地区名后点击"支付"。支付成功提示后选择"支付指令状态",选择公司名称和单据期间,点击"查询",打开查询到的单据,点击"状态确认",修改银行支付状态为"成功",修改银行确认日期;点击"保存"后提交。

第八章　固定资产管理

> 通过学习本章,了解案例企业固定资产管理的现状,能够分析案例企业固定资产业务存在的问题并能够进行共享后业务流程的设计,掌握新增固定资产、固定资产变动业务处理的方法。

第一节　固定资产共享业务概述

一、鸿途集团业务现状

(一) 固定资产范围及标准

固定资产是指企业为生产产品、提供劳务、出租或者经营管理而持有的、使用时间超过12个月的,价值达到一定标准的非货币性资产,包括房屋、建筑物、机器、机械、运输工具以及其他与生产经营活动有关的设备、器材、工具等。

(二) 固定资产类别

鸿途集团是重资产行业,主要资产集中于大型生产设施、设备。根据《固定资产管理制度》,鸿途集团固定资产分类如表8-1所示。

表8-1　固定资产分类表

固定资产类别	折旧计提年限/年
房屋及建筑物	25
机器设备	10
运输工具	5
办公设备	5
生活设备	5
电子设备	3

(三) 固定资产管理的权责

鸿途集团固定资产的实物和价值管理分属不同部门负责,具体分工如图 8-1 所示。

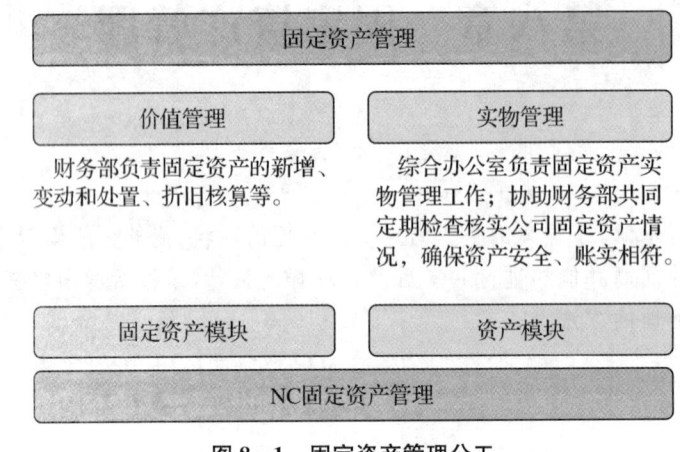

```
                    固定资产管理
        ┌───────────────┬───────────────┐
           价值管理              实物管理
     财务部负责固定资产的新增、    综合办公室负责固定资产实
     变动和处置、折旧核算等。      物管理工作;协助财务部共同
                                定期检查核实公司固定资产情
                                况,确保资产安全、账实相符。

         固定资产模块            资产模块
        └───────NC固定资产管理────────┘
```

图 8-1　固定资产管理分工

二、固定资产业务典型业务场景

固定资产典型业务场景包括资产新增、资产变动、资产维护、资产调拨、资产盘点和期末业务。

(一) 资产新增

(1) 手工新增。不通过资产新增申请等业务流程,直接手工增加固定资产卡片;适用于对固定资产管理比较粗放的企业。

(2) 资产购置申请。使用部门需要新增固定资产时,提交新增资产申请,由部门领导和主管部门经办人、领导审批后,增加固定资产。

(3) 工程转固。工程项目竣工后,形成的产出物达到预计可使用状态,转为固定资产管理。

(4) 盘盈新增。企业在定期的资产盘点中,如发现有盘盈资产,需要将盘盈的资产入账。

(二) 资产变动

固定资产在其全生命周期的管理过程中发生变化,如使用部门调整、管理部门调整、存放地点调整等。

(1) 价值调整,指固定资产原值调整,包括在设备技术改造或者维修过程中发生的维修费用的资本化,以及项目产出物价值调整。

(2) 资产追溯调整。当与固定资产相关的会计政策发生变更或出现重大的前期差错时,可能需要对资产进行追溯调整。

(3) 使用部门调整。资产使用人的变化。

(4) 其他变动。其他资产属性的变动业务。

(三) 资产维护

(1) 资产评估。当企业发生上市、兼并、收购、抵押贷款、破产等情况时，通常需要对资产进行评估，即由专门的机构，通过严谨、科学的方法，出于特定的评估目的，对企业资产进行重新估价。资产评估是个复杂的过程，必须由专门的独立的机构完成。

(2) 资产减值。企业外部财务、市场环境发生变化，会给企业的固定资产带来减值风险，即固定资产的现值小于市场公允价值。要规避这种风险，减少可能为企业带来的不利影响。

(3) 资产减少。当固定资产由于磨损或陈旧，使用期满不能继续使用，或由于技术进步，必须由先进设备替代时，需要对固定资产进行报废处理。除资产报废以外，出售资产、捐赠资产等也是资产减少、退出企业的方式。

(四) 资产调拨

集团下，不同财务组织间，进行资产所有权转移。此资产调拨是指资产的所有权发生转移，而不是使用权、使用部门、管理部门转移，非所有权发生的改变可以通过资产变动业务完成。

(五) 资产盘点

资产盘点是保证固定资产实物与账务数据一致的重要业务，也是减少资产流失的重要手段。

通常情况下，资产盘点过程会持续一段时间，特别是资产密集型企业。资产盘点不仅仅关注实物数量、价值信息，也关注存放位置、使用部门等信息。盘点结束后，输出盘盈、盘亏以及差异调整数据，并完成必要的调整。例如，盘亏需要做固定资产减少，盘盈则考虑新增固定资产，盘点差异则需要按照实际信息调整账面信息。

(六) 期末业务

(1) 折旧与摊销。固定资产折旧摊销是固定资产管理的核心业务，也是财务会计的重要业务处理之一。固定资产折旧摊销过程涉及所有固定资产折旧数值的计算，实现按照不同口径的归集分摊，折旧计算过程需要考虑资产在会计期间做的所有变动调整，最后将数据整理登账。

(2) 月末结账。月末结账动作，集中处理各类财务业务，同时将财务数据按照期间进行归类、划分、标识，为以后的数据统计、查询、分析提供规范的基础。

(3) 固定资产对账。固定资产对账是指将固定资产模块的业务数据与总账中固定资产账务数据进行核对。对账业务通常发生在财务月末结账之前，因为一旦发觉业务系统与总账之间的数据不一致，通常情况下需要在月末结账之前查找原因，必要的情况下需要消除异常的差异。

第二节 新增固定资产业务

一、固定资产新增业务现状

(一) 订单采购

订单采购流程如图 8-2 所示。

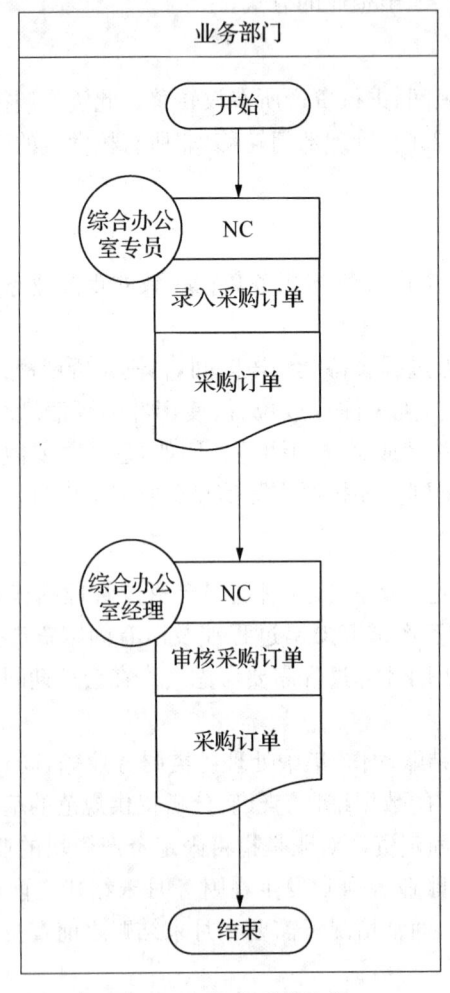

图 8-2 订单采购流程

（二）支付货款

支付货款流程如图8-3所示。

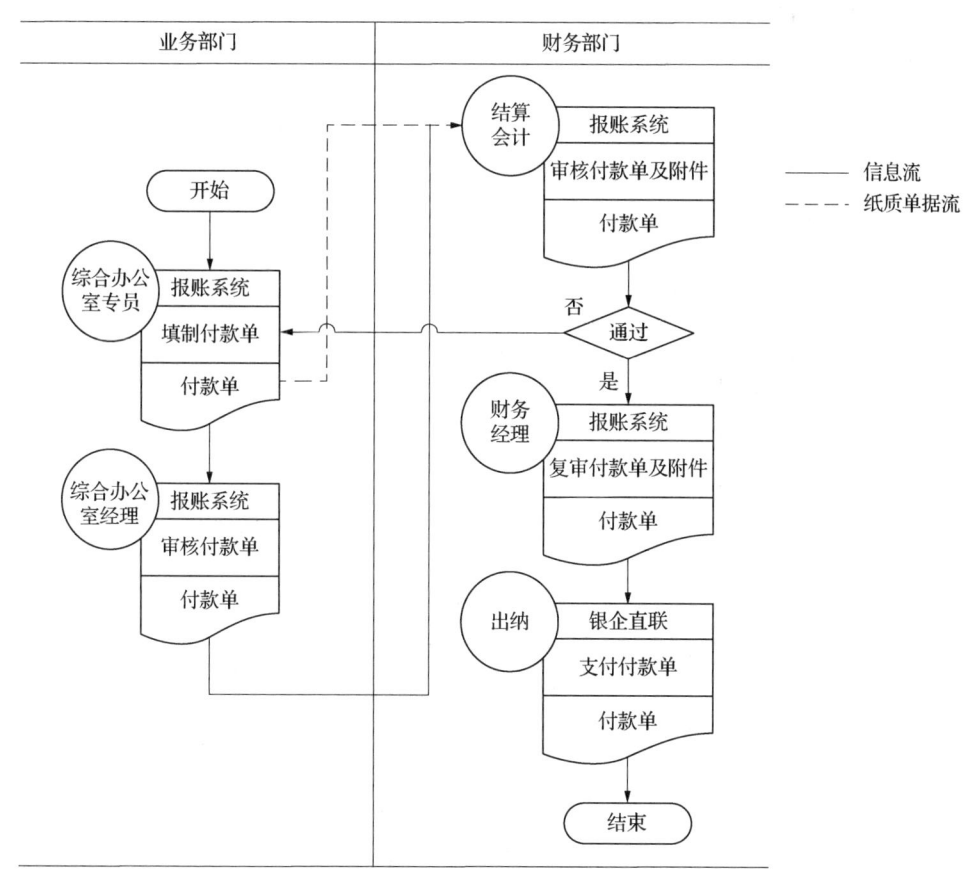

图8-3　支付货款流程

（三）资产增加

资产增加流程如图8-4所示。

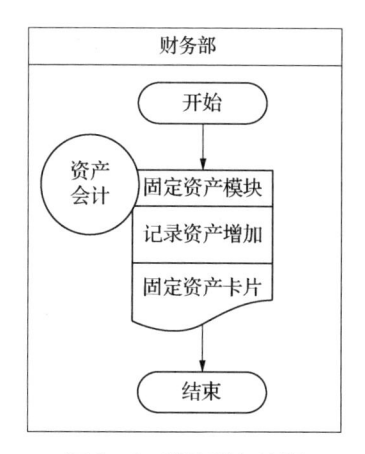

图8-4　资产增加流程

二、共享后流程设计

(一) 确认应付

确认应付流程如图 8-5 所示。

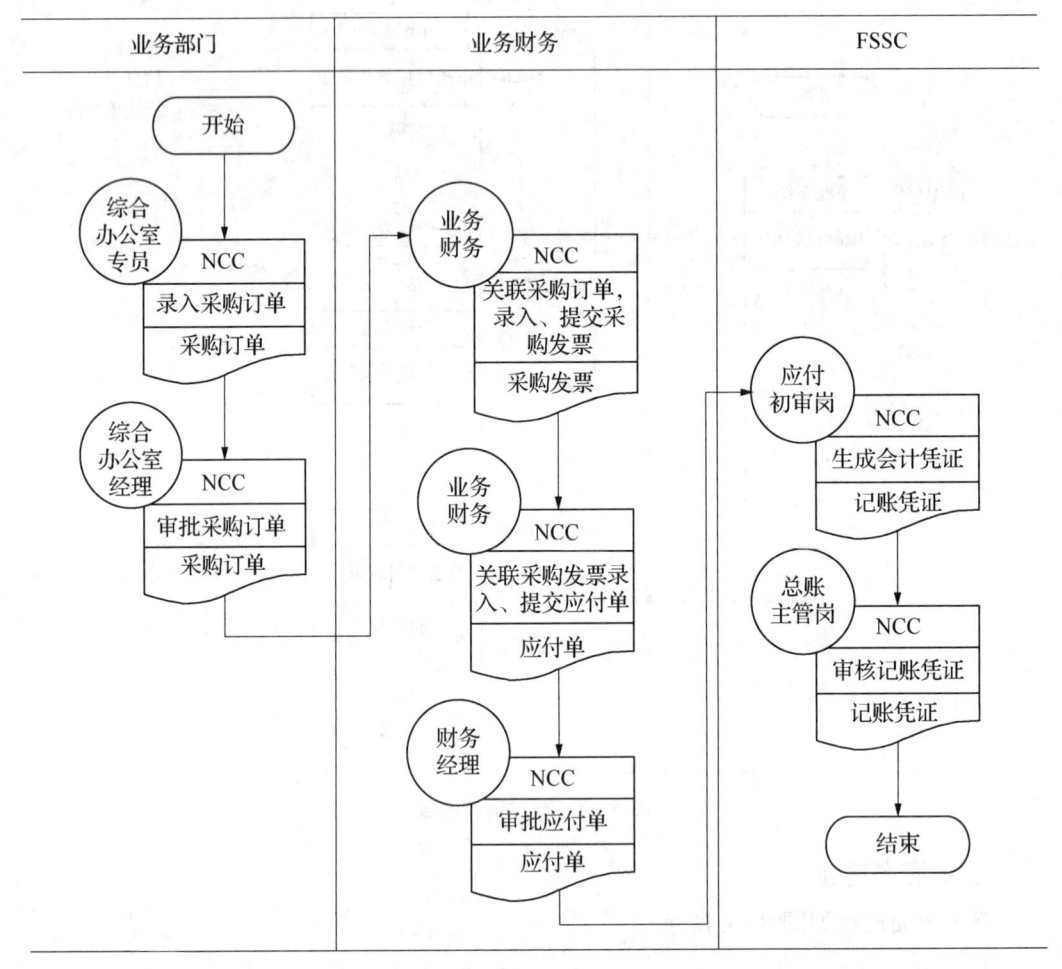

图 8-5 确认应付业务流程

（二）支付货款

支付货款流程如图 8-6 所示。

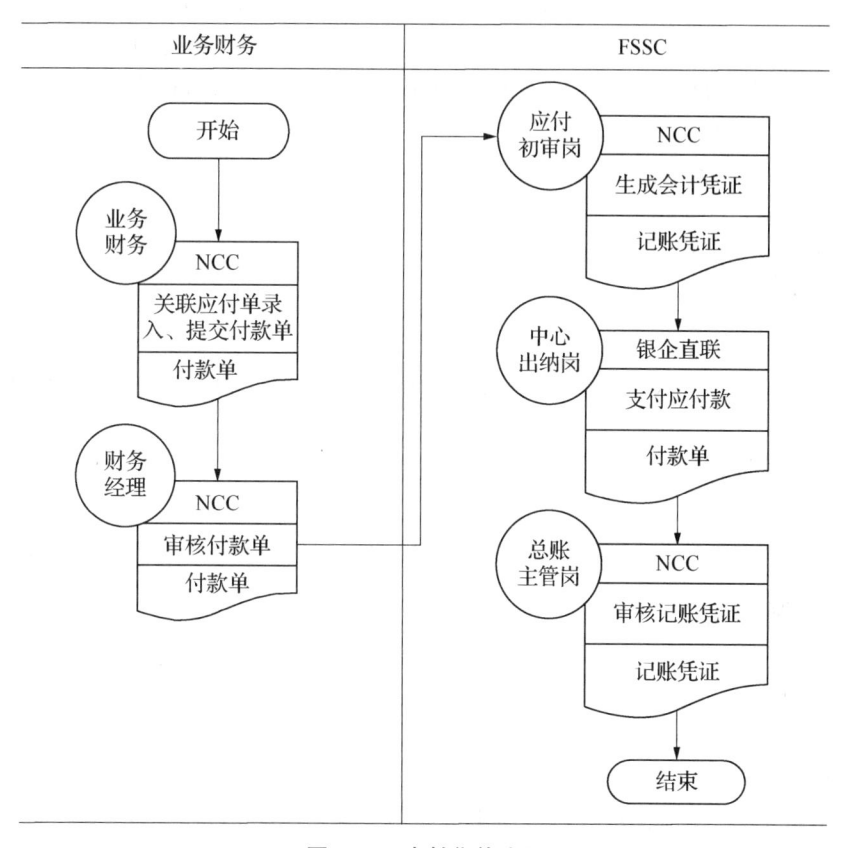

图 8-6　支付货款流程

（三）确认资产

确认资产流程如图 8-7 所示。

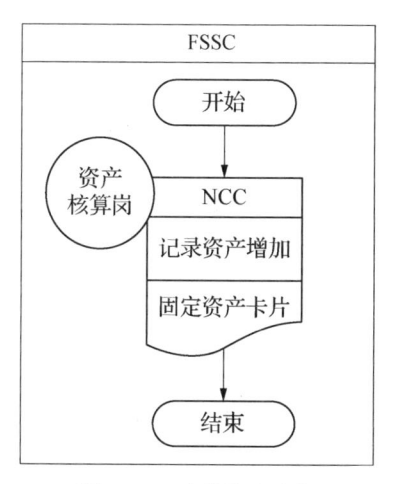

图 8-7　确认资产流程

三、案例

2019年7月15日,鸿途集团水泥有限公司质控处办公室需购置一台空调(属于:生活设备),经OA审批通过后,具体由综合办公室向庆峰五金贸易公司发起采购申请。请购信息如下(其中单价含有13%的增值税:无税单价:1 769.03元;税额229.97元):

商品名称:空调。
商品产地:中国大陆。
变频/定频:定频。
商品匹数:1.5匹(15～25 m^2)。
物料分类:壁挂式空调。
含税价格:1 999元。

2019年7月20日收到货物和发票并进行了会计处理,7月25日支付了全额款项。

注意事项:

(1) 原始凭证(采购发票等)作为本课程的教辅资源,在上课时以物理单证的形式发放给学生。

(2) 付款回单若要作为原始凭证存档,教学平台将提供银行回单查询并打印功能。

四、案例分析

(一) 确认资产

资产核算岗(记录资产新增)

资产核算岗修改右上角日期为2019年7月15日,并点击"固定资产卡片维护",在"资产增加"界面,点击"新增",选择"通用资产",填写资产的相关信息,完成并检查无误后点击"保存"(见图8-8)。

图8-8 增加资产

(二) 确认应付

1. 综合办公室专员（录入采购订单）

综合办公室专员将右上角日期改为 2019 年 7 月 15 日，打开"业绩填报—采购订单维护"，点击"新增"，选择"自制"，补充采购订单的相关信息，确认无误后点"保存提交"（见图 8-9）。

图 8-9 采购订单维护

2. 综合办公室经理（审核采购订单）

将右上角日期改为 2019 年 7 月 15 日，打开"审批中心—未处理"，可以看到需要审核的采购订单，打开此采购订单，审核无误后点"批准"。

3. 业务财务（提交采购发票）

将右上角日期改为 2019 年 7 月 15 日，打开"采购业务—采购发票维护"，在"采购发票维护"界面，点击"新增"，选择"收票"，转入"选择订单/入库单"界面，打开采购订单选项卡，点"查询"可以看到采购订单的记录，勾选此订单后点右下角的"生成发票"，接下来转入"采购发票"界面，确认发票信息无误后点"保存"，点击"更多"，选择"影像扫描"后将原始凭证扫描上传到系统中，最后返回原界面点"提交"（见图 8-10）。

图 8-10 采购发票维护

4. 业务财务(提交应付单)

将右上角日期改为 2019 年 7 月 15 日,打开"采购业务—应付单管理",进入"应付单"界面,点"查询",可以查询到单据记录,点开采购空调的那条记录,确认无误后点"提交"。

5. 财务经理(审批应付单)

打开"审批中心—未处理",可以看到需要审核的应付单,审核确认无误后点"财务经理角色<批准>"。

6. 应付初审岗(审核应付单)

将右上角日期改为 2019 年 7 月 15 日,在"我的作业—待提取"中提取作业任务,可以看到应付单的具体信息,确认无误后点"批准"。

7. 总账主管岗(审核记账凭证)

总账主管岗进入"凭证审核"界面后,查询出系统自动生成的凭证记录,点开此凭证记录,经审查无误后点"审核"。

(三) 支付货款

1. 业务财务(提交付款单)

将右上角日期改为 2019 年 7 月 15 日,点击"付款单管理",在"付款单管理"界面,点击"新增",选择"自制",填写付款单相关信息,完成后点"保存",然后点击"更多",选择"影像扫描",将原始凭证扫描上传到系统后,返回原界面点"提交"。

2. 财务经理(审批付款单)

打开"审批中心—未处理",可以看到需要审核的付款单,结合付款单的影像原件,审核确认无误后点"财务经理角色<批准>"。

3. 应付初审岗(审核付款单)

在"我的作业—待提取"中提取作业任务,可以看到应付单的具体信息,结合付款单的影像原件,审核确认无误后点"批准"。

4. 中心出纳岗(出纳付款)

将右上角日期改为 2019 年 7 月 15 日,中心出纳岗打开"结算",查询到付款单后,勾选"付款单",右上角选"支付—网上转账",然后执行网上支付。

5. 总账主管岗(审核记账凭证)

总账主管岗进入"凭证审核"界面后,查询到系统自动生成的凭证记录,点开此凭证记录,经审查无误后点"审核"。

第三节 固定资产变动业务

一、鸿途集团业务现状

共享前固定资产调整业务流程如图 8-11 所示。

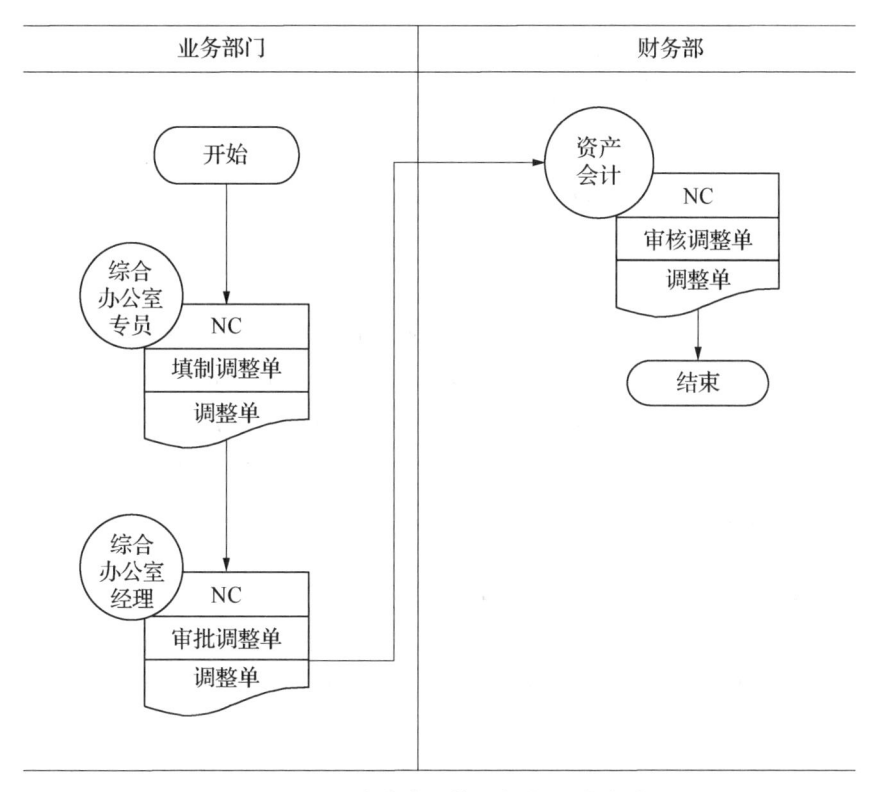

图 8-11 固定资产调整业务流程(共享前)

二、共享后流程设计

图 8-12 是共享后固定资产调整业务流程的一种参考答案,该流程已经经过测试,可以在 NCC 中成功构建和运行。

```
业务部门                    FSSC

  开始                    资产
                         核算岗
                                    NCC
 综合办
 公室专员    NCC                    审核调整单
           填制调整单                 调整单
            调整单
                                    结束
 综合办
 公室经理    NCC
           审批调整单
            调整单
```

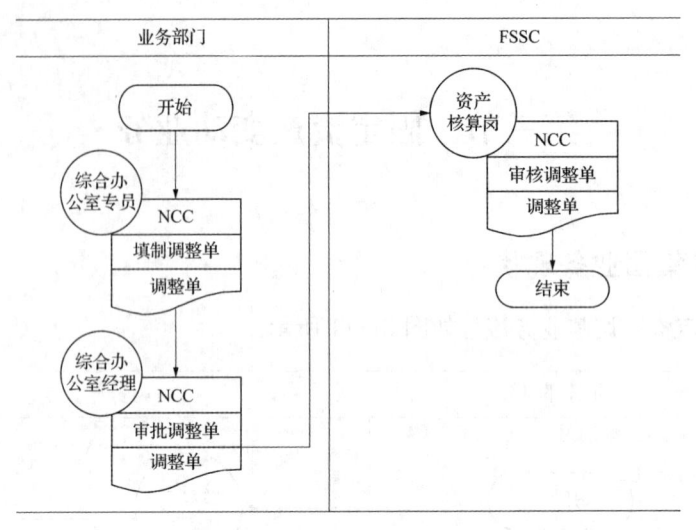

图 8-12　固定资产调整业务流程(共享后)

三、案例

2019 年 7 月 12 日,鸿途集团水泥有限公司原由销售服务办公室(部门编码:0501)使用的一台笔记本电脑(属于:电子设备)调整至供应处办公室(部门编码:0601)。该笔记本电脑的具体信息如下:① 商品名称为 ThinkPad 翼 480;② 屏幕尺寸为 14.0 英寸;③ 系列为 ThinkPad-E 系列;④ 分类为轻薄本;⑤ 原值为 4 900 元,累计折旧为 816.66 元(半年)。

四、案例分析

(一) 综合办公室专员(填制资产变动单)

将右上角日期改为 2019 年 7 月 5 日,点击"固定资产变动",在"固定资产变动"界面,点击"新增",填写固定资产变动相关信息,完成后点"保存提交"(见图 8-13)。

图 8-13　固定资产变动

(二) 综合办公室经理(审批资产变动单)

综合办公室经理打开"审批中心—未处理",可以看到需要审核的资产变动单,审核确认无误后点"综合办公室经理角色＜手工活动＞",批准单据。

(三) 资产核算岗(审核资产变动单)

资产核算岗在我的"作业—待提取"中提取作业任务,可以看到资产变动单的具体信息,审核确认无误后点"批准"。

第九章 总账共享

> 通过学习本章,了解总账共享的内容和解决方案,了解 RPA 实现流程自动化的一般原理和方法,能够操作 RPA 机器人实现期末的月结操作,实现总账业务处理的自动化。

第一节 总账业务处理

一、总账业务

(一) 总账业务范围

总账业务既包括费用报支、销售应收、采购应付、资金结算业务、成本业务,也包括其他无信息系统支撑的、需要手工处理的核算业务,除此以外还有些业务需要财务人员手工录入系统。这些业务主要是一些计提、结转、调整、分摊等业务。总账业务范围如图 9-1 所示。

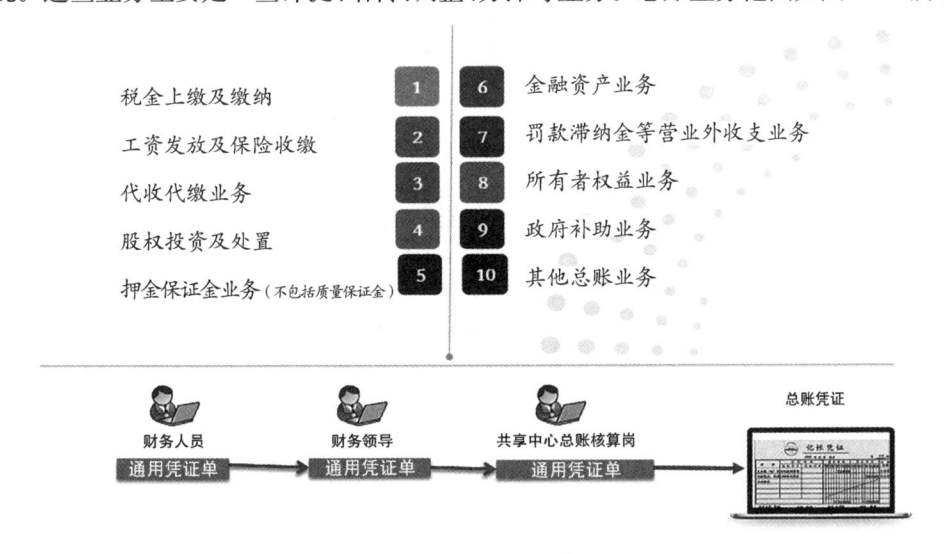

税金上缴及缴纳	1	6	金融资产业务
工资发放及保险收缴	2	7	罚款滞纳金等营业外收支业务
代收代缴业务	3	8	所有者权益业务
股权投资及处置	4	9	政府补助业务
押金保证金业务(不包括质量保证金)	5	10	其他总账业务

财务人员 —通用凭证单→ 财务领导 —通用凭证单→ 共享中心总账核算岗 —通用凭证单→ 总账凭证

图 9-1 总账业务范围

(二) 总账业务的解决方案

当每月成员单位的账务需要进行调整处理时或审计部门审计后需要进行审计调整时,成员单位的财务人员登录共享平台,填写通用凭证单,补充相关业务信息和影像信息后,提交财务领导审批,共享中心总账复核岗进行复核,生成相应的凭证。

(1) 对于涉及核销的业务,如押金业务,建议采用收付款单据进行业务承载;

(2) 对于不涉及核销的业务,如罚款、滞纳金等结算业务,建议采用收付结算单据进行业务承载;

(3) 对于有规定规则类的业务,建议使用工单进行业务承载,依据业务逻辑梳理相关的服务流程;

(4) 对于无规则类的业务,如审计调整等需要财务人员才能完成的业务,使用通用凭证单进行承载。

二、总账的月结处理

月结协作工作台确保企业从期末结账的审核规则、结账流程、月结操作、进度监控等工作事项,得到全方位智能化系统支撑,实现企业数字化升级,提高工作效率,降低成本。

月结协作工作台可直观查看多个账簿月结进度,按负责人编辑检查项执行情况,按账簿查看月结详情,详细了解账簿未完成的原因,可执行批量结账(见图9-2)。

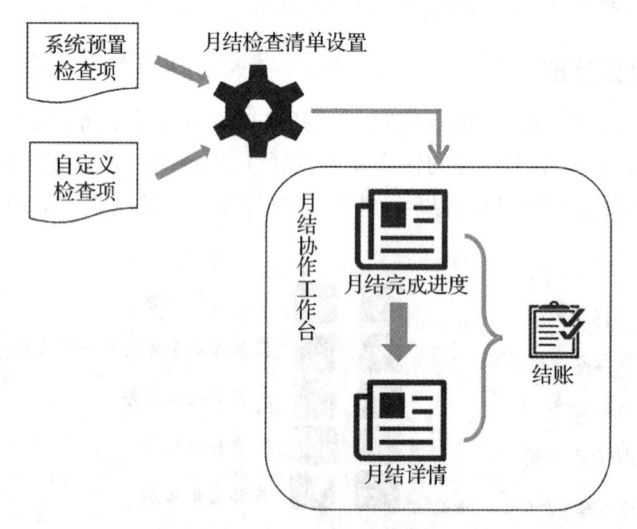

图9-2 总账月结处理

第二节 总账 & RPA 应用业务

一、RPA 简介

RPA(Robotic Process Automation)的全称为机器人流程自动化,替代人在电脑前执行有规律、重复性高的办公流程。

RPA 是一款软件产品,可模拟人在电脑上的不同系统之间的操作行为,替代人在电脑前执行具有规律与重复性高的办公流程。因其可以将办公室工作自动化,7×24 小时全天待命,提高生产效率,彻底消除人为错误,具有非侵入性及可高度扩展性,受到了很多发达国家企业的青睐。

当前,RPA 正在席卷全球各行各业,从金融到医疗再到零售。多种重复有规律的工作流程正在被代替。基本上在各种岗位上都或多或少地有对 RPA 的需求,并且这些企业也在积极地探索、尝试、开展以 RPA/AI 为基础的数字化转型。通过 RPA 的应用,将员工从简单、重复的工作中释放出来,使他们得以更专注于具有更高附加值的数据分析、决策和创新工作,以此提高客户在市场上的竞争力,实现共赢。

小友 RPA 通过用户界面使用和理解企业已有的应用,将基于规则的常规操作自动化,如读取邮件和系统,计算、生成文件和报告,检查文件等,是可以记录人在计算机上的操作并重复运行的软件。

二、NCC RPA 类型及特点

(一) 月结机器人

根据单位范围结账,并自动记录结账中的问题。

(二) 发票验伪机器人

业务人员收到纸质发票后,拍照上传到固定文件夹,发票机器人将定时启动针对文件夹中纸质发票的 OCR 识别,并自动进行验伪。

(三) 发票认证机器人

发票认证机器人定时启动后,可以自动对采购发票进行认证。

(四) 三单匹配机器人

入库单匹配机器人针对验伪通过的发票,与 NCC 中的采购入库单进行智能匹配,匹配成功后自动生成 NCC 中的采购发票,自动进行采购结算,并可以自动生成应付单,确定应付。

(五) 久其预算报表填报机器人

可以将多个单位多张报表进行批量导入,自动捕获异常信息并生成报告。

（六）总账月结检查机器人

根据提供账簿以及会计期间自动检查人工检查项的完结情况，进行自动结账并生成结账报告。

（七）内部交易对账机器人

根据查询条件自动进行查询并进行对账，同时记录对账结果。

（八）银行对账机器人

根据对账参数文件中的内容进行自动对账，并生成对账报告。

三、NCC RPA 功能

（一）月结机器人

(1) 设置待结账单位清单；

(2) 由机器人按待结账单位清单自动结账，结账过程中的问题自动生成结账报告。

（二）发票验伪机器人

(1) 支持业务员收到纸质发票，进行拍照，存放在固定的文件夹里，机器人手工或者定时调用该文件夹的发票图片，导入 OCR 扫描记录，同时根据电子底账记录进行发票验伪，验伪通过后，生成收票数据；

(2) 对于验伪不通过的发票，只会生成 OCR 扫描记录数据；

(3) 对于验伪中的发票，机器人会重复操作"生成发票"，直到返回验伪结果，停止此操作；

(4) 支持设置验伪接收人，同时在验伪结束后，给接收人发送验伪结果，通过验伪结果可查看验伪失败原因及生成收票失败原因等明细信息。

（三）发票认证机器人

(1) 支持设置接收人邮箱，以及本月需认证税额合计；

(2) 支持查询出 360 天内待认证的发票，自动勾选满足条件的发票进行直连认证；其中需按日期从小到大勾选待认证发票，所勾选待认证发票税额合计小于等于机器人设置的本月需认证的税额合计。

（四）三单匹配机器人

(1) 支持对验伪通过且生成收票的发票进行智能匹配入库单，智能勾选，确认匹配结果，自动生成采购发票，并自动进行采购结算，可以自动生成应付单，确定应付；

(2) 本次入库匹配的发票范围："验伪通过发票"文件夹下的"验伪通过发票清单"内已生成收票的发票；

(3) 支持给接收人发送匹配结果，通过匹配结果可查看匹配失败的原因。

（五）久其预算报表填报机器人

(1) 可以将多个单位多张报表进行批量导入；

(2) 自动捕获异常信息并生成报告。

(六) 总账月结检查机器人

（1）设置待结账单位 Excel 清单；

（2）设置待结账单位检查项相关的 Excel 清单信息；

（3）由机器人按以上清单自动检查出厂提供的月结检查项清单中的检查项，执行检查操作；

（4）做完上述检查操作后，由机器人按待结账单位清单自动执行结账，结账过程中的问题自动生成结账报告。

(七) 内部交易对账机器人

（1）在自动对账报告 Excel 清单中设置对账单位以及对账条件；

（2）由机器人按自动对账报告 Excel 清单中的设置自动执行对账，对账执行情况自动生成内部交易对账结果报告。

(八) 银行对账机器人

（1）根据对账参数文件中的内容进行自动对账；

（2）对账完成后，自动生成对账报告。

第三节　RPA 操作

一、客户端管理

（1）登录 NC Cloud 轻量端。

（2）点击"自动化机器人"→"客户端管理"菜单（见图 9-3）。

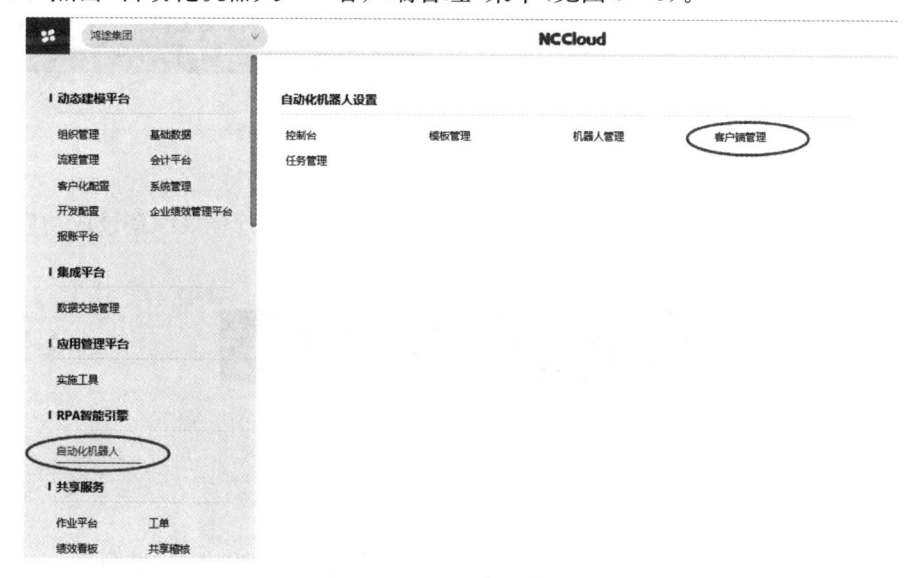

图 9-3　客户端管理

(3)下载并安装 NCC 自动化机器人客户端(见图 9-4)。

图 9-4　下载客户端

下载完成后解压缩,双击该安装程序,安装完成后,桌面应该增加一个名为"小友 RPA 客户端 NC Cloud 专版"的客户端(见图 9-5)。

图 9-5　小友 RPA 客户端 NC Cloud 专版

(4)启动小友 RPA 客户端,点击设置按钮,配置 RPA 服务器地址(见图 9-6)。该地址在每个院校进行系统安装时确定,由主讲老师告知。

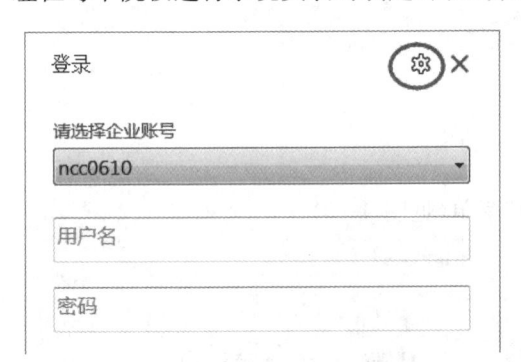

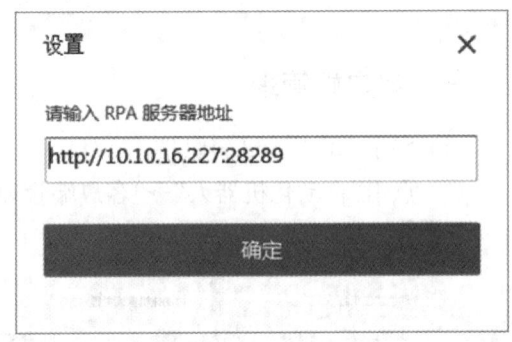

图 9-6　登录并设置 RPA 服务器

(5)选择登录的 NCC 账套,输入相应的用户名和密码,进行登录。登录成功后,状态栏出现 RPA 客户端图标(见图 9-7)。

图 9-7　RPA 客户端图标

二、机器人管理

(1)登录 NCC 轻量端,选择"自动化机器人"→"机器人管理"菜单(见图 9-8)。

图9-8　机器人管理

(2) 点击"创建机器人"按钮(见图9-9)。

图9-9　创建机器人

(3) 录入机器人基本信息,选择机器人运行的客户端。操作完成后,点击"下一步"(见图9-10)。

图9-10　录入机器人信息

(4) 选择"月结机器人"模板。操作完成后,点击"下一步"(见图9-11)。

207

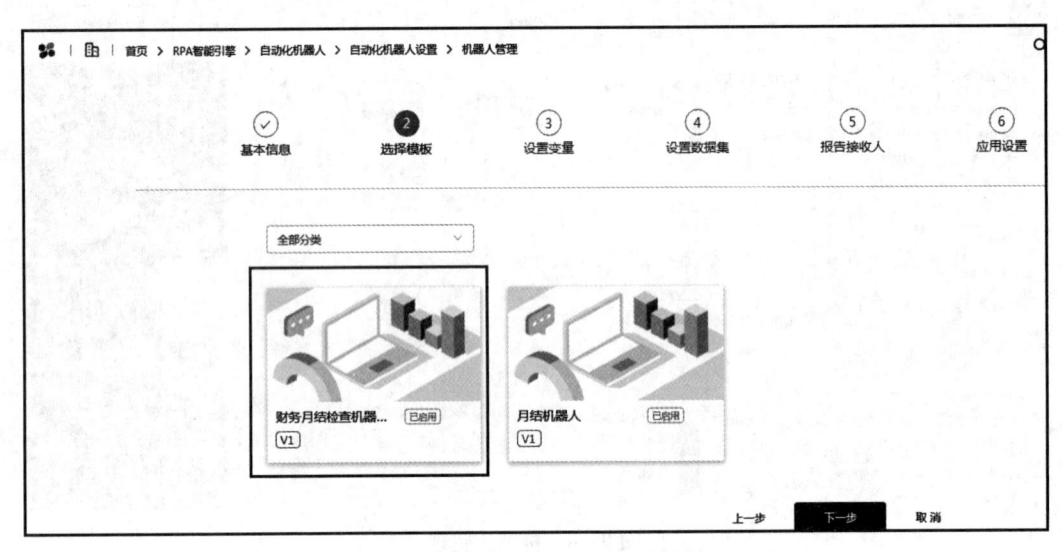

图 9-11 选择"月结机器人"模板

(5) 设置变量。操作完成后,点击"下一步"(见图 9-12)。

图 9-12 设置变量

(6) 在本地创建机器人执行结果文件夹。例如,可在 D 盘创建文件夹 rpa,在 rpa 文件夹下创建"月结报告.xlsx"。

(7) 在"月结报告.xlsx"的[结账报告(用户填写)]工作簿中修改"结账单位账簿编码""结账单位账簿名称"和"结账期间"(见图 9-13)。

(8) 在"月结报告.xlsx"的[对账规则检查表(用户填写)]工作簿中修改"结账单位账

簿编码""结账单位账簿名称""对账规则编码""是否检查"(见图9-14)。修改完成后,保存文件。

注意:"对账规则编码"需要从 NCC 系统中获取;如果同时处理多个结账组织,可在 Excel 中分多行填写。

图 9-13 创建月结报告表

图 9-14 对账规则检查表

(9)点击"下一步"(见图 9-15)。

图 9-15 机器人管理

(10)输入报告接收人姓名及邮箱。操作完成后,点击"下一步"(见图 9-16)。

图 9-16 输入报告接收人姓名及邮箱

(11) 点击"完成",设置完成后,任务栏出现创建好的机器人(见图 9-17)。

图 9-17 机器人创建完成

三、运行总账月结检查机器人

(1) 在"机器人管理"界面,此时已经可以看到刚刚创建的机器人。点击机器人的"运行"按钮(见图 9-18)。

图 9-18 运行机器人

(2) 机器人开始自动执行月结检查操作。